생명의 그물망

생명의 그물망

초판 1쇄 발행 2020년 5월 20일

저자 정약수

펴낸이 차정인
펴낸곳 부산대학교출판문화원
출판등록 제1983-000001호 1983. 11. 10.
주소 부산광역시 금정구 부산대학로63번길 2
전화 (051) 510-1932, 1933, 1935, 1967
전송 (051) 512-7812
메일 pnupress@pusan.ac.kr
홈페이지 https://press.pusan.ac.kr/

* 잘못된 책은 구입처에서 교환해 드립니다.

값 14,000원

ISBN 978-89-7316-666-4 03800

이 도서의 국립중앙도서관 출판예정도서목록(CIP)은
서지정보유통지원시스템 홈페이지(http://seoji.nl.go.kr)와
국가자료공동목록시스템(http://www.nl.go.kr/kolisnet)에서 이용하실 수 있습니다.
(CIP제어번호: CIP2020019711)

본 도서는 2020년 부산문화재단의 사업비 지원을 받았습니다.

생명의 그물망

The Web of Life

정약수 지음

부산대학교출판문화원

책머리에

'에세이집'이란 이름으로 이번에 네 번째 책을 엮어서 낸다. 그러니까 이는 2015년 10월에 나온 나의 세 번째 에세이집 이후에 나오는 또 하나의 에세이집이다.

내가 우리나라에서 일반적으로 널리 쓰이고 있는 '수필집'이라는 명칭 대신에 굳이 '에세이집'이란 명칭을 사용하는 데는 나름대로의 이유가 있다. 내 책 속에 담긴 글들이 우리나라에서 일반적으로 '수필'이란 용어로 쓰이고 있는 정형화된 글들의 범주를 다소 벗어나고 있는 것들도 일부 포함하고 있기 때문이다. 확실히 영어의 에세이(essay)는 우리나라에서 사용되고 있는 수필의 개념보다는 좀 더 광의적(廣義的)이고 신축적(伸縮的)이라고 할 수 있을 것이다. 어쨌든 나의 에세이들은 내가 살아오면서 남긴 나의 삶의 발자국과 그 의미를 탐색한 기록들이다. 그 발자국들은 그때그때 나 자신이 걷는 걸음걸이에 따라서, 또 내가 밟는 땅바닥의 상태에 따라서 다소간 변화와 차이를 보일 수도 있다는 점을 감안하여 주시기 바란다. 그렇게 해서 생긴 나의 삶의 발자국을 정리하고, 그것이 내포하는 의미를 밝혀 '에세이집'이란 이름으로 이번에 또 한 번 책을 펴낸다.

책의 타이틀이요, 또한 책 속 한 에세이의 타이틀이기도 한 '생명의 그물망', 이는 원래 19세기 미대륙에서 사라져 간 한 인디언 부족 추장의 말에서 빌어온 것이다. 여기 수록된 내 글들이 이 시대 우리 독자들에게 전하고자 하는 메시지의 핵심이 바로 이 속에 함축되어 있다.

이 책이 나 자신의 자기만족이나 위안의 수준과 범위를 넘어서 가까이는 내 가족과 지인들에게, 나아가서는 이 시대를 함께 살아가고 있는 우리 동시대인들에게 조금이라도 어떤 의미나 위안을 주고, 공감을 줄 수 있는 요소나 힘으로 작용할 수 있다면, 이 책을 내는 의의는 그것으로 달성될 수 있으리라고 생각한다.

끝으로 이 책이 나올 수 있도록 지원해 주신 부산문화재단과 출판을 맡아주신 부산대학교 출판문화원 관계자 여러분들에게 마음 속 깊이 감사를 드린다.

2020년 5월

정 약 수

목차

3부 닭 우는 소리

4부 일어나 가리라

5부 음수사원

6부 긴 에세이

1부

짧은 에세이

봄날은 간다

〈봄날은 간다〉

우리나라 대중가요 가운데 백설희의 이 노래만큼 널리 그리고 오래도록 대중들로부터 사랑받는 노래는 아마 없을 것이다. 그러다 보니 백설희 이후 여러 가수가 이 노래를 계속 리메이크해서 불렀고, 근래에 와서는 장사익이 또 그의 독특한 창법으로 이 노래를 불러 〈봄날은 간다〉의 인기는 식을 줄을 모르는 것 같다.

그렇다면 이 노래의 이러한 인기의 비결은 무엇인가? 백설희나 장사익이라는 가수의 인기도 이유의 일부가 되겠지만, 그보다 더 근본적인 이유는 아마도 노래 그 자체에 있을 것이다. 노래 그 자체라면 노래의 가사와 곡이다. 노래 그 자체의 가사와 곡이 그만큼 대중들의 심금을 울리고, 대중들의 정서에 어필하기 때문일 것이다. 그러기에 이 노래가 우리나라 문인들이 선호하는 노래 1위로 뽑혔다고 하지 않는가.

도대체 이 노래의 가사와 곡의 어떤 면이 그리도 좋고 매력적이란 말인가?

다 알다시피 이 노래 1절의 가사는 “연분홍 치마가 봄바람에 휘날리더라”라고 시작해서 “알뜰한 그 맹세에 봄날은 간다”라고 끝난다. 그리고 2절은 “새파란 풀잎이 물에 떠서 흘러가더라”라고 시작해서 “실없는 그 기약에 봄날은 간다”라고 끝난다.

“봄날은 간다”라는 이 평범한 후렴구가 되풀이되는 것 외에는 가사도 별로 특별할 것도 없고, 곡은 우리나라 대중가요가 대개 그렇듯이 그저 평범한 트로트 곡이다. 그런데도 이 노래를 듣고 있으면 우리가 너무 당연하여 평소 잊고 있던 그 어떤 근원적이고 본질적인 진실이 애조를 띠고 전해지며 심금이 저려온다.

이것이다. 바로 이것이 이 곡의 인기 비결이라고 나는 생각한다. 평범 속 진실의 비범, 그것이 불러일으키는 공감의 메아리!

사람은 누구나 봄날이 감을 아쉬워하고 슬퍼한다. 바로 그러한 아쉬움과 슬픔을 이 노래는 너무나 소박하고 절절하게 표현했을 뿐이다. 우리 시와 수필이 지향해야 할 길도 바로 여기서 해답을 찾을 수 있지 않을까 하는 생각이 든다.

금년에도 다시 한번 꽃은 피었다 지고, 잎이 돋는다. 그러면서 봄날은 간다.

낙화유수

간밤에 봄비가 내렸다.

봄비치고는 꽤 많은 양의 비에다 바람마저 동반했다.

아침에도 아직 비는 그치지 않고 있었다. 우산을 쓰고 밖으로 나갔다.

비가 오는 가운데 아침마다 걷는 산책길을 걸었다.

길가에 벚나무가 도열해 있는 그 길에 들어섰다.

어제까지 만개한 벚꽃이 화려한 열병식을 펼치고 있었다.

그런데 불과 하룻밤 사이에 풍경이 완전히 바뀌었다. 꽃은 거의 다 떨어졌고, 지금은 떨어진 꽃잎들이 포도를 온통 꽃으로 장식하고 있었다.

나는 비바람이 포도 위에 깔아놓은 꽃잎 카펫 위를 걸었다.

왕이나 귀족이 된 기분이었다.

그런데 이러한 호사를 혼자서만 누리자니, 좀 아쉬웠다.

스마트폰을 꺼냈다. 꽃잎으로 장식된 카펫을 사진에 담았다.

좋아하는 한 여인에게 카톡을 날렸다.
꽃잎으로 장식된 이 자연의 카펫을 그대에게 선물로 보내니,
그 위를 여왕처럼 우아하게 걸어보라는 문자와 함께.
조금 후 "카톡" 소리와 함께 응답이 왔다. 카톡을 열어 보았다.
꽃잎 카펫은 고맙지만, 자신은 여왕 코스프레는 사양하겠단다.
그러다가 민주공화국인 이 나라에서 언제 또 탄핵을 당해
낙화유수(落花流水) 신세가 될지 모르지 않느냐면서…….

노벨문학상 수상자 밥 딜런

금년도 노벨문학상에 미국의 포크록 가수 밥 딜런(Bob Dylan)이 선정된 것을 두고 말들이 많은 모양이다. 특히 대개의 일반 한국인들처럼 경직된 사고의 틀에 갇혀 있는 사람들로서는 더욱 이해하기 힘든 일일지 모른다.

그러나 조금만 깊게 그리고 유연하게 생각을 해보면, 이는 하등 이상할 것이 없다. 노벨문학상 115년의 역사에 정통 문학인을 제치고 대중적 뮤지션을 수상자로 선정했다는 것은 파격이라면 파격일지 모른다. 그러나 그러한 파격적 선택을 가능하게 하는 요소는 충분하다.

밥 딜런, 그는 이미 그의 이름에서부터 시인을 지향하고 있다. 그는 본명인 로버트 앨런 지머먼(Robert Allen Zimmerman)에서 영국 웨일스 출신의 시인 딜런 토머스(Dylan Thomas)의 이름을 따서 밥 딜런으로 개명했다. 시인 딜런 토머스는 의미보다도 소리를 더 중시하는 낭송 시를 주로 썼다. 그는 자기의 시를 낭송하는 낭송 여행을 좋아했으며, 낭송 여행 도중 1953년 미국 뉴욕에서 죽었다.

밥 딜런 역시 노래하는 시인이었다. 그의 노랫말은 곧 시였고, 그는 자작시를 노래로 불렀다. 서양 역사를 거슬러 올라가면 고대나 중세의 음유시인들에게는 이처럼 시와 노래가 분리되지 않았다.

한국인들은 해마다 노벨상에 안달을 부린다. 하지만 한국인들이 안달을 부리는 그만큼 아직도 한국인들은 노벨상과 거리가 멀다는 것을 반증하는 것이 아닐까. 밥 딜런은 전혀 노벨상 따위에 연연하지도 않았는데, 노벨문학상이 주어졌고, 자신이 노벨문학상 수상자로 결정되어도 아직 아무런 반응조차 보이지 않을 정도로 무심하다. 그의 이러한 초탈이야말로 바로 노벨문학상 감이 아닐까?

태풍

태풍이 온다고 언론과 관계기관에서 야단법석을 떨어댄다. TV에서 계속 태풍 관련 뉴스를 내보내고, 스마트폰으로는 관계기관에서 보내는 태풍 관련 경보 메시지가 계속 들어온다. 이번 태풍 이름은 '쁘라삐룬(Prapiroon)'이라나. 태국어로 '비의 신'이란 뜻이란다. 이름 한번 거창하게 잘 지었다.

태풍 하면 떠오르는 이름이 있다. '사라호' 태풍, 1959년 당시 부산을 비롯한 우리나라 동남부 지역에 엄청난 피해를 끼쳤던 태풍이다. 그때 나는 아직 철없는 중학생이었는데, 고향 양산에서 이 태풍을 겪었다. 더구나 그날이 하필 추석날이었는데, 추석이고 뭐고 태풍으로 온통 모든 것이 아수라장이 되었던 걸 지금도 희미하게 기억한다. 폭우와 함께 강풍이 휘몰아치고, 하천은 범람하고, 들판은 온통 물바다가 되고, 저수지 둑이 터져 마을 전체가 흙탕물에 휩쓸려 가고, 사람과 가축들이 함께 희생을 당하고....

그 후 살아오면서 그 외에도 여러 번 태풍을 겪었다. 아직도 그 이름이 기억나는 것으로는 1987년에 왔던 태풍 '셀마', 2003년에 왔던 태풍 '매미', 2007년의 태풍 '나리' 등.... 태풍은 그 강도(强度)에 차이가 있긴 하지만, 거의 매년 한두 차례씩은 우리나라를 휩쓸고 지나간다. 그럴 때마다 많은 비를 뿌리고, 세찬 바람을 몰고 오고, 더러는 바다에 해일을 일으키는 등, 큰 재난과 피해를 남기기도 한다.

태풍은 원래가 자연의 순환 현상이다. 강력한 비와 바람이 정체되어 있던 대기와 강물과 바닷물을 휘젓고 순환 시켜 정화하는 효과를 가져다주는 것이 태풍이다. 그래서 태풍이 휩쓸고 지나가면 여러 가지 파괴와 재난을 남기기도 하지만, 반면에 자연을 순환시키고 정화하는 효과를 가져다주기도 한다. 흔히 무더위가 오래 지속되어 나타나는 현상인 바다의 적조(赤潮)나 강물의 녹조(綠潮) 같은 현상도 태풍이 지나가고 나면 깨끗이 사라지고, 가뭄으로 인한 물 부족 현상도 해소된다. 그래서 태풍은 피해와 재난을 남기기도 하지만, 여러 가지 긍정적인 효과를 주기도 한다. 순기능과 역기능을 함께 지닌 태풍의 양면성이다.

태풍에는 자연의 태풍뿐 아니라 사회적 시대적 태풍도 있고, 우리 인생이 겪는 태풍도 있다. 내가 고교 시절에 겪었던 4.19와 5.16, 대학 시절에 겪었던 6.3사태, 성인 시절에 겪었던 10.26에 이어 광주사태에 이르기까지의 일련의 시국 사태와 마침내 오랜 군부독재 시대를 끝내고 민주화 달성에 성공한 6.29선언, 그리고 최근의 촛불혁명에 이르기까지, 우리 사회와 시대가 겪은 태풍도 연속부절로 이어졌다.

이러한 시대적 사회적 태풍과 함께 내 자신이 살아온 개인적 인생사도 돌이켜 보면 결코 순탄치만은 않았고, 적지 않은 태풍을 겪은 것 같다. 어느 시인의 시에 "흔들리지 않고 피는 꽃이 어디 있으랴"라는 구절이 있듯이 누군들 자기 인생에서 태풍을 겪지 않고 산 사람이 어디 있겠는가. 중요한 건 태풍에 꺾이지 않고, 태풍에 흔들리면서도 태풍을 이겨내며, 태풍을 긍정적인 에너지로 승화시키는 것이다.

풀벌레 소리

여름의 매미 소리는 주로 낮에 운다. 그 소리는 더위에 항거라도 하는 듯 요란하기 일쑤다. 8월 무더위가 거의 끝나고 9월에 접어들어 땅거미가 지고 사위에 어둠살이 퍼지면 밤공기가 한결 선선해진다. 그때 집 밖으로 가벼운 산책이라도 나가보라. 그러면 어디선가 여름의 매미 소리보다 훨씬 더 가늘고 영롱한 어떤 맑은소리가 들릴 것이다. 바로 풀벌레 소리다.

풀벌레 소리가 나는 곳은 주로 길가에 자라고 있는 풀섶이거나 구석진 곳이다. 눈으로 잘 보이진 않지만, 소리는 분명하게 들려온다. 그 소리는 여름철 매미 소리보다 한결 더 가늘고 영롱하다. 그래서 조용히 귀를 기울여야 더 잘 들을 수 있다. 가을이 오고 있음을 알리는 전령사의 소리다. 무더운 여름의 매미 소리는 주로 낮에 악을 쓰듯 요란하게 울지만, 풀벌레 소리는 해가 지고 어스름이 깃들기 시작할 무렵부터 밤에 주로 운다.

봄에 우는 새는 입으로 소리를 낸다. 매미는 배 밑에 있는 진동막으로 소리를 낸다. 그러나 풀벌레는 대개 앞날개와 뒷다리를 비벼서 소리를 낸다고 한다. 그러므로 새소리가 성악이라면, 매미 소리는 건반악기 소리에 가깝고, 풀벌레 소리는 바이올린이나 첼로 같은 현악기 소리에 가깝다. 그러기 때문에 그 소리가 더 가늘면서 섬세하다.

그러므로 풀벌레 소리는 가을을 예고하는 소리일 뿐 아니라 가을밤을 아름답게 장식하는 콘서트다. 가을을 사는 우리는 모두 이 콘서트에 초대를 받는다.

텅 빈 들판

늦가을 추수가 끝난 텅 빈 들판을 바라본다. 쓸쓸하다. 얼마 전까지만 해도 알곡의 벼가 고개를 숙인 채 황금 물결로 출렁이고 있었고, 군데군데 콩, 참깨, 고구마 등 다른 밭작물들도 섞여 있어 풍성해 보이던 들판이다. 바라보는 것만으로도 마음이 흐뭇해지는 느낌, 가을이 스스로 자족(自足)의 웃음을 가득 머금고 그것을 주위에 전파하고 있었다.

그런데 그새 들판을 가득 채우고 있던 그 곡식들이 깡그리 사라졌다. 논에는 벼를 모두 베어낸 채 지푸라기만 남았고, 주변 구석구석의 밭작물들도 알갱이는 다 거두어 가고 찌꺼기들만 어지럽게 널려 있을 뿐 텅 빈 들판으로 변하고 말았다. 간혹 바닥에 떨어진 곡식의 낱알들을 주워 먹느라고 그런지, 까마귀 떼들만이 빈 들판 위를 까욱까욱거리면서 날고 있다.

추수가 끝난 텅 빈 들판을 바라보는 마음은 허허롭다. 허허로운 마음을 안고 들판을 지나 마을 골목길로 접어든다. 이곳은 아직도 변두리에 개발되지 않은 시골 마을이 일부 남아 있다. 그 시골 마을로 접어들어 골목길에 면한 담벼락을 따라 걷다 보면, 더러는 열린 채로 있는 대문간 안으로 집안 내부가 훤히 들여다 보인다. 그런데 대부분 집들이 인기척이 없고 텅 비어 있다. 골목길도 텅 비어서 마주치는 사람이라곤 거의 없다.

그중 한 대문간에 개집이 하나 놓여 있는데, 개집 안에 작은 암캐 한 마리가 묶인 채로 웅크리고 있다. 얼마 전까지만 해도 귀여운 새끼 강아지 두 마리가 어미 곁에서 재롱을 부리고 있었는데, 이제는 그 강아지들도 자라서 어디론가 떠나보냈는가 보다. 어미 개만 혼자 텅 빈 개집 안에서 웅크리고 있다가 나를 보고 밖으로 나와 꼬리를 흔들며 아는 체를 한다. 그동안 여러 차례 마주친 적이 있어서 낯이 익었기 때문이리라. 그래, 너도 새끼들 다 떠나보내고 오죽 외롭겠니. 측은한 생각이 든다.

만추(晩秋)다. 만추가 되면 들판은 곡식을 거두어들이고 텅 빈 들판이 된다.

어쩌면 이 시대는 시대 자체가 만추의 시대가 아닐까. 모든 것이 텅 빈 들판과 같다. 시골 마을이 그렇고, 시골집이 그렇고, 시골집 대문간에 강아지들을 떠나보내고 어미 개만 홀로 남은 개집조차 그렇다.

도시 사람들의 집이라고 별반 다르지 않다. 자식들이 어릴 때는 함께 아옹다옹 복작대다가 커서 제 갈 길 떠나고 나면 빈 둥지만 남는다. 노부모, 간혹 홀부모만이 남은 집 역시 텅 빈 들판처럼, 텅 빈 개집처럼 적막감만 감돈다. 이 시대 사람들의 가슴 속 역시 그러하지 않을는지...? 곳곳이 사람들과 상품들로 넘쳐나지만, 개개인의 가슴속 공허는 그것들로 채워지지 않는 것 같다.

눈, 세상을 바꾸다

인류 역사를 보면 가끔 세상을 바꾸고자 한 사람들이 있다. 예수 그리스도는 믿음으로, 공자는 사상과 교육으로, 알렉산더와 칭기즈칸은 무력에 의한 정복 전쟁으로, 체 게바라는 혁명으로, 아인슈타인과 스티브 잡스는 과학과 기술로 세상을 바꾸고자 한 사람들이었다.

그러나 인간의 힘이 비록 위대하다 해도 인간적 한계를 벗어날 수 없음을 깨달을 때가 종종 있다. 그들이 바꾸고자 한 세상은 고작 인간 세상에 불과했다. 우리는 엄청난 자연의 위력 앞에 인간의 힘이 얼마나 무력하고 왜소한 것인가를 깨달을 때가 종종 있다. 지진이나 태풍, 홍수나 가뭄 같은 엄청난 자연재해를 당할 때가 그러한 때이다.

지난 2월 몇몇 지인들과 함께 강원도 대관령에 갔던 적이 있다. 겨울의 끝자락에 이르기까지 우리가 사는 이 남녘땅에선 겨울의 대명사라 할 수 있는 눈 같은 눈 한번 제대로 구경을 못 했다. 겨울이 끝나기 전에 어디 가서 눈 구경이라도 한번 실큰 하고 왔으면 하는 바램에서였다. 그러나 그곳 강원도 대관령에서도 눈은 이미 끝났는지, 곳곳에 남아 있는 잔설 이외엔 눈다운 눈을 볼 수 없었다. 체념하고 다음 날은 내려갈 작정을 하고 잠이 들었다.

다음날 새벽 먼저 잠을 깬 일행 중 하나가 환호성을 질렀다.

"눈이다! 눈이 왔다아!"

모두 눈을 번쩍 뜨고 후닥닥 일어났다. 커튼을 걷고 창밖을 내다보았다. 거기 완전한 딴 세상이 펼쳐져 있었다. 우리가 잠든 사이 밤새 내린 눈이 세상을 완전히 딴 세상으로 바꾸어 놓았다.

우리는 모두 옷을 챙겨 입고, 모자와 장갑으로 무장을 갖추고 밖으로 나갔다. 천지가 온통 백설로 뒤덮인 설국(雪國), 완전히 딴 세상이 거기 펼쳐져 있었다. 세상이 바뀌니 사람도 변하는가 보았다. 우리는 모두 동심으로 돌아가 환성을 지르고, 눈을 뭉쳐서 던지며 눈싸움을 하고, 눈 위에 미끄러지고, 드러눕고..., 야단법석을 떨었다.

눈은 세상을 온통 바꿔놓았다. 눈은 또 세상뿐 아니라 사람마저, 사람의 인간성마저 바꾸는 위대한 힘을 갖고 있는가 보다.

호모 사피엔스에서 호모 데우스로

또 한 사람의 지인(知人)이 세상을 떠났다. 요즘 와서는 주변에서 누군가 새로 세상에 태어났다는 소식보다 세상을 떠났다는 소식을 자주 접한다. 그분은 독실한 가톨릭 신자이기에 이 세상을 떠나 천상의 하느님 나라에 가서 영생을 누리게 될 거라고 믿는다. 하지만 조금은 안타깝다는 생각도 든다. 그가 조금 더 늦게 태어나서 오래 사셨다면 굳이 천상의 하느님 나라에 가지 않고도 이 세상에서 영생을 누릴 수 있을 것이기 때문이다.

현재 이스라엘 예루살렘의 히브리 대학교 교수로서 세계적 명성을 떨치고 있는 유발 하라리의 저서 『호모 데우스』를 읽어보라. 그 책에서 저자는 21세기 오늘날의 인류가 유전공학, 재생의학, 나노기술 같은 분야 과학기술의 눈부신 발전에 힘입어 머지않아 신의 영역인 불멸, 행복, 신성을 획득할 수 있다고 예언한다. 그리하여 인류가 신의 영역으로 업그레이드되어 호모 사피엔스에서 호모 데우스로 격상할 수 있을 거란다.

만약에 과학이 지금과 같은 추세로 계속 발전한다면 그렇게 되는 것도 불가능한 일은 아니리라. 만약에 그리된다면 그 많은 호모 데우스들이 불멸의 시간을 무얼 하며 어떻게 보낼 수 있을까 우려되기도 한다. 나는 인류가 영생과 불멸을 획득하여 호모 사피엔스에서 호모 데우스로 업그레이드되는 것이 인류 자신에게 과연 행복하고 바람직할지 모르겠다.

인류를 위해서 그것이 바람직하든 않든, 그러한 시기는 머지않아 다가오고 있다고 한다. 어떤 전문가는 그 시기를 2050년으로 보고 있고, 또 다른 전문가들은 그것을 2100년, 늦어도 2200년으로 잡는다. 다행한(?) 것은 나 자신은 그렇게 되기 전에 호모사피엔스로서 이 세상에서 생을 마감할 것이란 사실이다.

모든 인류가 호모 사피엔스에서 호모 데우스로 업그레이드되는 것이 축복일지, 재앙일지 나는 아직 판단이 서지 않는다. 축복이든, 재앙이든 그러한 시기가 점점 가까이 다가오고 있다는 것만은 사실인 것 같다.

2부

잔월효성

우리 고운이 이 세상에 오다

나이 들어가다 보니, 여기저기서 '할아버지' 소리를 곧잘 듣게 된다. 그런 소리를 들을 때마다 좀 묘한 기분이 든다. 할아버지는 손자녀가 있어야 하는데, 난 아직 손자녀 하나 없는데, 무슨 할아버지란 말인가.

괜히 손해 보는 기분이 들기도 하고, 허전한 기분이 들기도 한다. 손자 손녀도 없는 내가 왜 할아버지란 말인가 싶기도 하고, 여태 이 나이에 손자 손녀 하나 없다니. 내 나이로 보나, 자녀들 나이로 보나, 손자녀가 하나도 없다는 게 오히려 이상하지 않는가 싶기도 하다.

내 나이 이미 일흔이 훨씬 넘었고, 슬하에 1남 2녀의 자식들이 있는 데다 그들이 결혼한 지도 벌써 여러 해가 다 지났다. 그런데 아직 손자녀가 하나도 없다니, 이건 뭔가 정상이 아니지 않은가. 하기야 요즘 세상에 이런 정상이 아닌 현상이 어디 한 둘이던가.

어디서 할아버지 소리를 들을 때마다, 또는 다른 사람으로부터 손자 손녀 얘기를 들을 때마다 괜스레 기분이 좀 허전하기도 하고, 씁쓸하기도 하고, 묘한 기분이 들기도 한다.

그런데 얼마 전 아직도 미국에서 유학 중인 아들과 며느리로부터 반가운 소식이 왔다. 며느리가 드디어 딸아이를 낳았다는 기쁜 소식이다. 산모도, 아기도 다 무사하고, 특히 아기가 건강하고 이쁘게 생겼단다. 카톡으로 사진도 보내왔다. 사진으로 보는 아기 모습이 정말 건강해 보이고, 이뻐 보였다. 하기야 그렇게 기다리던 첫 손녀인데, 이쁘지 않을 리가 있겠는가.

할아버지가 이름을 지어달라고 해서 '고운'이로 지어주었다. 이름처럼 고운 이가 되라고. 고운이, 정고운.... 멀리 미국에서 태어났는데, 할머니가 건강이 좋지 않으니, 친가 쪽에서는 누가 가보지도 못하고, 외가 쪽에서 외할머니가 가셔서 산모와 아기를 보살펴주고 오셨다고 한다. 그렇게 기다리던 손(孫)인데, 할아버지로서 이름을 지어준 것 말고는 아직 아무것도 한 것이 없다.

그러나 어쨌든 고운이란 이름을 가진 새로운 한 생명이, 새로운 한 인간 존재가 이 세상에 태어났다. 이보다 더 귀중한 일이 있을 수 있을까. 하나의 생명은, 하나의 인간존재는 그 자체로서 곧 하나의 우주이다. 그것은 다른 무엇과도 환치(換置)될 수 없는 고귀하고 절대적인 존재이다. 그러한 존재가 고운이란 이름을 갖고 이 세상에 새롭게 온 것이다.

그러면서 그 존재는 이미 있는 주위의 다른 여러 존재와 상대적인 관계 맺기를 시작한다. 먼저 자신을 낳아준 이와 부모 자식 관계를, 다음 조부모와는 조손(祖孫) 관계를, 그 외에도 여러 혈족, 친인척과도 각자 그들에 맞는 여러 가지 명칭의 관계를 맺게 된다. 그리고 점점 성장해 가면서 그 관계망은 사회로 더욱 확장되어 간다.

우리 고운이 이 세상에 옴으로써 내 자신의 존재 의미에도 변화를 준다. 나는 지금까지 여러 사람으로부터 '할아버지' 소리를 들어왔지만, 그 '할아버지'란 소리는 단순한 소리에 불과한 것으로서 내용이 수반하지 않는 헛소리였다. 즉 포스트모더니즘 언어이론에서 말하는 소위 기표(단어나 소리)와 기의(개념이나 사물)가 서로 어긋나거나 일치하지 않는 소리였던 것이다. 그런데 우리 고운이 이 세상에 옴으로써 비로소 나에 대한 '할아버지'란 소리는 그 소리에 맞는 의미를 갖게 되었다. 나도 의미 없는 소리만의 헛 할아버지가 아니라 소리와 의미가 일치하는 진짜 할아버지가 된 것이다.

요즘 '손자 바보'니, '손녀 바보'니 하는 소리를 흔히 듣는다. 젊을 때 낳아 길렀던 자기 자식보다도 나이 들어서 본 손자 손녀가 그렇게 좋을 수가 없어서, 손자 손녀 사랑에는 그저 맹목적인 바보가 된다는 뜻인 것 같다. 내가 이런 글을 쓰고 있는 걸 보면 나도 이미 손녀 바보가 다 된 게 아닌가 싶다.

나무를 심다

나는 해마다 나무를 심는다. 시기는 대개 4월 초 식목일을 전후해서다. 전에 23년간을 살았던 사직동 단독주택에서는 집 앞에 조그만 뜰이 있어 거기다 해마다 나무와 꽃 작물을 몇 가지씩 사다 심곤 했다. 내가 그 집에 이사를 하여 처음 심었던 살구나무, 감나무, 복숭아나무 등은 그 뒤 거목으로 자라났다. 그러나 부득이한 사정으로 그 집을 팔고 이사를 하게 되었다. 2014년 이곳 정관신도시 아파트로 이사를 오고부터는 아파트 경내에 조경이 잘되어 있어 내가 굳이 나무를 심을 필요가 없어졌다.

대신 나는 고향 양산에 있는 가족 묘원에 가서 나무를 심는다. 고향에는 부모님과 형님, 누님이 잠들어 있는 가족 묘원이 있다. 언젠가 나도 이 세상을 떠나게 되면 가서 묻힐 곳이다. 그러니 이 가족 묘원에 대한 나의 애착은 각별한 편이다. 고향에 마지막으로 남아 있던 손바닥만 한 땅인 산비탈 밭떼기 하나를 가족 묘원으로 조성한 이도 나다.

그동안 나는 그곳에다 해마다 나무를 심어왔다. 매화나무, 동백나무, 복숭아나무, 배롱나무, 감나무, 영산홍, 남천, 라일락 등을 심었다.

올해도 4월 7일 토요일 그 가족 묘원으로 나무를 심으러 갔다. 4월 5일 식목일에는 날씨가 궂어서 갈 수가 없었기에 이날을 택한 거였다. 가는 도중에 동면 내송 마을에 있는 한 수목원에 들렀다. 내가 해마다 이맘때쯤 한 번씩 들르는 수목원이다. 올해는 측백나무 두 그루에다 복숭아나무와 대봉감나무를 각각 한 그루씩 샀다. 그동안 낯이 익은 수목원 주인이 영산홍 두 그루를 덤으로 끼워주어서 총 여섯 그루가 되었다.

그것들을 차에다 싣고 가서 가족 묘원으로 옮겨 적당한 곳에다 땅을 파고 심었다. 묘원 입구 양쪽에다 측백나무를 각각 한 그루씩 나누어 심었다. 복숭아나무는 몇 년 전에 두 그루를 사다 심었는데, 그중 한 그루가 말라 죽어버려서 그 죽은 나무를 뽑아내고 그 자리에 다시 새로 사 온 나무를 심었다. 대봉감나무는 작년에 한 그루를 사다 심었는데, 한 그루만으로는 좀 외롭고 허전해 보여 이번에 다시 한 그루를 그 옆에다 심어서 짝을 이루게 해주었다. 덤으로 얻어 온 영산홍은 한쪽 귀퉁이 적당한 곳에다 심었다. 그러고 나니 묘원 전체가 한결 더 짜임새가 있어 보여 흐뭇한 기분이 들었다.

이미 그 전에 심어서 자라고 있는 나무들도 새봄을 맞아 새롭게 단장을 하고 있었다. 매화는 이미 꽃이 피었다 진 자리에 작은 매실 열매가 조롱조롱 맺히고 있고, 동백은 지금 한창 붉은 꽃송이들을 탐스럽게 매달고 있었다. 한 그루만 살아남은 복숭아나무도 가지 끝에 분

홍빛 꽃망울을 화사하게 피우고 있었고, 석축 바위 틈서리 여기저기에 심어져 있는 영산홍들도 곧 꽃망울을 터뜨릴 기세였다.

또 한쪽 귀퉁이에는 몇 그루 나지막한 나뭇가지에서 지금 막 연녹색 새잎과 함께 피어나고 있는 연보라색 꽃송이들이 시선을 끌었다. 그것은 T. S. 엘리엇(Eliot)이 그의 유명한 시 『황무지(*The Waste Land*)』 첫머리에서 "4월은 가장 잔인한 달 / 죽은 땅에서도 라일락은 피고……"라고 노래한 바로 그 라일락이다. 작년 재작년에 각각 라일락 몇 그루를 사다 심었는데, 지금 마침 그 라일락이 꽃을 피우고 있었다.

엘리엇은 20세기 최고의 시인으로서 흔히 주지주의(主知主義)를 대표하는 시인으로 알려져 있다. 『황무지』는 그의 대표작으로서 전 5부로 구성된 장시(長詩)다. 위의 구절은 제1부 「사자(死者)의 매장(The Burial of the Dead)」 첫 시작 부분인데, 흔히들 4월을 두고 '잔인한 달'이니, '잔인한 계절'이니 하는 이유가 바로 이에서 연유한다.

그러고 보니 지금 여기 이 땅이 사자들이 매장되어 있는 묘지인데다가, 때마침 4월에다 라일락이 꽃을 피우고 있으니, 엘리엇의 표현대로라면 여기가 바로 '죽은 땅'이 아닌가? 그러나 아니다. 나는 그렇게 보고 싶지 않다. 죽은 땅에서 어떻게 저렇게 아름다운 생명의 잎과 꽃들이 피어날 수 있단 말인가? 엘리엇의 그 시는 너무나 비유적이고 관념적이다. 그의 시는 자아에 대한 의식을 잃어버린 현대인들을 사자(死者)에 비유했고, 그러한 인간들이 살고 있는 그의 시대 20세기 시대 상황을 죽음의 땅인 황무지에 비유한 것에 불과하다. 그러한 비유로 가득 찬 그의 시는 사실 너무나 추상적이고 관념적이어서 실제 현실과는 거리가 멀다.

더구나 엘리엇이 그 시를 썼던 1920년대 초기 서구 사회와 그때로부터 거의 한 세기가 지난 오늘날 우리 현실과는 여러 가지 면에서 거리가 멀다. 오늘날 우리 현실에서 죽음의 땅은 따로 있다. 아스팔트와 시멘트로 뒤덮인 메마른 땅은 죽음의 땅이다. 요즘 우리나라 현실을 볼라치면 전 국토가 아스팔트와 시멘트로 뒤덮인 죽음의 땅으로 변해가는 것 같다. 각종 오폐수와 폐기물로 오염된 땅도 역시 죽음의 땅이다. 도처에 그러한 죽음의 땅이 늘어나고 있다. 대기가 짙은 매연과 황사와 미세먼지로 뒤덮여 숨을 쉬기조차 어려운 땅도 죽음의 땅으로 변해가고 있는 현상이다. 그리고 무엇보다도 호전적이고 비이성적인 정치 집단이 제조해서 조종하고 있는 핵무기는 언제 우리가 살고 있는 이 땅 전체를 죽음의 땅으로 바꿔버릴지 알 수 없는 일이다.

수생인생(樹生人生)이란 말이 있다. 나무가 살아야 인간도 살 수 있다는 말이다. 누군가 내일 지구의 종말이 올지라도 오늘 한 그루 사과나무를 심겠다고도 했다. 땅에 나무를 심는다는 것은 땅에 생명을 심는 행위로서 생명의 땅을 지키고자 하는 의지의 표현이다. 그러므로 땅에 나무를 심는 것은 생명을 사랑하는 행위요, 생명을 지키려는 행위다. 나는 내 생명이 다할 때까지 봄이 오면 땅에 나무를 심는 이 일을 계속하고자 한다.

6월을 보내면서

오고 가는 것이 세월이고 계절이려니, 6월이 갔다고 해서 뭐 그리 특별한 감회에 젖을 일이 되겠는가. 하지만 벽에 걸린 달력에서 6월의 장을 넘기고 새로운 장 7월을 펼치면서 나도 모르게 "아하~!"하는 탄식의 소리가 터져 나온 건 무엇 때문일까. 금년도 벌써 절반이 가버렸다는 아쉬움과 허전함 때문일까. 항상 그렇듯이 다시는 돌아오지 않는 잃어버린 세월에 대한 한탄 때문일까.

세월은 가고 오는 것, 앞 물이 흘러가면 뒷 물이 따라오듯이, 시간의 강물도 이와 같아서 한 달이 가고 나면 다음 달이 이어지기 마련, 젊은 시절 한때 박인환의 「세월이 가면」에 반해서 그것을 시로, 노래로 흥얼거리며 다녔던 때가 있었다.

지금 그 사람 이름은 잊었지만
그 눈동자 입술은 내 가슴에 있네.

세월이 가서 한때 사랑했던 사람의 이름마저 잊어버렸지만, 그 사람과의 추억만은 가슴 속에 남아 지워지지 않고 있다는 뜻이다.

하지만 세월은 흐르는 물이 그렇듯이 가는 세월이 있으면 또 뒤이어 오는 세월도 있기 마련, 더구나 지금은 가버린 세월과 사랑을 슬퍼하고 가슴 아파할 그런 젊음의 순수와 열정으로 몸이 달 시기도 아니지 않는가. 그렇다면 금년 2018년 6월을 보내고 7월을 맞으면서 내가 유독 특별한 감회에 젖는 이유는 무엇인가?

6월은 내게 여러 가지 특별한 기억을 심어놓은 것이 사실이다. 가장 먼저 떠오르는 6월의 기억은 내가 유년 시절에 겪었던 6.25 전쟁이다. 그것은 우리나라 동족상잔의 비극이요, 참화이다. 나는 그것을 직접 체험하지는 않았지만, 그 여파는 여러 가지 형태로 내 뇌리에 남아 있다.

그리고 또 6월 하면 연상되는 게 있다. 이른바 '보릿고개'로 대변되는 가난과 배고픔의 기억이다. 내가 어렸을 때, 아니 거의 청년기에 이르렀을 때까지도 이 가난과 배고픔에서 제대로 벗어나지 못했다. 6월이면 보리가 익었고, 땀 흘리며 보리타작을 했고, 보리를 찧어 보리밥으로 배고픔을 면했다. 그 과정이 이른바 보릿고개였다.

그 외에도 6월이면 생각나는 것들이 많다. 1964년 6월, 내가 대학 2학년 때 그때 정부에서 추진하던 한·일국교정상화 회담을 반대하며 전국적으로 벌어졌던 이른 바 6.3사태, 그리고 그 후 전두환 군부독재에 대한 전 국민적 저항으로 결국 그 철벽같던 군부독

재체제를 무너뜨리고 민주화를 달성한 1987년의 이른바 6월항쟁과 그 결과로 이어진 6.29선언 등....

이와 같이 6월엔 유독 내 기억에 아로새겨진 아픈 역사적 사건이 많았지만, 금년 6월 역시 그 어느 해 못지않은 특별한 사건이 연달아 이어졌다. 우선 6월 12일에는 도무지 현실에서 있을 것 같지 않던 사건이 일어났다. 바로 싱가포르에서 열린 미국과 북한의 정상회담이다. 그 결과가 앞으로 어떻게 발전할는지는 아직 미지수로서 속단하기는 어렵다. 그러나 불과 몇 달 전까지만 해도 그런 일은 도무지 현실에서 일어날 것 같지 않았던 일로서 그야말로 세기적, 세계사적 사건이 아닐 수 없다.

이어서 여러 가지 극적인 사건이 계속해서 벌어졌다. 바로 그다음 날인 6월 13일에는 우리나라 지방선거가 실시되었고, 그 선거에서 과거에는 상상할 수도 없었던 지방 권력의 대이동이 벌어졌다. 그리고 6월 27일 밤 11시, 러시아 카잔 아레나에서 벌어졌던 한국과 독일의 축구 경기, FIFA 랭킹 57위 한국과 1위 독일의 경기 결과는 결국 그 누구도 예상하지 못한 대이변의 기적을 연출했다. 한국이 막판 추가 시간에 독일을 2:0으로 이기지 않았던가!

내가 6월의 달력을 넘기고 7월을 펼쳤을 때, 내 뇌리에는 이와 같은 여러 가지 6월의 사건에 대한 기억이 파노라마처럼 펼쳐졌다. 그래서 나도 모르게 "아하~!"하고 탄식의 소리가 터져 나왔는지도 모를 일이다. 그러나 그것만이 아닌 것 같다. 그 탄식에는 금년 한 해도 이미 절반이 속절없이 지나가 버렸다는 아쉬움과 서운함이 묻어 있다.

충무공 이순신 장군이 남긴 유명한 말이 생각난다.

"신에게는 아직도 12척의 배가 남아 있습니다!"

충무공이 임금 선조의 의심과 미움을 받아 삼도수군통제사 직위에서 파직되어 한양으로 압송당하고, 그 직위를 원균이 대신 맡아서 왜군과 싸웠던 칠천량해전에서 조선 수군은 여지없이 궤멸되고, 주장이었던 원균 자신마저 전사하고 말았다. 이에 선조는 하는 수 없이 이순신을 다시 삼도수군통제사에 기용하였다. 그러고 나서 수군이 거의 전멸 상태니 육군에 합세해서 함께 싸우라는 명을 내렸다. 이 명에 대한 응답이 위의 명언이었다. 충무공은 그 12척의 남은 배를 이끌고 명량해전에서 왜 수군의 대군을 맞아 싸워 기적 같은 대승을 거두지 않았던가.

그러니, 시련과 고난은 있을망정 절망은 없다. 6월이 갔다고 해서 아직 탄식하거나, 낙담할 일이 아니다. 역으로 생각하면 금년도 아직 6개월이란 세월이 남아 있지 아니한가. 비록 절반인 6개월이 가버렸지만, 절반인 6개월이 아직 남아 있는 것이다. 이미 가버린 6개월은 어쩔 수 없는 일, 아직도 남은 6개월이 있고, 그 남은 6개월이 더 소중하지 아니한가. 그 남은 6개월을 어떻게 보내느냐에 따라 내 남은 생의 기적을 이룰 수도 있으리니, 가버린 6개월을 탄식하기보다 남은 6개월을 소중히 살으리, 살으리랏다!

이는 비단 금년 한 해에만 적용되는 것이 아니리라. 내 인생 전체도 또한 그러하지 않겠는가. 내 나이 이미 70대 중반, 이미 가버린 세월은 되돌릴 수 없는 법, 비록 가버린 세월에 비해 남은 세월이 얼마 되지 않는다고 해도 그 남은 세월을 소중히 살으리, 살으리랐다!

길상사 유감(有感)

10월 초순, 그날따라 유난히 맑은 초가을 하늘이었다. 아내와 함께 서울 성북구 돈암동에 집을 마련한 딸네 집에 다니러 갔다가 부근에 길상사가 있다는 말을 듣고 함께 가보기로 했다. 딸이 운전하는 차를 타고 얼마 가지 않아 성북동 북한산 자락에 자리 잡은 길상사 앞에 당도했다. 입구에 '寺祥吉山角三'란 현판이 붙은 산뜻한 2단 기와지붕의 일주문 건물이 나타났다.

아하, 여기가 바로 소문으로만 듣던 그 유명한 길상사로구나. 그런데 이곳이 북한산 자락일 텐데 '북한산 길상사'가 아니고 '삼각산 길상사'라고 한 것은 무슨 연유인가? 하기야 북한산을 옛날에는 삼각산이라고도 불렀다니, 옛 이름을 되살려 사용한다고 해서 안 될 거야 없지. 이렇게 혼자 생각하면서 일주문 안으로 들어가 여기저기를 살펴보았다.

길상사 경내는 7,000여 평의 부지에 40여 동의 크고 작은 건물들이 저마다 소박하면서도 정감 있게 제 자리를 잡고 있었다. 가운데 있는 큰 법당인 극락전부터 일반적인 사찰의 법당 모습과는 달리 단청도 없이 소박하면서도 정갈한 자태였다. 그 오른편에 서 있는 관음상은 가톨릭의 성모상 이미지를 융합시켜 불모상(佛母像)으로 불린다는 독특한 모습이었다.

뒤편 한쪽 귀퉁이에는 법정 스님의 영정과 유품을 모신 진영각(眞影閣)이 있고, 그 오른쪽 담벼락 아래 한 귀퉁이에는 너무나 작고 소박한 돌탑 옆에 '법정 스님 유골 모신 곳'이라는 작은 표지판이 세워져 있었다. 아하, 법정 스님의 유골 묻힌 곳이 이곳에도 있었구나. 몇 년 전 순천 불일암에 갔을 때 그곳 한 모퉁이 후박나무 아래 법정 스님 유골 묻힌 곳을 표시해 두고 있었는데, 그의 유골 일부를 이곳에도 묻어두고 있는가 보았다.

법정 스님 하면 떠오르는 말이 많지만, 그중에서도 가장 대표적인 것이 '무소유'가 아닐까 싶다. 다들 아는 바와 같이 '무소유'는 1976년에 발표한 그의 수필집 제목이면서 또한 그 속에 수록된 한 수필작품의 제목이기도 하다. 그런데 이 수필집 한 권과 수필 한 편이 세상과 세상 사람들의 마음에 던진 감동의 파문은 의외로 컸던 것 같다. 길상사가 생겨난 연유도 따지고 보면 바로 이 수필 한 편이 미친 파문 때문이 아니었을까.

진영각에서 오른쪽 길로 조금 내려오면 한 귀퉁이에 '시주 길상화 공덕비'라는 작고 소박한 비석 하나가 서 있다. 그리고 그 뒷면에는 “이 길상사는 시주 길상화 김영한 님이 보리심을 발하여 자신의 소유를 아무 조건 없이 법정 스님에게 기증하여 이루어진 삼보의 청정한 가람이다. 선하고 귀한 그 뜻을 오래도록 기리고자 돌에 새겨 고인의 2주기를 맞아 이 자리에 공덕의 비를 세운다.”는 글귀가 새겨져 있다.

길상사가 생겨난 내력에 대해서는 이미 웬만큼 다 알려져 있다. 원래 이곳은 과거 군사독재 시절 돈 있고 권력 있는 사람들이 드나들던 대원각이라는 이름의 고급 요정이었다. 그 당시 대원각은 삼청각, 청운각과 함께 우리나라 3대 요정 중의 하나였다고 한다. 이 대원각을 경영하던 여인 김영한은 아마도 재색을 겸비한 여걸이었으리라. 젊은 시절에는 기생으로서 시인 백석의 연인으로 이미 이름이 났던 인물이었다. 그녀는 백석에게서 자야(子夜)란 아호를 받기도 했고, 백석에게 시적(詩的) 영감의 원천이 되기도 했지만, 결국 그들의 관계는 당시 시대적 인습의 두터운 장벽을 넘어서지 못하고 비련의 로맨스로 끝나고 말았다.

시인 백석과의 인연이 그녀의 젊은 시절의 연정으로 맺어졌던 인연이었다면, 그녀가 나이 들어 깨달음으로 맺어졌던 또 하나의 인연이 법정 스님과의 인연이리라. 그녀는 법정 스님의 수필 「무소유」를 읽고 크게 감명을 받아 1987년 2월 14일 법정 스님에게 자신이 경영해 왔던 대원각을 아무 조건 없이 시주할 테니 청정한 불교 도량으로 만들어 달라고 청하였다. 법정 스님은 그 뜻을 선뜻 받아들이지 못하고 여러 번 거절해 오다가 그녀의 뜻이 하도 굳고 간절함을 알고 1995년 마침내 그 뜻을 받아들이기로 했다. 그리하여 처음 대한불교 조계종 송광사 말사 대법사로 등록을 했다가, 1997년 '맑고 향기롭게 근본 도량 길상사'로 이름을 바꾸어 등록을 하고 그해 12월 14일 창건법회를 열었다. 이 창건법회에서 법정 스님은 김영한에게 길상화(吉祥華)란 법명과 함께 염주 한 벌을 내렸다고 한다.

그 후 길상화 보살은 1999년 11월 14일 이 세상을 하직하고, 법정 스님 또한 2010년 3월 11일 입적하고 만다. 그러나 두 분의 자취는 이 길상사 구석구석에 남아 있고, 두 분의 아름다운 인연은 길상사라는 청정 도량으로 결실을 맺어 이곳을 찾는 뭇 중생들에게 맑고 향기로운 기운을 전해준다.

법정 스님의 수필 「무소유」에는 다음과 같은 글귀가 있다.

> 크게 버리는 사람만이 크게 얻을 수 있다.
> 아무 것도 갖지 않을 때 비로소 온 세상을 갖게 된다는 것은
> 무소유의 또 다른 의미이다.

김영한이 대원각을 법정 스님에게 시주하려 했을 때, 그것을 당시 시가로 따지자면 1,000억 원이 넘는 돈이었다고 한다. 그만한 재산을 아무 조건 없이 버렸으니, 그녀는 그야말로 크게 버린 사람이 아닐 수 없다. 그렇게 크게 버림으로써 그녀가 얻은 것은 무엇일까?

그날 길상사는 언어가 아닌 실체로서 그 대답을 보여주고 있는 것 같았다. 법정 스님은 출가 사문으로서 생전에 되도록 세속 일에 관여하지 않으려고 해왔지만, 그럼에도 불구하고 스님이 수행해 온 유일한 사회운동이 '맑고 향기롭게 살아가기' 운동이었다. 이는 나날이 혼탁해져 가는 우리 사회를 보다 맑고 향기롭게 만들기 위한 순수 시민운동이었다. 그리하여 이 길상사가 '맑고 향기롭게 근본 도량'으로 문을 열게 된 것이다.

그날따라 초가을 하늘이 너무나 맑았다. 길상사 경내 구석구석에도 맑고 향기로운 기운이 가득 흘러넘치고 있었다. 그 기운이 길상사를 찾는 사람들을 통해서 널리 세상으로 퍼져나가는 것 같았다.

그대로 두었으면 끝내 세속의 혼탁한 냄새로 가득 찼을 대운각, 그 대운각을 버려 맑고 향기로운 청정 도량으로 바꾼 김영한, 아니 길상화 보살. 그이는 그야말로 크게 버림으로써 크게 얻을 수 있었던 사람이었다. 그이가 버린 것은 세속의 혼탁한 냄새요, 그이가 얻은 것은 길상사로 부터 널리 세상을 향해 퍼져나가는 맑고 향기로운 기운이리라.

달집태우기

가까운 철마면에서 달집태우기 행사를 한다는 플래카드가 곳곳에 나붙어 있었다. 철마면은 내가 지금 살고 있는 정관신도시와 인접해 있는 지역이다. 달집태우기는 설을 지난 후 음력 정월 대보름날 밤에 시행하는 민속행사로서 요즘도 전국 곳곳에서 그 명맥을 이어가는 것 같다. 부산에서도 해운대, 송정, 광안리 등의 바닷가 백사장에서 이 행사가 열린다는 뉴스를 접해 왔는데, 이번에는 가까운 철마면에서 열린다니 마음이 끌리지 않을 수 없다.

아내와 함께 달집태우기 행사 현장을 찾아가 보기로 했다. 철마면 한가운데를 가로질러 흐르는 하천가에 꽤 넓은 고수부지가 펼쳐져 있는데, 그 한 가운데에 이미 달집이 지어져 있었다. 달집은 안으로 긴 나무 막대기를 원추형으로 엮어 세우고, 그 둘레에 마른 짚과 생솔가지들을 덮는다. 그리고 달이 떠오르는 동쪽을 터서 문을 만든다. 그 문 위에 '農者天下之大本也'라고 세로로 길게 내려쓴

현수막이 내걸려 있다. 철마면은 원래 농촌 지역이었고, 아직도 농지가 많이 남아 있으니, 이런 현수막이 내걸릴 만도 하다.

사람들이 벌써 많이들 모여들어 북적거리고 있다. 곳곳에 먹거리 난전판도 펼쳐져 있다. 사람들이 쇠고기국밥에 편육, 순대 등을 사서 소주와 막걸리를 곁들여 먹고 마시고 있다. 울긋불긋 전통의상을 차려입은 풍물패들이 나타나 한바탕 신명 나는 풍물놀이를 펼치며 달집 주위를 돈다. 그러고 나서 이런 행사에 으레 따르기 마련인 이곳 지방관과 지역 유지들의 소개와 인사말이 지루하게 이어진다. 동쪽 하늘에 환한 둥근 보름달이 얼굴을 내밀자 드디어 달집에 불을 붙였다.

곧 불길이 달집을 온통 삼키며 맹렬한 기세로 하늘로 치솟아 오르는 데는 그리 오랜 시간이 걸리지 않았다. 달집 안에 대나무 막대기를 꽂아두었던지 대나무가 터지는 폭죽 소리가 탕탕 요란한 소리를 내었다. 이는 전통적으로 마을의 악귀를 쫓는 의식이란다. 풍물패들이 헌 베쪼각 같은 것들을 뭉쳐 들고 나와 불 속으로 집어던졌다. 그러자 주위에 둘러선 일반 사람들도 각자 뭔가를 끄집어내 불길 속으로 던져넣는 모습이 눈에 띄었다. 이는 불로써 모든 부정과 재액을 살라버리는 정화의식이란다.

그 사이 동쪽 하늘에는 정월 대보름달이 더 높이 두둥실 떠올라 둥글고 환한 모습으로 하계를 비춘다. 정월 대보름달은 한해의 풍년을 기약하는 풍요의 상징이고, 달집에서 하늘로 치솟아 오르는 불길은 모든 부정과 재액을 살라버리는 정화의 상징이다. 그러므로 달집태우기는 예로부터 농경사회에서 한해의 풍년과 함께 마을의 평화와 안녕을 비는 전통의식으로 행해져 왔다.

내가 태어나서 어린 시절을 보낸 고향마을에서도 해마다 정월 대보름날 밤에는 이러한 달집태우기 행사를 해왔다. 그때 나와 같은 또래의 마을 꼬마들은 영문도 모르는 채 괜히 신이 나서 달집에서 타오르는 불길을 바라보며 "달집에 불이야!"하고 고함을 지르며 쏘다녔던 일이 생각난다. 생각하면 철없이 순진무구했던 어린 소년 시절이었던 그때가 비록 가난했지만, 행복했던 시절이 아니었나 싶다.

그로부터 참 많은 세월이 흘러갔다. 흐르는 세월 따라 내 인생도 참으로 많이 변해 왔다. 이제 그 순진무구했던 어린 소년시절도, 꿈과 고뇌와 방황의 청년시절도, 성취에 대한 욕망과 일과 가족에 대한 책임의 굴레에 얽매여 힘들게 살아온 장년시절도 넘어서서 지금은 어느덧 은퇴한 노년에 이르렀다. 그리고 이제는 복잡한 도심지를 벗어나 이곳 부산이란 도시의 한 외곽 지역 정관신도시에 자리를 잡고 한가롭게 살고 있다.

동산 위에 떠 오른 저 보름달도 지금은 가득 찬 만월(滿月)이지만 차츰 줄어들었다가 사라지고, 다시 또 초승달로 재생한다. 우리네 인생도 그럴 수는 없을까? 그동안 살아온 삶에서 모든 허물과 얼룩은 저 불길 속에 태워버리고, 새롭게 다시 정화된 몸과 마음으로 재생할 순 없을까?

달집의 불길은 이제 점차 사위어가고, 보름달은 아까보다 한층 더 하늘 높이 떠올라 사방을 밝히고 있는데, 달집 주위로 모여든 군중들도 이제 각자 제 갈 길로 흩어져 가고 있다. 나도 아내와 함께 주차해둔 곳으로 가서 자동차에 올랐다. 옆자리에 아내를 태우고 집으로 다시 돌아오는 차 안에서 아내와 나눈 대화이다.

"당신 보름달에 무슨 소원을 빌었지?"

"소원은 무슨.... 빌 소원이 있어야지." 아내는 심드렁하게 대답하며, 오히려 내게 물었다.

"당신은 무슨 소원을 빌었는데?"

"나는 초승달처럼 새롭게 다시 태어나기를 빌었지."

"그럴려면 자신을 다 태워 없애버려야지요."

아하, 그래, 맞아! 새롭게 다시 태어나려면 낡은 자아를 다 태워 없애버리지 않으면 안 된다. 그 간단한 원리를 모르고 어떻게 새롭게 다시 태어나기를 바랄 것인가. 그러고 보니 아내가 나보다 한 수 위였다.

외갓집 가는 길

아내와 함께 배내골로 가는 길이었다. 어느 지인이 배내골에 펜션을 하나 잡아두었다고, 와서 하룻밤 쉬어가라는 고마운 호의를 받아들이기로 했다. 금년 여름은 유난한 무더위가 오래 계속되고 있다. 배내골은 계곡이 깊고 물이 맑아 여름 피서지로서 이름이 높다. 배내골로 가는 도중에 거쳐야 하는 곳이 있다. 어곡공단이다.

경부고속도로 양산IC를 빠져나와 서쪽으로 한 2km 정도 가다 보면 바로 산 옆구리를 관통하는 터널이 나온다. 그 터널을 통과하면 그 일대에 어곡공단이 펼쳐진다. '어곡(魚谷)'이라는 지명에서도 짐작이 가겠지만, 본래 이 일대는 좌우로 산 능선이 쭉 뻗어 있는 골짜기였다. 골짜기 가운데로 하천이 흐르고, 하천 주변으로 얼마간의 논밭들이 펼쳐져 있고, 좌우 산기슭에는 몇 시골 마을들이 옹기종기 자리 잡고 있었다.

그랬던 지역이 이제는 공단으로 바뀌어 논밭도, 마을도 다 사라지고, 온통 공장 건물들만 빽빽이 들어서 있다. 이전 마을들은 거의 다 흔적도 없이 사라져버렸고, 한쪽에 아파트 단지가 덩그렇게 조성되어 있다. 가운데로는 공단을 좌우로 가르는 4차선 도로가 남북으로 길게 뻗어 있다. 이 도로를 따라 북쪽으로 한참 달리다 보면 신불산이 나오고, 신불산 고개를 넘으면 겨울철 스키장을 겸한 양산 에덴밸리 리조트가 나온다. 거기서 한참을 더 꼬불꼬불 산길 도로를 조심해서 내려가다 보면 배내골로 들어서게 된다.

자동차로 어곡공단 도로를 달려 배내골로 향하면서 내 상념은 옛 어린 시절로 돌아가고 있었다. 유소년 시절, 나는 어머니를 따라 외갓집으로 가고 있었다. 집에서 양산 읍내로 가는 신작로를 한 10리 정도 걸어가다 오른쪽으로 방향을 꺾어 양산천 하천을 가로지르는 돌다리를 건넌다. 하천 건너편에 효충리라는 마을이 나오고, 마을이 끝나는 지점에서 산길로 접어든다. 가쁜 숨을 몰아쉬며 산길을 한참 오르다 보면 길옆에 서낭당 돌무덤이 나온다. 어머니가 시키는 대로 주변에서 돌을 하나 주워다가 서낭당 돌무더기 위에 던지고, 두 손을 모으고 고개를 숙여 마음속 소원을 빈다. 그리고 다시 산길을 한참 걸어 오르다 보면 드디어 고갯마루에 올라선다. 저 아래로 산비탈이 끝나는 지점에 논밭들이 층층이 펼쳐지고 맞은편 언덕바지에 마을이 하나 보인다. 어곡마을이다. 마을을 이루고 있는 집들은 대개가 초가이다.

이제부터는 내리막길이어서 내려가기가 쉽다. 내리막 산길을 지나고, 하천을 건너고, 논밭 사이로 구불구불 이어지는 시골길을 얼마간 걷다 보면 마을에 도달하게 되는데, 마을 오른쪽 맨 끄트머리에 외갓집이 있다. 외갓집은 본채를 억새로 덮은 3칸 초옥에 마루가 딸려 있다. 본채와 조금 떨어져서 아래채와 사랑채가 있고, 가운데 마당이 있어 시골집치고는 어느 정도 규모를 갖춘 집이었다. 가족으로는 외삼촌, 외숙모와 자녀들로서 위로 딸 여섯에 아들이 하나, 또 그 밑에 젖먹이 막내딸까지 해서 모두 딸 일곱에 아들 하나로서 이른바 딸 부잣집이었다. 위로 네 번째까지가 나보다 손위 외사촌 누나들이었고, 그 아래로는 외사촌 동생들로서 그중에서도 외동아들 하나는 아주 특별한 존재가 아닐 수 없었다.

어머니와 함께 내가 외갓집에 가는 때에는 대개가 외할아버지와 외할머니 제사가 일주일 차이로 이어지는 겨울철이었다. 그러니 우리 말고도 제사에 참례하러 오는 친인척들이 많았다. 외삼촌은 위로 누나인 우리 어머니가 있었고, 아래로 남동생 셋이 있었다. 그러다 보니 외할아버지, 외할머니 제사 때에는 그 자녀들과 손자녀들까지 모여들어서 온 집안이 북적거렸다. 제사를 지내고 나서도 다음 날 바로 돌아가는 경우는 별로 없었다. 한번 왔다 하면 일주일, 열흘 정도 묵어가는 경우가 예사였다.

그때가 보통 겨울방학 때와 겹치게 되어 나도 외갓집에 한번 갔다 하면 어머니가 먼저 집에 돌아가시고 난 뒤에도 보통 한 일주일에서 열흘 정도는 머물다 돌아오는 경우가 다반사였다. 그러다 보니, 자연 외사촌들과 함께 놀고 부대끼고 해서 그들과 정이 들어 친하게 지내게 되었다. 외삼촌, 외숙모께서는 본래 성정이 어질고 자상해서 그 여러 조카를 먹이고 재우고 돌보기를 친자식들과 조금도 다름없이 하셨다.

이제 그때로부터 많은 세월이 흘렀다. 세월의 흐름과 함께 세상도 시대도 많이 변했다. 사람들도 내 어머니, 아버지는 물론 외삼촌, 외숙모를 비롯한 그 시절의 어른들 세대는 이미 다 세상을 떠나셨고, 한 세대 아래, 그러니까 나와 같은 세대인 외사촌들도 이제 나이를 먹을 만큼 먹어서 개중에는 이미 세상을 떠나기도 하고, 살아 있어도 이미 대개는 노령에 접어들었다.

어디 사람뿐이랴. 그때 어머니와 함께 가곤 했던 외갓집도, 외갓집이 있던 그 마을도 다 사라지고 말았다. 어머니 손에 이끌려 신작로를 걷고, 하천의 돌다리를 건너고, 산길을 오르내리고, 들길을 가로질러 가던 외갓집 가는 길도 이제는 다 사라지거나 변하고 말았다. 그리고 외갓집이 있던 그 마을 일대는 이제 낯설고 거대한 공단이 들어서서 옛 모습은 거의 찾아볼 수조차 없다.

그러나 아직도 변하지 않고 간신히 명맥을 이어가고 있는 것이 딱 하나 있다. 그때 그 시절 외사촌들과 맺었던 끈끈한 정이다. 외사촌 누나들 중에는 이미 고인이 된 이도 있고, 연세가 너무 높고 건강이 안 좋아서 거의 활동을 못하는 이들도 있다. 그러나 건강을 유지하고 있는 외사촌들과는 아직도 종종 서로 안부를 묻거나 통신을 주고받으며, 인정을 이어가고 있다. 사실 오늘 배내골로 우리 부부를 초대한 지인도 바로 그 시절 그 철부지 외동아들 외사촌 아우다.

그도 나도 이제는 나이를 먹어 모습은 노인으로 변했다. 그러나 그와 나 사이에 흐르는 인정의 강물은 그때나 지금이나 별로 변함이 없는 것 같다.

원정윤군생

법기수원지는 경남 양산시 동면 법기리 마을 뒤 산골짜기에 자리 잡고 있다. 이 수원지는 일제 강점기에 조성된 이래 오랫동안 일반인의 출입이 통제되어 오다가 2011년 7월 15일부터 부분적으로 개방되고 있다.

법기리 마을을 지나 수원지 입구를 들어서면 우선 예사롭지가 않은 울울창창한 숲을 만난다. 소나무, 측백나무, 편백나무를 비롯해 아름드리 히말라야시다 등, 30~40m나 되어 보이는 침엽수림이 마치 열병식을 하는 군병(軍兵)들처럼 빽빽하게 늘어서 있고, 군데군데 참나무, 벚나무 등의 활엽수들도 끼어 있다. 그중에는 벼락을 맞아 껍질이 벗겨진 채 메마른 몸체만으로 오랜 세월 풍상을 견디며 그래도 꿋꿋이 제 자리를 지키고 서 있는 고사목도 한 그루 있다.

숲 뒤편에는 좌우로 길게 뻗은 둑이 비스듬히 자리하고 있고, 둑 위로 올라갈 수 있도록 목재로 계단을 조성해 놓았다. 계단을 따라 한참을 올라가다 보면 "와아~!"하고 감탄사가 절로 터질 정도로 시야에 아름다운 절경이 확 펼쳐진다. 산과 물과 야생의 숲이 어우러져 그야말로 아름다운 한 폭의 풍경화를 이룬다. 물 위에는 몇 마리 야생 오리 떼도 한가로이 노닐고 있다.

한참을 절경에 취해 있다 둑 위를 걸으면 몇 그루의 소나무와 마주친다. 소나무의 자태가 예사롭지 않다. 한 그루 소나무는 밑동에서부터 여러 개의 가지가 나와 나지막이 사방으로 뻗어 있어 머리와 허리를 조심스럽게 구부리지 않고는 밑으로 지나갈 수조차 없을 정도다. 표지판에 따르면 이들 소나무는 수령 130여 년이나 된 7그루의 반송(盤松)인데, 이 수원지가 조성될 당시 이미 수령 50년 이상이나 된 것을 장정 20여 명이 목도를 해서 둑 위에 옮겨 심었다 한다.

그 소나무들은 사람들에게 겸손을 가르친다. 겸손한 자세로 머리와 허리를 숙이고 구부리지 않고는 지나갈 수가 없다. 그렇게 겸손한 자세로 7그루의 반송 가지 밑을 지나서 반대편인 동편 둑 아래로 내려간다. 이쪽도 역시 나무 계단을 설치해 놓았다. 계단을 따라 내려가면 둑 밑 한 귀퉁이에 물이 빠지는 도수관(導水管)이 묻혀 있고, 그 위에 석벽(石壁)이 설치되어 있는데, 석벽 위쪽에 다음과 같은 글자가 새겨져 있다.

生群潤靜源

한문은 원래 오른쪽으로부터 읽어야 하니, 우리말로 소리 나는 대로 읽으면 '원정윤군생'이 된다. 즉 물의 근원이 깨끗하면 그 물로 뭇 생명을 윤택하게 할 수 있다는 뜻이다. 그 밑에는 글의 출처에 대한 설명문도 적혀 있다.

이 글은 일제 강점기에 조선총독부 총독을 지낸 사이토 마코트(齋藤實, 1858~1936)의 글씨라 한다. 그는 제국주의 시대 일본의 해군 대장에다 해군 대신을 지냈고, 이어서 두 차례(1919~1927, 1929~1931)의 조선총독과 내각의 총리대신에다 자작(子爵)의 작위까지 받은, 당대 일본 최고의 요직을 두루 거친 유명 인물이었다. 그가 3.1운동 직후 1919년 9월 2일 제3대 조선총독에 부임하기 위하여 경성역에 도착했을 때, 당시 조선 독립투사 강우규(姜宇奎)가 그를 향해 폭탄을 던졌다. 그러나 그의 주변에 있던 다른 사람들은 여러 명 사상자가 났으나 그는 용케 죽지 않고 살아났다. 당시 일제는 3.1운동 후 조선의 식민통치 방법을 무단정치에서 유화정책인 소위 '문화정치'로 바꾸어 기만적인 동화정책을 펼쳤는데, 그는 바로 그러한 정책을 펼쳤던 주역이었다.

법기수원지는 1927년에 착공, 1932년에 완공되었다 하니, 그는 아마 완공 직전인 1931년에 두 번째의 조선총독을 끝내고 일본으로 돌아갔을 것이다. 그러니까 그 글은 아마도 그가 돌아가기 직전에 쓰서 보냈을 공산이 크다.

그러나 여기서는 그 글의 출처나 글을 쓴 사람의 내력에 대해서 말하고자 함이 목적이 아니다. 그보다는 글 자체의 의미에 대해서 한번 생각해 보고자 한다. 이와 비슷한 우리 말 속담에 "윗물이 맑아야 아랫물이 맑다"는 말도 있지만, 물은 어쨌든 윗물에 해당하는 근원이 맑아야 한다. 물은 본래 근원에서 발원하여 위에서 아래로 흘러가는 것이니, 윗물이 맑지 않으면 아랫물이 맑을 수가 없다. 윗물이 흐리거나 오염이 되어 있으면 아랫물은 더욱 혼탁해질 수밖에 없고, 그 어떤 생명체도 오염된 혼탁한 물을 마시고는 제대로 살 수가 없다. 그러므로 근원이 깨끗한 물이라야 뭇 생명을 살리고 윤택하게 한다는 말은 진리이다.

이 법기수원지의 물은 별도의 정수가 필요 없을 정도의 일급 청정수란다. 그러니 이 수원지 주변의 숲은 물론이요, 그 아래 마을 사람들과 그들의 논밭과 기타 주변의 모든 생명들에게 청정수를 공급하여 그들의 생명을 살리고 윤택하게 한다.

그런데, 요즘 우리나라 정치사회가 왜 이리도 혼탁할까. 그래도 나라의 윗물급에 해당하는 부처의 인사들이 연일 막말에다 패거리 싸움질로 날을 지새우더니, 급기야는 온 나라와 국민의 윗물 중의 윗물, 즉 근원에 해당하는 청와대의 대통령과 그 측근들마저도 불법과 비리를 저질러 온 나라가 강진(强震)이라도 맞은 듯 진동하고 있다. 가만히 바라보고 있으면 모두 제정신이 아니다. 위로는 대통령과 함께 소위 다음 대권을 꿈꾼다는 사람들로부터 아래로는 촛불을 들고 거리로 마구 쏟아져 나오는 수많은 일반 시민들에 이르기까지 모두 제정신이 아닌 것 같다.

온 나라가 이렇게 시끌벅적 불안한 사태를 지켜보면서 문득 법기수원지 한 귀퉁이에 적혀 있던 '원정윤군생'이란 글귀가 생각나는 것은 왜일까? 아마도 그 글귀 속에는 작금의 우리나라 사태의 본질을 설명하는 의미가 내포되어 있는 것 같다. 그 글귀의 뜻을 뒤집어서 생각해 보면, 물의 근원, 즉 윗물이 맑지 못하면 그 밑의 뭇 생명들이 윤택하게 살 수 없다는 뜻이 된다.

그러면 그 밑의 뭇 생명들은 어떻게 할 것인가? 두 가지 선택의 길이 있을 것이다. 하나는 혼탁한 물을 마시고 병들어 죽어가거나, 아니면 스스로 들고 일어나 혼탁한 윗물이 흘러 내려오는 바로 그 근원을 새로 고치고 바꾸어 맑은 물이 흘러나오도록 하는 것이다.

작금의 우리나라 사태의 본질이 바로 이에 해당하는 것 같은데, 그러나 부디 교각살우(矯角殺牛)의 사태가 되지는 말았으면 하고 마음속으로 기원해 본다.

잔월효성

밤중에 잠이 깨어 다시는 잠을 이루지 못했다. 이리 뒤척 저리 뒤척 해보았지만, 한번 달아난 잠은 다시 오지 않는다. 동짓달 기나긴 밤이라 날이 새려면 아직도 한참은 멀었을 텐데 언제까지 이렇게 뒤척이고 있겠는가. 차라리 일어나서 무슨 일이라도 하는 게 낫겠다.

그런데 무슨 일을 한다? 책을 읽을까, 컴퓨터를 켤까? 이런 상태로는 눈도 머리도 맑지가 않아서 아무것도 눈과 머리에 제대로 들어올 것 같지가 않다. 그럴 바엔 차라리 일찌감치 산책이나 다녀오는 게 낫지 않을까. 어차피 아침 산책은 오랫동안 습관화된 나의 첫 일과가 아닌가. 그래 옷을 주워 입고 밖으로 나갔다. 싸늘한 밤공기를 뚫고 평소 자주 가는 아침 산책코스로 접어들었다. 골목길을 한참 걸어 산길로 들어섰다. 아직 어둠 살이 걷히기 전이긴 하지만 다행히 군데군데 조명등이 켜져 있어 걷기에 별 무리는 없었다.

조명등 불빛이 미치지 않는 곳도 그렇게 캄캄하게 어두운 편은 아니었다. 왜일까 생각하다가 문득 하늘을 올려다보았다. 하늘이 그 이유를 말해주고 있었다. 잔월효성(殘月曉星)...? 그랬다. 그것은 글이나 관념으로서가 아닌, 실물로서의 잔월효성이 그 이유였다. 날이 새기 전 새벽녘 하늘에 떠 있는 달과 별을 이르는 그 잔월효성 말이다.

고개를 들어 하늘을 쳐다보았을 때, 하늘엔 군데군데 희미하게 반짝이는 별빛과 함께 희부연 하현달이 빛을 발하고 있었다. 그 달빛과 별빛이 사위의 어둠을 어느 정도 밝혀주고 있었던 것이다. 그런데 초저녁이나 밤중에 보는 달빛과 별빛에 비해 새벽녘의 그 달빛과 별빛은 선명하기보다 희끄무레한 게 어쩐지 처연해 보였다.

문득 나도향의 수필 「그믐달」의 한 구절이 생각났다. "그믐달은 세상의 갖은 풍상을 다 겪고, 나중에는 그 무슨 원한을 품고서 애처롭게 쓰러지는 원부와 같이 애절하고 애절한 맛이 있다."고 했던 그 구절 말이다. 하현달은 그믐달과는 달라서 원한을 품은 원부(怨婦)와 같이 애절한 맛을 풍기는 것 같지는 않다.

달도 별도 시간과 모양에 따라, 또는 보는 사람의 느낌에 따라 여러 가지로 차이가 있을 것 같다. 초승달과 반달과 보름달과 그믐달의 모습이 다 다르듯이 그 느낌도 다 같을 수가 없다. 마찬가지로 초저녁과 한밤중과 새벽녘에 보는 달과 별의 인상이나 느낌 역시 같을 수가 없으리라.

그럼 지금의 저 달빛과 별빛이 내 눈에 희끄무레하고 처연해 보이는 것은 왜일까? 그건 아마 그들이 곧 사라져버릴 운명을 띠고 있기 때문이 아닐까? 얼마 후면 곧 날이 샐 것이다. 날이 새어 동녘 하늘이 훤하게 밝아오기 시작하면 그들은 곧 빛을 잃고 사라지고 말 것이다. 무엇이든 곧 사라지게 될 운명에 처한 것은 애처롭고 처연한 느낌을 준다. 저 새벽달과 별들도 마찬가지다.

더욱 안타까운 것은 그들이 사라지기 전에 그들을 보아주는 이가 거의 없다는 점이다. 지금 나처럼 간혹 무슨 특별한 사정이나 사연을 가진 사람이라면 몰라도 대부분의 사람들은 지금 이 시간에는 아직 단잠에 빠져 있을 때다. 나 역시 오늘 같은 특별한 경우를 제외하곤 새벽달과 별을 본 적이 거의 없다. 아무도 보아주는 이 없는 사람이 그러하듯, 아무도 보아주는 이 없는 저 새벽달과 별에도 인간의 감정을 이입시켜 보면 그 역시 무척 외롭고 쓸쓸하지 않겠는가.

곧 사라질 운명의 그리고 아무도 보아주는 이 없는 새벽달과 별이 갖는 또 한 가지 특징은 그러기에 가장 많은 은밀한 사연을 감추고 있을 것 같다는 점이다. 그들은 밤 동안에 벌어지는 모든 은밀한 사건들과 사연들을 본다. 밤중에, 그리고 새벽녘에 모두가 잠든 시간에 자행되는 온갖 은밀한 비밀들을 본다. 그것은 무슨 비밀스러운 음모일 수도 있고, 잔혹한 범죄일 수도 있다. 아니면 그 어떤 한이나 슬픔으로 밤새도록 잠 못 이루는 사람이 될지도 모른다. 그러기에 저 새벽달과 별보다 세상사 온갖 은밀한 비밀을 더 잘 알고 있는 이 뉘 있겠는가.

그래서 고려시대 정서(鄭敍)는 그의 「정과정곡(鄭瓜亭曲)」에서 다음과 같이 노래하지 않았던가.

내님을 그리사와 우니다니	(내 님을 그리워하여 울고 있으니)
산접동새 난 이슷하요이다	(산접동새와 나는 비슷합니다)
아니시며 거츠르신 들 아으	(사실이 아니며 거짓인 줄을 아아)
잔월효성이 아르시리이다	(새벽달과 별이 알 것입니다)

정서와 「정과정곡」에 대해서는 이미 웬만큼 다 알려져 있으니, 여기서 새삼 상론할 필요는 없으리라. 하지만 그가 억울한 모함을 받아 기약 없는 귀양살이를 하면서 지었다는 「정과정곡」은 우리 국문학사에서 빼어놓을 수 없는 귀중한 문화유산이 되고 있다. 위에 인용한 부분에서 정서는 자신이 모함을 받아 귀양살이를 하고 있지만, 그 모함이 사실이 아니며 거짓인 줄을 잔월효성, 즉 새벽달과 별이 알 것이라 했다. 그가 왜 하필 새벽달과 별이 알 것이라 했을까? 그건 새벽달과 별이야 말로 세상의 가장 은밀한 비밀을 제일 잘 알고 있다고 여겼기 때문이리라.

그래서 잔월효성은 내가 알고 있으면서도 여태 찾아가 보지 못하고 있던 정서와 정과정곡의 그 귀중한 역사 및 문화 유적지를 직접 찾아가서 눈으로 그 현장을 확인하게 하는 동기를 제공했다. 그것은 부산시 수영구 망미2동 산 6-2번지 일원이다. 그런데 안타까운 것은 그 옛날 정서가 낮이면 오이밭을 일구고, 밤이면 거문고 가락에 유배생활의 고독과 시름을 달래던 그곳 수영강 주변 일대가 급격한 도시화로 인해 온통 훼손되고 있다는 점이다. 주변이 온통 도로와 아파트와 상가 등으로 뒤덮여 있고, 번잡한 도로변 한 귀퉁이 작은 동산 위에 최근에 와서 겨우 마련한 과정공원이 있었다.

그 과정공원에는 새로 지은 '鄭瓜亭'이라는 정자와 '鄭瓜亭重建記念碑'와 '鄭瓜亭曲' 노래비가 세워져 있고, '경암(鏡巖)'이라는 이름의 큰 바위와 보호수로 지정되어 있는 수령 400년의 늙은 팽나무 한 그루가 전부였다.

정서의 시대로부터 거의 천년의 세월이 흐른 지금, 모든 것이 다 변했어도 변하지 않고 남아 있는 유일한 것이 있다면 그의 노래 「정과정곡」일 것이다. 그리고 그 모든 변화의 역사와 사연을 말없이 지켜보아온 것이 있다면, 그것은 저 새벽 밤하늘의 잔월효성이리라.

가련한 배우

그때는 영화가 대중에게 최고의 인기를 끌던 시대였다. 그러니까 영화배우, 그중에서도 인기 영화배우는 단연 대중의 최고 인기 대상이었다. 당시 영화배우를 스타라고 한 것도 그런 면에서 적합한 호칭이었던 것 같다. 그들은 대중으로부터 사랑을 받고, 선망의 대상이 되는 별, 인기 영화배우는 별 중의 별, 스타 중의 스타였으니까.

그때 그녀는 우리 영화계에 단연 별 중의 별, 스타 중의 스타로서 화려하게 등장했다. 그녀의 데뷔작은 강대진 감독의 〈청춘극장〉(1966)이었지만, 내가 특히 그녀의 모습을 인상 깊게 보았던 영화는 당시 인기 소설가 김승옥 원작에다, 김수용 감독의 영화 〈안개〉(1967)였다. 그녀는 그 영화에서 실제로 안개 속의 여인처럼 신비적이면서도 청순한 매력을 풍기고 있었다.

그 후로 그녀는 무려 330여 편의 영화에 출연하였고, 그중 325

편에서 주연을 맡았다고 한다. 그리고 주연급 영화배우가 받는 청룡영화상, 대종상 등, 여우주연상만도 25번을 받았다고 한다. 내가 보았던 그녀가 출연하는 마지막 영화는 2011년 이창동 감독의 〈시〉였는데, 이 영화에서도 LA비평가협회상 여우주연상과 프랑스 문화예술 훈장 '오피셰'를 받았다고 한다.

윤정희는 자기보다 2년 연하의 남자 피아니스트 백건우와 열애 끝에 1976년 파리에서 결혼식을 올렸다. 우리 사회에서 영화배우나 인기인이 종종 스캔들을 일으키거나, 결혼생활에서도 문제를 일으키는 경우가 다반사지만, 그들은 달랐다. 그들은 결혼 후 40여 년간 언제 어디서나 늘 그림자같이 서로 함께했으며, 예술과 문화를 사랑하는 가장 이상적인 부부의 한 모델로서 살아왔다. 그들에게는 딸(백진희)이 하나 있다는데, 그 딸조차도 "두 분 사이가 워낙 각별했기 때문에 누군가 비집고 들어갈 틈이 전혀 없었다."라고 했을 정도였다 한다.

그러던 그녀가 요즘 치매를, 그것도 알츠하이머 치매를 앓고 있다 한다. 그동안 아내의 치매를 알리는 걸 꺼려 왔던 남편 백건우가 최근 아내 윤정희의 치매 사실을 언론에 공표했다고 한다. 그는 아내가 증상을 보인 건 4~5년 전부터였고, 알츠하이머라고 명확히 진단을 받은 건 3년쯤 됐다며, 그 뒤로 진행 속도가 빨라져 이젠 돌이킬 수 없을 정도란다. 딸 백진희씨도 알아보지 못해서 심지어 딸에게 "나를 왜 엄마라고 부르느냐?"고 묻는다고 한다.

안타깝고 슬픈 일이 아닐 수 없다. 그러나 이러한 안타깝고 슬픈 일에서 누구도 예외가 될 수 없다는 사실을 그들 부부가, 특히 윤정희가 웅변적으로 그리고 실증적으로 보여주고 있다고 하겠다. 그녀는 한때 우리 시대, 우리 사람들 가운데서 최고 인기인 중의 인기인이요, 스타 중의 스타였다. 그녀뿐만 아니라, 남편도 함께 국제무대에서 왕성하게 활동하던 예술가로서, 부부가 함께 이상적인 인생과 부부의 한 모델로서 살아왔다. 그랬던 그녀가 지금 자신의 그 아름답고 화려했던 과거는 물론이고, 현재의 자아마저도 깡그리 잃어버린 채 살고 있다. 인간에게 씌워진 생로병사(生老病死)라는 이 엄혹한 굴레를 누구도 벗어날 수 없음을 그녀가 가장 확실하게 보여주고 있지 않은가. 지금 파리 근교에서 딸과 함께 요양 중인 그녀는 이제 아파트 밖으로 잘 나가려고도 하지 않는단다. "사람 만나는 걸 피곤해하고, 그저 조용히 있길 원해요. 진희가 그렇게 노력하는데도 알아보질 못하니…, 너무 안타까워요." 남편 백건우씨의 말이다.

생로병사의 굴레는 인생의 숙명이요, 본질이다. 숙명이요, 본질이니까 누구도 이 굴레에서 벗어날 수도 없고, 이것에서 예외일 수도 없다. 잠시 여기서 벗어나고, 이것에서 예외인 듯 여겨지는 착시현상이 생길 때가 있다. 그때가 인생에서 소위 한창때이고 잘 나가는 때이다. 셰익스피어는 대극작가답게 그러한 인생을 "무대 위에서 자기의 정해진 시간 동안 우쭐대고 안달하는 가련한 배우"라고 표현했다. 우쭐대고 안달을 떨어봐야 고작 무대 위에서 자기에게 주어진 한정된 시간뿐이다.

윤정희는 영화배우였다. 그의 본명은 윤정희가 아니라 손미자였다고 한다. 한때 대중으로부터 최고의 인기를 끌며, 별 중의 별, 스타 중의 스타로서 군림했던 윤정희도 실제로는 "무대 위에서 자기의 정해진 시간 동안 우쭐대고 안달하는 가련한 배우"에 지나지 않았던 셈이다. 이제 그녀는 무대 위에서 자기에게 정해진 시간을 다 채우고, 무대 아래로 내려왔다. 무대 아래로 내려온 윤정희라는 실체는 이제 한 가련한 치매 환자 노인 손미자로 돌아가 자신이 낳은 딸마저도 알아보지 못하는 안타깝고 가련한 신세가 되어 있다고 한다.

어디 윤정희뿐이겠는가. 윤정희처럼 한때 대중의 스타로서 화려한 삶을 살아보지도 못한 우리네 보통 사람들도 다 제 나름대로 자기에게 주어진 인생이란 무대 위에서 자기에게 정해진 시간 동안을 우쭐대기도 하고, 안달하기도 한다. 그러다가 자기에게 정해진 시간이 끝나면 무대 위에서 쓸쓸히 퇴장하지 않을 수 없다. 그러고 보면 우리네 인생은 그 누구나 다 가련한 배우에 지나지 않는다는 사실을 다시 한번 깨닫게 된다. 셰익스피어는 역시 대극작가인 셈이다. 그는 진작부터 인생의 본질을 통찰하고 있었고, 그것을 연극으로 보여주었던 것이다.

3부

닭 우는 소리

꿈과 드림

기장 지역에 이사를 와 살면서 꿈과 드림이란 용어를 자주 접하게 된다. 우선 기장군의 지역 슬로건이 "빛과 물, 그리고 꿈의 도시 기장"이다. 한반도의 동남단에 위치하고 있어 동해 바다 푸른 물과 접하고 있고, 그 바다에서 떠오르는 아침 해가 제일 먼저 빛을 비추어 새벽을 여는 곳, 거기다 개발과 성장 잠재력이 가장 높은 지역이니, 그 슬로건이 미상불 적합한 것 같기도 하다.

기장의 해안가를 따라가 보면 어느 곳에서나 다 아름답고 평화로운 바닷가 풍경을 접할 수 있지만, 그중에서도 특히 좀 이색적인 풍경을 만나는 곳이 있다. 바로 기장군 죽성리 두호마을이다. 해안선을 따라 꼬불꼬불 도로가 뻗어 있고, 그 안쪽으로 조용한 어촌마을이 들어서 있다. 바깥쪽으로는 바로 동해의 푸른 바다가 눈 앞에 펼쳐지고, 잔잔한 수면 위로 몇 개의 암석이 솟구쳐 있는데, 그 위로 갈매기들이 떼 지어 날고 있다.

〈SBS 드라마 〈드림〉의 세트 장치〉

그런데 그 풍경 한쪽 모퉁이 바다 쪽으로 좀 돌출한 암반 위에 예쁘장한 벽돌 건물이 하나 서 있다. 건물 정면 입구 위에 십자가가 붙어 있고, 그 위로 빨간색 뾰족 첨탑이 있는 걸로 보아 무슨 교회나 성당 건물 같다. 건물 입구 쪽에 작고 소박한 성모상이 서 있으니, 교회보다는 성당일 것 같다.

이런 작은 어촌 마을에 웬 성당이...? 얼핏 좀 의문이 들기도 하지만, 그러한 의문은 곧 해소된다. 건물 바로 앞에 표지판이 하나 서 있는데, 거기엔 그게 실제 성당 건물이 아니라 SBS 드라마 〈드림〉의 세트 장치라고 소개되어 있다. 〈드림〉은 2009년도 SBS 월화 드라마로 방영되었다는데, 별로 인기를 끈 성공작은 아니었던 것 같다. 지금은 드라마 자체보다 드라마가 남긴 이 이색적인 세트 장치가 더 인기를 끌고 있다. 부근을 지나는 사람들마다 그 예쁘장한 성당건물을 배경으로 연신 사진을 찍기에 바쁘다.

그 주변엔 최근에 명소로 떠오른 이 성당 말고도 진짜 유서 깊은 명소가 몇 군데 더 있다. 조선시대 유명한 문인 고산 윤선도 선생이 기장에서 유배생활을 하면서 그 빼어난 절경에 심취하여 자주 찾았다는 황학대(黃鶴臺)도 있고, 부산광역시 기념물 제50호로 지정되어 있을 정도로 경관이 빼어난 죽성리 해송도 있다.

그 부근에 또 하나 역사적 유적지로서 빼놓을 수 없는 것이 바로 죽성리 왜성이다. 두호마을 뒤편 서쪽으로 죽성리 해송이 있는 언덕을 지나 조금 더 가다 보면 더욱 더 높은 언덕이 나타나고, 그 위로 오르는 나무계단이 설치되어 있다. 계단을 따라 한참 올라가면 잡초에 뒤덮인 석축이 나타난다. 석축 앞에 안내판이 하나 설치되어 있다.

그 안내판에는 이곳이 임진왜란 때 왜군들이 쌓은 왜성(倭城)으로서 왜란 발발 다음 해인 1593년(선조 26년)에 왜군장수 구로다 나가마사(黑田長政)가 쌓았으며, 그 후 정유재란 때는 당시 조선 침략에 참가했던 왜군장수로서 가장 악명이 높았던 가토오 기요마사(加藤淸正) 군이 주둔했다고 기록되어 있다. 오랜 세월 동안에 성의 원형은 물론 많이 훼손되었겠으나, 성의 골격에 해당하는 성곽의 석축은 어느 정도 원형을 유지하고 있는 듯하다. 석축은 우리나라 성곽처럼 수직이 아니고, 비스듬히 경사지게 쌓은 왜성 특유의 경사면이다.

석축 위에 올라 주위를 살펴본다. 군데군데 몇 그루 느티나무가 서 있고, 잡초가 성벽 위를 뒤덮고 있다. 또 하나 우리의 치욕적이고 아픈 역사의 현장이요, 유산이다. 그러나 치욕과 아픔의 역사도 우리의 역사인 걸 어쩌겠는가. 석축 위에 올라 앞을 바라보면 멀리로는 동해바다 푸른 물빛이 조는 듯 잔잔하고, 가까이로는 죽성리 마을 일대가 한눈에 들어온다. 그런데 바로 아래쪽에 유난히 시선을 끄는 커다란 영어 글자가 보인다. "I HAVE A DREAM"

아마도 무슨 초등학교로 보이는 학교 건물의 정면 상단 벽을 가득 메운 큰 글자이다. 그러고 보니, 이 조그만 바닷가 포구가 온통 드림 판이다. 드라마 〈드림〉의 세트 장치에다, 초등학교 건물 벽면에까지 '드림(DREAM)'이라니.... 어쩌면 이 죽성리 왜성마저도 '드림'의 흔적이요, 자취가 아닐는지 하는 씁쓸한 생각이 든다.

이 성을 쌓았던 왜군장수 구로다 나가마사나, 이 성에 머물렀던 가또오 기요마사나, 그들도 다 한갓 권력자의 하수인이요, 꼭두각시에 불과했다. 그들을 조선 침략전에 내몬 진짜 원흉(元兇)은 당시 일본의 최고 권력자 도요토미 히데요시(豊臣秀吉)였다. 그가 오랫동안 분열되어 있던 일본 국내를 통일하고 나니, 그의 호기와 야심이 분수를 넘어섰다. 그래서 그가 조선과 명나라까지 정복하겠다고 호언장담하며 일으킨 전쟁이 임진왜란이었다.

그는 본래 출신이 미천했으나, 어쩌다 전국시대 일본을 통일함으로써 당시 일본의 최고 권력자로 부상하게 되었다. 그는 그것으로 만족하지 않고 조선을 거쳐 중국 대륙까지 정복하겠다는 허황된 꿈을 꾸기 시작했다. 그의 조선 침략은 그 전초전이었다. 그러나 그가 조선으로 내몬 20만의 왜군들은 바다에서 이순신 장군이 이끄는 조선 수군과 육지에서는 조 · 명 연합군에 의해 지지부진 고전을 면치 못했고, 결국 그것이 원인이 되어 그는 회복할 수 없는 중병에 걸리고 만다. 그의 병이 막바지에 이르렀음을 자각한 도요토미 히데요시는 죽기 직전에 다음과 같은 절명시(絶命詩)를 남겼다고 한다.

몸이여, 이슬로 와서 이슬로 가노니,
오사카의 영화여, 꿈속의 꿈이로다.

일본 오사카에 가면 그가 일본의 최고 권좌에 올랐을 때 쌓았다는 거대하고 웅장한 오사카 성을 볼 수 있는데, 그것은 바로 그의 권력과 영화의 표상이었다. 그러나 그가 죽은 지 불과 17년 만에 그의 어린 아들 히데요리는 결국 그 성을 지켜내지 못하고 자결로서 생을 마감한다. 그가 그 절명시에서 읊은 그대로 그의 권력과 영화도, 조선 정복의 야망도 한순간의 꿈에 그치고 말았던 것이다. 그러고 보면 이 죽성리 왜성 역시 이 땅에 남겨진 그의 그 헛된 꿈의 흔적이요, 자취가 아닐까 하는 생각이 든다.

꿈과 드림, 그것을 무조건 다 좋은 것으로 알고 무조건 좇으라고 해서는 안 된다. 그것이 참되고 아름다울 때만 추구할 가치가 있는 것이다.

가면과 복면

어린 시절 김내성(金來成)의 탐정소설 『백가면』을 읽었던 적이 있다. 하도 오래된 일이라 지금은 소설 내용에 대해서는 기억에 남아 있는 것이 거의 없고, 단지 작중인물 가운데 명탐정 '유불란'이라는 이름만 기억하고 있는 정도다. 이 소설의 인기에 힘입어 그 뒤에 만화에도 '백가면'이니, '흑가면'이니 하는 제목이 더러 등장했던 것 같다.

가면(假面)이란 자신의 얼굴을 본래의 자기 모습 아닌 다른 모습으로 변형시킨 것을 말한다. 예로부터 인간은 여러 가지 이유나 목적으로 가면을 사용해 온 것 같다. 이는 인간이 자신의 본 모습을 다르게 바꿔 보려는 원초적인 욕망을 반영하는 행위가 아닐까 싶다. 카니발, 사육제, 축제, 연극 등에서 가면은 자신의 정체성을 바꾸는 가장 오래되고 직접적인 도구로 사용되어 왔다.

우리나라에서도 가면은 탈 또는 탈바가지 등으로 불리면서 여러 가지 용도나 목적으로 사용해 왔던 것 같다. 특히 하회가면의 양반, 선비, 중, 각시 탈조각은 기괴한 형상과 강렬한 색채로 인물의 개성이 매우 잘 표현되어 있다. 그중에서도 양반가면은 양반을 언청이, 코비뚤이, 입비뚤이, 사팔뜨기 등의 기형으로 나타냄으로써 일반 평민들의 양반에 대한 불만을 양반 가면을 통해서 간접적으로 풍자하는 수단으로 삼기도 했다.

가면이 얼굴을 본래 모습에서 다른 모습으로 바꾸는 것이라면, 복면(覆面)은 얼굴을 다른 사람이 잘 알아볼 수 없도록 헝겊이나 수건 따위로 싸서 가리는 것을 말한다. 그러므로 가면과 복면의 차이는 형상의 차이라기보다 목적이나 의도의 차이라고 보겠다. 즉 얼굴을 본래 모습과 달리 보이기 위함이 목적이나 의도라면 가면이 되고, 얼굴을 가림으로써 신원이나 정체성을 숨기기 위한 목적이나 의도라면 복면이 될 것이다.

가면이든 복면이든 과거에는 어떤 특별한 경우가 아니면 좀체 사용하지 않았다. 하지만 요즘 와서는 그것이 점차 일반화되고, 다양화되어 가고 있는 추세인 것 같다. 예를 들면 오늘날 성행하고 있는 성형수술도 일종의 가면에 해당할 것이다. 그런데 이러한 성형수술을 요즘은 어떤 특별한 사람이 특별한 경우에 하는 것이 아니라, 마음만 먹으면 거의 누구나 아무런 제약 없이 할 수 있는 일반적인 것이 되고 있다. 부산의 중심가 서면 지하도를 한번 거닐어 보라. 곳곳에 성형수술을 권장하는 성형외과 병의원의 선전물이 봇물처럼 넘쳐나고 있다.

화장이나 분장도 역시 마찬가지다. 우리는 연극이나 영화에서 등장인물이 짙은 화장이나 분장에 의해 그 인물 본래의 모습과는 현저히 달라져 버린 모습을 종종 보게 된다. 그러므로 화장이나 분장 역시 그 사람 본래의 자기 모습을 어느 정도 변형하는 수단이 된다. 이와 같이 본래의 자기 모습을 변형한 모습을 가면이라고 한다면, 요즘 우리는 가면들이 넘쳐나는 시대에 살고 있다.

복면의 경우는 자신의 본래 모습이나 정체성을 변형시키기보다 숨기거나 은폐시키고자 하는 것이 주된 목적이다. 우리는 흔히 어떤 범법자가 자신의 신원이나 정체성을 숨기기 위하여 복면을 사용하는 경우를 종종 본다. 도둑이나 강도가 복면을 한 채 범행을 하는 경우도 있고, 체포된 범법자가 대중에게 자기 본 모습을 노출시키지 않기 위해 복면을 하는 경우도 있다.

요즘 와서는 과격 집회나 시위에서 복면을 하는 경우도 흔히 있다. 그래서 이를 막기 위하여 집회나 시위에서 복면을 사용하는 것을 금지하는 법률까지 제정해 놓고 있다 한다. 즉 2015년 11월에 제정된 "집회 및 시위에 관한 법률 개정안"이 그것이다.

그 외에도 복면을 하는 경우가 요즘은 점차 늘어나고 있는 추세이다. 마스크를 복면의 일종으로 봐야 할지, 말지는 알 수 없지만, 모자를 쓰고, 마스크를 하고, 거기다 색안경까지 쓴 사람의 모습을 한번 상상해 보라. 그런 모습에서 그 사람의 신원을 알아볼 수 있겠는가. 모자 대신 후드나, 마스크 대신 미용 팩이나, 겨울에 추위를 막기 위해 얼굴을 둘둘 감싼 머플러 같은 것도 그 사람의 신원을 알아볼 수 없게 하는 것은 마찬가지다.

나는 요즘 이런 식의 복면을 한 사람들을 하루에도 수없이 마주친다. 내가 살고 있는 이곳 정관신도시에는 시가지를 관통해서 임랑 해변으로 흘러드는 좌광천이라는 하천이 있고, 하천 좌우로는 산책길이 잘 조성되어 있다. 나는 거의 매일 이 산책길을 따라 산책을 하는데, 산책길에서 마주치는 사람들 가운데 이런 식의 복면을 한 사람들이 부지기수다. 봄철이나 가을철에는 미세먼지를 막기 위해서, 여름철에는 뜨거운 햇볕을 피하기 위해서, 또 겨울철에는 추위를 막기 위해서 각기 필요한 복면을 한 사람들로 보인다.

그러고 보면 가면과 복면은 요즘 와서 하나의 시대적 추세요, 문화현상으로 자리매김하고 있는 것 같다. 그리고 그것이 이렇게 광범위하게 파급될 수 있는 것은 그것이 인간 본연의 원초적 욕망에 닿아 있기 때문이 아닐까 하는 생각이 든다. 그 욕망이란 인간이 자신의 본래 모습이나 정체성을 변형하거나, 은폐하고 싶어 하는 욕망이다.

사람 또는 인간을 뜻하는 영어 '퍼슨(person)'은 원래 가면을 뜻하는 그리스어 '퍼소나(persona)'에서 파생되었다 한다. 그런데 원래 이 퍼소나는 고전극에서 배우들이 쓰는 '가면'을 가리키는 것이었다. 따라서 현대 심리학에서 퍼소나는 인간이 타인에게 무의식적으로 드러내 보이고자 하는 자아 이미지를 뜻하는 용어로 사용된다. 그러므로 퍼소나는 인간이 다른 인간에게 보이기 위한 꾸며진 자아로서 곧 가면이다.

오늘도 나는 좌광천 산책길에서 얼굴에 가면이나 복면을 한 사람들을 여럿 만난다. 그런 사람들은 대다수가 그냥 지나치기 일쑤이다. 그런데 모자와 머플러로 얼굴을 잔뜩 가린 채 지나가던 한 사람이 나에게 머리를 숙여 인사를 한다. 아마도 나를 아는 사람인 모양인데, 자신이 지금 복면을 하고 있다는 사실을 순간적으로 깜빡한 모양이다. 조금 후 내 곁을 지나치던 또 한 사람이 쓰고 있던 마스크를 벗으면서 반갑게 인사를 한다. 그제야 나도 그 사람의 얼굴을 알아보고 마주 인사를 한다. 나와 같은 아파트에 사는 주민으로서 낯이 익은 사람이다.

사람의 겉모습으로 그 사람의 신원을 알아보기가 이렇게 어려운 시대에 우리는 살고 있다. 그러니 사람의 참모습을 안다는 것은 얼마나 더 어려운 일이겠는가.

구내서점도 사라지고

동서고금을 막론하고 책과 독서의 중요성을 강조한 명언들은 수없이 많다.

동양에서는 예로부터 "책천자(冊賤者)는 부천자(父賤者)"라 해서 책을 천하게 여김은 곧 자기 부모를 천하게 여김과 같다고 했을 만큼 책을 소중하게 생각했다. 또한 "남아수독오거서(男兒須讀五車書)"라고 남자라면 모름지기 다섯 수레의 책을 읽어야 한다고 했고, 안중근 의사의 휘호로서 잘 알려진 "일일부독서 구중생형극(一日不讀書 口中生荊棘)"은 "하루라도 독서를 하지 않으면 입안에 가시가 돋는다"라는 뜻이니, 그만큼 모두 독서의 필요성과 중요성을 강조한 말이다.

서양에서도 "책 속에 길이 있다"느니, "독서가 정신에 미치는 영향은 운동이 육체에 미치는 영향과 같다"느니, "좋은 책을 읽는 것은 과거의 가장 뛰어난 사람들과 대화를 나누는 것이다"느니....

책과 독서의 중요성을 강조한 명언들은 셀 수 없을 정도로 많다. 그러고 보면 책과 독서가 인생에서 그만큼 소중하다는 점은 동서고금을 막론하고 불변의 진리로 여겨져 왔음에 틀림없는 것 같다.

그러나 과거에 불변의 진리로 여겨졌던 것들도 시대의 변화에 따라 변하는 것들도 있다. 또한 비록 불변의 진리라 하더라도 이미 낡고 퇴색하여 이 시대의 현실에 맞지 않는 것들도 없지 않다. 책과 독서의 중요성을 강조하는 명언들이 바로 그런 게 아닐까?

오늘날에도 책은 여전히 쏟아져 나온다. 그리고 오늘날에도 책과 독서는 여전히 중요하긴 하다. 그러나 오늘날에는 책과 독서보다도 TV나 컴퓨터나 스마트폰 같은 첨단 디지털 기기들이 책 대신 대중의 관심과 시선을 사로잡아버린 현상을 부인할 수 없다. 이러한 현상은 대학이라고 예외가 아니다.

필자가 대학을 다니던 1960년대는 부산대학교 주변 대학가에 서점이 딱 하나 있었다. 바로 '문천서림(文泉書林)'이었다. 그나마 그 서점에 꽂혀 있는 책들은 대개가 대학교재나 신간 잡지들이었다. 그러나 그 시대 대학생들이 책을 사지 않고, 독서를 하지 않은 건 아니었다. 그들이 대학교재가 아닌 일반 교양서적이나 문학서적을 살 때는 주로 보수동 헌책방 골목이나, 광복동 야시장 거리에 나오는 헌책들을 뒤졌고, 독서는 주로 도서관에서 대출을 받아서 하곤 했다. 그 시대는 전반적으로 너무나 가난하고 물질적 문화적 인프라가 부족한 시대였기 때문이다.

경제발전이 이룩되던 1970, 80, 90년대를 거치면서 대학가에서점이 하나둘 늘어나기 시작하더니, 많을 때는 7~8개에 이르렀던 때도 있었다. 그때는 비록 학생운동이 심했던 시대이긴 했지만, 그래도 의식 있는 학생들일수록 독서와 토론을 많이 했던 시대가 아니었나 싶다. 2000년대 들어서는 대학 캠퍼스 안에 구내서점이 하나 생겨났다. 바로 현 농협 건물의 지하층 빈 공간에 처음에는 '학원서림'인가 뭔가 하는 이름으로 문을 열더니, 나중엔 아예 '구내서점'으로 이름을 바꾸었다. 그러나 그 구내서점이 몇 년을 못 버티고 문을 닫았다. 대학가의 서점들도 하나둘 사라지기 시작하더니, 이젠 딱 하나밖에 남지 않았다고 한다.

구내서점도 사라지고, 대학가에 서점이 딱 하나밖에 남지 않은 이러한 현실을 어떻게 해석해야 할까? 그만큼 요즘 대학생들이 책을 사지 않고 읽지 않는다는 사실을 입증하는 현상일 것이다. 이러한 현상은 지하철을 타 보면 금방 확인된다. 대학생이고, 일반인이고 요즘 지하철에서 책을 읽고 있는 사람은 눈을 씻고도 찾아보기 어렵다. 대신 그들은 한결같이 모두 스마트폰을 들여다보고 있다.

그렇다고 책과 독서의 중요성을 강조하는 명언들이 이젠 아예 용도 폐기되어야 할 말들인가? 그것들은 불변의 진리가 아니라 오늘날 변화하는 새로운 시대의 디지털 문명에는 더 이상 통용될 수 없는 진부한 말들이란 말인가? 그러고 보면 세상엔 불변의 진리란 게 있을 수 없는지도 모른다.

닭 우는 소리

닭 우는 소리를 들어 보았는가?

지금으로부터 수십 년 전, 그러니까 1950~60년대까지만 해도 우리나라는 농업이 주산업이었고, 대개의 국민들은 주로 농촌에서 살았다. 그때 농촌 생활을 경험해본 사람이라면 닭 우는 소리를 들어 보았을 것이다.

이른 새벽 "꼬끼요오~!"하고 힘차고 길게 소리를 뽑아 우는 것은 수탉이다. 암탉은 알을 낳고, 또 알로써 병아리를 부화하는 것이 주된 임무이다. 더러는 시장에 내다 팔기도 하고, 잡아서 고기를 먹기도 한다. 가난한 집에서는 돈이 궁해서 다 내다 팔고 씨암탉 한두 마리를 겨우 남겨두는데, 그 씨암탉마저도 흔히 '백년손님'이라 지칭되는 귀한 손님 사위가 오면 잡아서 대접을 해야 한다. 대접할만한 것이 달리 별로 없을 때였으니까.

수탉은 암탉들보다 몸집도 크고, 특히 머리에는 관처럼 생긴 붉은 색 볏을 달고 있는 데다 꼬리는 흑청색으로 유난히 길게 늘어져서 풍채가 우아하고 위풍이 당당했다. 그리고 희부연 이른 새벽녘에 "꼬끼요오~!"하고 목청을 길게 뽑아서 큰 소리로 우는 것은 수탉 고유의 역할이다. 그때까지만 해도 남존여비(男尊女卑) 사상의 뿌리가 깊었던 때라 "암탉이 울면 집안이 망한다."는 속담까지 공공연하게 유포되고 있었다. 아직도 농촌에는 대개 시계조차 없던 시대였던지라 사람들은 새벽녘에 닭 우는 소리를 듣고 잠을 깨어 일어났다. 그래서 닭 우는 소리는 사람들에게 새벽을 알려 잠에서 깨어나게 하는 시계와 같은 중요한 역할을 했다.

그러므로 닭 우는 소리는 새벽을 알리는 소리였다. 새벽이 오면 날이 새고 어둠이 물러간다. 사람들은 잠에서 깨어 일어나 활동을 하기 시작한다. 하루의 일과를 시작하는 것이다. 시대 자체가 일제에 의한 억압의 어두운 시대를 살았던 항일 애국지사요, 시인이었던 이육사는 "까마득한 날에 / 하늘이 처음 열리고 / 어디 닭 우는 소리 들렸으랴"라고 그의 시 「광야」를 시작한다. 여기서 이육사는 엄혹한 일제 암흑기에 어둠의 장막을 걷어내고 광명의 새날 새벽을 불러오기를 염원하는 상징적인 의미로서 닭 우는 소리를 제시했던 것 같다.

그러나 그 후 시대는 많이도 변했다. 1945년 8월 15일, 이육사가 그토록 염원했던 일제로부터의 해방이 왔고, 그리고 50~60년대를 지나고, 70~80년대를 지나면 우리나라도 산업화, 도시화, 세계화라는 급격한 변화의 시대에 접어들었고, 사람들은 농촌을 떠나 도시로 몰려들었다. 도시로 와서 학생이 되고, 샐러리맨이 된 사람들은 이제 새벽에 닭 우는 소리를 듣고 일어나는 대신 시계의 알람 소리를 듣고 잠이 깨어 일어나서 아침 출근을 했다. 사람마다 시계를 갖게 되어 시간은 닭이 아니라 시계가 알려 주었다. 닭 우는 소리는 이제 까마득한 옛날 전설 속의 소리로 뇌리에서 잊혀져 갔다.

그렇게 오래 잊고 있던 닭 우는 소리를 나는 최근에 와서 다시 듣게 되었다. 내가 부산 근교 이곳 정관신도시로 이사를 오고 나서였다. 정관신도시는 원래가 기장군에 속한 농촌 지역이었다. 그랬던 것이 기장이 부산광역시에 편입이 되고, 정관이 신도시로 개발되기 시작하면서 급속히 도시 형태를 갖추어 갔다. 도로가 생기고, 상가가 형성되고, 아파트와 빌라 단지가 조성되고, 곳곳에 학교와 공원과 공공건물도 들어섰다. 내가 이곳 정관신도시에 한 아파트를 구입하여 이사를 오게 된 것은 2014년 9월, 그러니까 지금으로부터 6년 전, 이곳이 이렇게 한창 도시화가 진행되고 있을 때였다. 그러나 주변에는 아직도 과거 농촌 지역의 잔재가 꽤 많이 남아 있었다.

나는 새벽에 잠을 깨어 잠자리에서 일어나면, 제백사(除百事)하고 먼저 근처로 산책을 하러 나간다. 그렇게 한 시간 정도 주변 숲길이나 산길이나 하천길을 따라 걷고 나서 맨손체조를 하고 들어와야 몸이 개운하고, 머리가 맑아지고, 기분이 상쾌해진다. 하루 일과를 그렇게 시작해야 정상이고, 그렇지 않은 날은 영 기분이 찌뿌듯하고, 머리가 맑지 못하다. 이러한 습관은 이곳 정관신도시로 이사를 와서도 계속되었다. 이곳은 유달리 녹지가 많고, 아직 완전 개발이 되지 않은 상태로 남아 있는 땅도 주변 도처에 남아 있다. 내가 산책코스로 선택하는 길은 주로 그런 지역이다. 그런 지역에는 녹지와 논밭과 옛 농촌마을 등이 포함된다.

가끔 그런 옛 농촌마을을 지나치다 보면 옛 시골집과 담벼락과 골목길을 접하기도 하고, 그동안 오래도록 잊고 있었던 어떤 귀에 익은 소리를 듣게도 된다. 그것은 내 의식 저 밑바닥에 결코 지워지지 않고 남아 있는 소리, 귀에 익어 친밀감으로 느껴지는 그 어떤 소리를 실제로 듣게 된다. 바로 닭 우는 소리다. "꼬끼요오!"

그 소리는 이제 내게 어둠을 깨우는 소리도 아니고, 시간을 알려주는 소리도 아니다. 그것은 다만 내 의식 밑바닥에서 잠자고 있던 저 유년 시절에 대한 향수를 일깨워 주는 소리다. 나는 새벽 산책길을 걸으며, 그 닭 우는 소리를 들으며, 가버린 나의 유년 시절의 추억에 젖는다. 그때와 지금, 참으로 많은 세월이 흘렀고, 참으로 많은 것이 변했다. 그리고 그 변화의 중심에는 내 자신이 있다. 소년에서 청년으로 그리고 다시 노년으로 변한 내 자신의 모습이 있다. 그러나 지금 "꼬끼요오!"하는 닭 우는 소리는 그 옛날에 듣던 그 소리 그대로이다. 나는 그 소리를 들으며 회억(回憶)에 잠긴 채 골목길을 걸어 집으로 돌아온다.

그런데 그 닭 우는 소리는 여기뿐만 아니라 프랑스 같은 유럽 선진국에도 아직 남아 있는 모양이다. 얼마 전 프랑스 한 농촌에서 일어난 일이란다. 아침마다 "꼬끼요오~!"하고 울어대는 옆집 수탉 소리가 시끄러워 못 살겠다며, 어느 노부부가 소송을 건 사건이 있었단다. 그런데 이에 대한 법원의 판결은 이랬단다.

"닭은 울 권리가 있다."

역시 양식이 살아 있는 선진 민주주의 국가 법원의 판결답지 아니한가!

알리에 대한 추억

무하마드 알리, 그는 나와 같은 세대의 인물이다. 그가 1942년생이니까 나보다 불과 한 살이 위일 뿐이다. 그런데 며칠 전, 정확히 말해 2016년 6월 3일, 그가 향년 74세의 나이로 세상을 떠났다 한다. 그는 워낙 세계적인 유명 인사라서 그의 죽음과 장례와 추도식에 이르는 일련의 과정이 전 세계적으로 뉴스를 탔다. 그의 죽음에 대한 뉴스를 접하면서 나도 무심할 수가 없었다. 내 뇌리 속에도 그에 대한 낡은 추억의 필름이 얼마간 저장되어 있기 때문이다. 그 필름을 꺼내어 그것에 묻은 먼지를 털어내고 펼쳐 본다.

내가 기억하는 그의 본명은 캐시어스 클레이였다. 1964년 당시 그가 프로복싱 세계 챔피언이었던 소니 리스튼을 꺾고 새로운 세계 챔피언이 되었을 때만 해도 그의 이름은 캐시어스 클레이였던 것으로 기억한다. 그의 별명은 '떠벌이 클레이'였다. 그만큼 그는 입심으로서도 유명했다.

그때 나는 대학 2학년생이었다. 그때만 해도 우리나라에선 텔레비전 보급이 일반화되지 않아서 특별히 좀 잘 사는 집에나 간혹 흑백텔레비전이 있었을 정도였다. 마침 한 후배 여학생 집에 흑백텔레비전이 있다는 정보를 입수한 우리들은 중계 시간에 맞춰 무조건 그 집으로 우르르 떼를 지어 몰려갔다. 거실에 놓여 있던 텔레비전 앞에 빽빽하게 둘러앉았다.

게임이 시작되기 전 링 밖에서부터 그는 과연 '떠벌이 클레이'라는 별명답게 큰 소리로 떠들어댔다. "나비 같이 날아서 벌 같이 쏘리라."고 한 그의 유명한 명언도 이때 나왔던 것으로 기억된다. 링에 오른 두 선수의 모습은 대조적이었다. 챔피언인 리스튼은 험상궂은 얼굴에 바위같이 단단한 근육질 몸매였다. 그에 비해 클레이는 리스튼보다 훨씬 키가 크고, 리치가 길고, 흑인이지만 잘생긴 외모였다. 당연히 우리는 모두 클레이를 응원했다. 하지만 그가 과연 챔피언인 저 불곰 같은 리스튼의 살인적인 강펀치를 견뎌낼 수 있을까 싶어 내심 조마조마 마음을 졸였다.

막상 시합이 시작되자 과연 클레이는 "나비 같이 날아서 벌 같이 쏘겠다"던 그의 말대로 현란한 풋워크로 상대방의 공격을 무력화시키면서 이따금씩 날카로운 잽과 스트레이트를 날렸다. 리스튼의 주먹이 허공을 가르는데 비해 그의 주먹의 적중률이 높았다. 그러나 챔피언인 리스튼이 그렇게 쉽게 무너질 줄은 몰랐다. 그는 결국 6회전이 끝나고, 7회전에 들어 스스로 경기를 포기하고 말았다. 클레이의 TKO승이었다. 그렇게 해서 그는 당당하게 세계 헤

비급 복싱 챔피언 벨트를 차지했던 것이다.

그 후로 그는 끊임없이 말썽을 일으켰다. 이름을 캐시어스 클레이에서 무하마드 알리로 개명했다. '클레이'라는 이름이 원래 백인 주인이 흑인 노예에게 내려준 이름이라는 이유에서였다. 그는 또 미국 정부의 월남전 징집명령을 거부했다. 그는 "왜 내가 내 민족을 공격하지 않는 이들을 공격해야 하는가. 베트남인들은 나를 '깜둥이'라고 무시하지 않았다."며 정부의 징집명령에 정식으로 맞섰다.

당연히 여러 가지 탄압과 시련이 뒤따를 수밖에 없었다. 그는 법원에 기소되었고, 챔피언 타이틀도 박탈 당했으며, 그 외에도 살해 위협을 포함한 여러 가지 위협에 시달렸다. 그러나 그는 굴하지 않았다. 그는 여전히 민중의 챔피언이었던 것이다. 결국 그는 그 모든 위협과 시련을 이겨내고 1974년 32살의 나이로 당시 챔피언이었던 조지 포먼을 8회에 KO로 눕히고 잃었던 챔피언 벨트를 되찾았다.

복싱선수로서의 알리에 대한 나의 마지막 추억은 1976년 6월에 일본 도쿄에서 벌어졌던 알리와 일본인 프로 레슬러 안토니오 이노끼와의 대결이었다. 이 대결은 당시 동서양의 대결에다, 복싱과 레슬링이라는 이 종목 간 대결이라는 전례 없는 경기여서 전 세계인의 관심과 이목을 끌었다. 그러나 막상 뚜껑을 열고 보니 속 빈 강정이었다. 왜냐하면 경기 자체가 이 종목 간 대결이 되어 서로가 정면 대결을 피하면서 이노끼는 시종일관 링에 드러누워

발길질이나 해대는 식이었고, 알리는 알리대로 접근전을 피하면서 링 외곽을 빙빙 돌며 시간을 끌었기 때문이다. 결국 경기는 싱겁게 무승부로 끝나고 말았다. 그래도 알리는 그의 특유한 입심으로는 이노끼를 제압한 셈이었다. 당시 알리는 이렇게 말했던 것으로 기억된다.

"이노끼는 창녀다! 그는 시종일관 드러누워서 돈을 벌었으니까……."

우리말 속담에 세월을 이기는 항우장사는 없다고 했던가. 그렇게 세기의 챔피언으로서 항상 세계인의 관심과 주목을 받아오던 그도 세월의 힘을 당할 수는 없었던가 보다. 1981년에 은퇴를 선언하고 난 뒤 얼마 후 그가 파킨슨병을 앓는다는 소문이 들려왔다. 파킨슨병은 뇌중추 신경계의 퇴행성 질환으로서 일반적으로 근육의 경직이나 동작의 완만 또는 몸의 떨림 현상이 나타나는 것으로 알고 있다. 복싱으로 인한 후유증이었던가. 아니면 인간과의 대결에서는 항상 챔피언이었던 그도 세월과의 대결에서는 패배자가 될 수밖에 없는 운명의 장난이었던가.

그러던 그가 또 한 번 세계인의 시선을 사로잡는 기회가 있었다. 바로 1996년 미국 애틀랜타 올림픽 대회에서 그가 마지막 성화 봉송 주자로 등장했던 때였다. 젊은 시절 그의 모습과는 너무나 다른, 이제는 늙고 병들고 무표정한 모습이었지만, 그럼에도 불구하고 그는 떨리는 손으로 성화대에 성화를 점화시켰다. 파킨슨병과

투병을 하면서도 그는 아직도 민중의 챔피언으로서의 그의 역할은 끝나지 않았음을 보여주는 감격적인 장면이었다.

그리고 또 세월이 흘렀다. 이제 그가 세월의 물결에 떠밀려 더 이상 돌아올 수 없는 불귀의 객이 되었다는 소식 앞에 나는 잠시 망연해진다. 그와 내가 공유할 수 있는 부분은 거의 없지만, 그래도 우리는 동시대인으로서 같은 시대를 공유하지 않았던가. 그렇다면 그에게 닥친 불귀의 운명이 언제 내게도 닥쳐올는지 모를 일이다.

조금 앞서고 뒤서는 시차가 있을 따름, 그 누구도 예외를 허용하지 않는 그 운명 앞에 나는 다시 한 번 자세를 가다듬는다. 그리고 조용히 속으로 다짐한다. 나는 비록 그처럼 만인의 챔피언은 못되었을망정 내 인생의 챔피언 벨트는 결코 포기하지 않으리라고…….

동주, 부활하다

시인 윤동주는 한국인들이 가장 사랑하는 시인 중의 한 사람이다. 그의 시가 너무나 순수하기 때문이고, 그의 생애가 너무나 애처롭기 때문일 것이다. 일제 암흑기, 그 엄혹한 시대를 살아가면서 그는 죽는 날까지 하늘 우러러 한 점 부끄럼이 없기를 다짐하며, 잎새에 이는 바람에도 괴로워했던 순수의 시인이다. 그런 순수한 영혼이 빚어낸 그의 시들은 어둠 속에서도 찬란히 빛나는 별처럼 영롱하고, 28세 젊은 나이에 옥중에서 최후를 마친 그의 생애는 어두운 역사의 밤을 밝히려다 꺼져버린 가냘픈 촛불처럼 애처롭다.

그는 당시 북간도 용정 명동촌에서 태어났다. 지금 그곳은 중국 길림성 용정시 지신진 명동촌인데, 그곳에 그의 생가가 복원되어 한국인들의 주요 관광코스가 되고 있다. 나도 2011년 8월에 그 일대를 여행하면서 그곳을 방문했던 적이 있다.

윤동주의 생애가 〈동주〉라는 제목의 영화로 만들어졌다. 〈왕의 남자〉, 〈사도〉 등의 작품을 통해서 이미 능력이 검증된 이준익 감독의 작품이다. 어쩌다가 나는 뒤늦게 이 영화를 보러 갔다. 그래서 그런지 우리 일행 말고는 관객이 거의 없어 자리가 텅텅 비어 있었다. 영화에 몰입하는 데는 그게 오히려 나았다.

요즘 영화치고는 참 드물게도 시종 흑백 화면이 펼쳐졌다. 이는 일제 암흑기라는 시대 분위기와 그러한 시대를 살다간 윤동주와 송몽규라는 두 젊은 청년의 순수한 삶과 애처로운 죽음의 과정을 담아내는 데 보다 효과적인 선택인 것 같았다. 시대 배경과 인물을 그리는 데도 가공이나 허식보다는 비교적 사실적으로 재현하고자 한 감독의 의도가 느껴졌다.

이 영화가 비교적 대중적 관심을 끌 수 있었던 이유는 여러 가지를 들 수 있을 것이다. 무엇보다도 윤동주가 대중에게 가장 사랑받는 시인이었다는 점과 그러면서도 그의 생애가 지금까지 한번도 TV나 영화 같은 대중매체에서 작품으로 다루어진 적이 없었다는 점, 일반적으로 대중에게 많이 알려져 있는 그의 시가 영화 속에서 사건과 장면과 분위기에 적절히 녹아들어 효과를 높였다는 점, 거기다 강하늘과 박정민이라는 두 젊은 청년 배우가 동주와 몽규 역을 맡아 적절히 잘 소화해 내었다는 점 등을 들 수 있을 것이다.

그러나 내가 보기로는 이 영화에서 가장 중요한 의미는 그것이 오늘날 이 시대를 살고 있는 사람들에게 각자 자기 삶의 자세와 의미를 한번쯤 되짚어 보게 하는 계기를 마련해 준다는 점에 있지 않나 하는 생각이 들었다. 오늘날 이 시대 사람들의 삶의 화두는 주로 웰빙이다. 웰빙이란 한 마디로 잘 사는 것이다. 그런데 그것은 주로 물질적으로 풍요롭고, 육체적으로 건강하게 잘 사는 것을 의미하며, 거기다 덧붙인다면 마음을 즐겁고 편하게 가지는 것을 포함한다. 그러다 보니, 요즘 대중매체는 온통 그런 류의 프로들로 넘쳐나고, 새로 출판되는 서적들도 주로 그런 내용들로 채워진다. SNS 역시 그런 류의 정보나 영상들로 홍수를 이룬다.

그러나 윤동주가 살았던 그 시대는 웰빙은 커녕 자신의 이름도, 언어도, 꿈도 허용되지 않던 암흑과 억압의 시대였다. 그러한 시대를 살면서도 그는 하늘을 우러러 한 점 부끄럼이 없기를 바랬다. 그러자니 그의 삶이 얼마나 힘들고 괴로웠겠는가. 그의 시 「십자가」는 그의 부끄럽지 않는 순수한 뜻을, 그리고 그 뜻을 지켜가기 위해 겪어야 하는 괴로움을 이렇게 표현했다.

괴로웠던 사나이
행복한 예수 그리스도에게처럼
십자가가 허락된다면

모가지를 드리우고
꽃처럼 피어나는 피를
어두워가는 하늘 밑에
조용히 흘리겠습니다.

세상을 향해 자기의 순수한 뜻을 펼치느라고 괴로웠지만, 행복했던 사나이 예수 그리스도는 33세의 나이에 십자가에 못 박혀 피를 흘리며 죽었다. 윤동주는 자신이 부끄럽지 않게 살기 위해 그런 예수의 삶과 죽음을 모델로 삼고자 했던 것 같다.

십자가형을 당하고 죽은 예수 그리스도는 죽은 지 사흘 만에 부활했다고 한다. 그로부터 그는 2000년을 넘어 오늘날까지도 계속해서 살아 있다. 금년에도 예수의 부활을 기념하고 축하하는 부활절 행사가 각처에서 행해졌다. 나는 예수의 부활이 반드시 그의 육체적 부활을 의미한다고 보지 않는다. 그의 진정한 부활은 그가 남긴 뜻의 부활이요, 말씀의 부활이 아닐까 싶다.

윤동주도 죽은 지 71년이 지나서 이번에 영화로 되살아났다. 그도 역시 부활한 셈이다. 어쩌면 그는 이번에 영화로 부활하기 전부터 그의 시를 통해서 계속 살아 있었는지도 모른다. 그의 육체는 비록 20대 후반에 죽었지만, 그의 시를 통해서 그는 한국인들의 마음속에 계속 살아 있었고, 앞으로도 영원히 살 것이다. 부활이나 영생이란 게 결국 이런 게 아닐까?

미투와 유투

요즘 '미투'라는 말이 대유행이다. 이는 영어 "Me too"를 한글로 붙여 적은 것으로서, 그 뜻을 우리말로 옮긴다면 "나도", 혹은 "나 역시" 정도가 될 것이다.

2017년 10월 15일 미국의 여배우 알리사 밀라노(Alyssa Milano)가 자신의 트위터를 통해 '미투'에 해시태그를 붙여(#MeToo) 성폭력의 피해를 숨기려 하지 말고 공개적으로 고발하자고 제안하였다. 이는 곧 전 세계적인 호응을 얻어 우리나라에도 급속히 파급되었다. 그렇게 해서 들불처럼 번지기 시작한 미투 운동은 우리 사회에 지금 엄청난 파문을 일으키며 충격을 가하고 있다. 이 운동에 호응하고 나서는 사람들은 대개가 여성들이다. 그들은 "Me too", 즉 "나도 당했다"고 용감하게 자신이 당한 성폭력 또는 성추행 사실을 고발하고 있다.

처음 모 여류시인에 의해 노벨문학상 후보로 매년 거론되던 문단의 원로 거물 시인이 타깃이 되더니, 다음 유명 연극 연출가에게로 불똥이 튀었다. 뒤이어 학계와 문화 예술계, 법조계, 종교계, 정계, 시민단체로까지 불길이 계속 번지고 있다. 오죽했으면 대통령까지 이 문제를 거론하면서 사법당국의 적극적인 개입과 범정부 차원의 대책 마련을 지시했겠는가.

그러고 보면 성폭력이나, 성추행으로 지칭되는 이러한 행위는 그동안 우리 사회 거의 모든 분야에 만연한 채 은밀하게 자행되어 왔음을 알 수 있다. 그중에는 높은 신분이나 사회 저명인사, 또는 사회 운동가까지도 포함되고 있다. 심지어 정부 기관에서 인권운동을 해온 운동가까지도 동료 여성 운동가에 의해 과거 그들의 성폭력 또는 성추행 사실이 폭로되고 있다.

그러니 이 운동으로 인한 일반인들의 충격 또한 작지 않다. 그들이 평소에 자기 분야에서 높은 위치에 올라 널리 명성을 떨치며 존경과 신뢰를 받거나, 대중의 인기를 누려오던 인물이라는 점에서 더욱더 그렇다. 그들 중에는 사회 지도층 인사는 물론이고, 심지어 겉으로 인권과 사회정의를 외치며 활동해 왔던 인권 운동가나, 인간의 영혼을 인도하고 구원한다는 지위에 있던 성직자도 포함된다.

여태까지 어둠 속에 숨겨져 온 그들의 그 추하고 음습한 행위가 미투 운동으로 백일하에 드러날 때, 일반 사람들이 느끼는 충격과 경악도 작지 않다. 아마도 이러한 충격과 경악을 표현하기에 적절한 말이 "You too!"가 아닐까 싶다. 겉으로는 전혀 그럴 것 같지 않았던 사람이 이 미투 운동 그물에 걸려드는 걸 보았을 때, 더구나 그 사람이 자신이 잘 알고 있던 자기 주변 사람이거나, 전혀 그럴 것 같지 않았던 의외의 인물일 경우, 그때 터져 나올 수 있는 충격과 경악의 표현으로서 "You too!"만큼 적합한 말이 또 있겠는가. "당신도 역시!", 혹은 "당신마저도!"라는 뜻의 이 말만큼 말이다. 그러니까 '미투'가 확산되는데 비례해서 '유투'도 함께 확산되고 있는 추세가 아닐까 싶다.

차이가 있다면 '미투'가 공개적으로 드러나는 데 비해서, '유투'는 거의 드러나지 않는다는 점이다. '미투'가 상대에게 피해를 입은 사람이 그 피해 사실을 공개적으로 고발하는 행위임에 비해서, '유투'는 그저 혼자서 마음속으로 놀라고 탄식하거나, 간혹 혼잣말로 중얼거리는 정도일 테니까. '미투'로 고발을 당하는 사람은 대개가 남자이니, 혹 그의 부인이나 가족 또는 가까운 친구나 지인인 경우 "You too!"란 소리가 좀 더 높아질 수도 있을지 모르겠다.

그동안 우리 사회에서 한때 높은 지위에 있다가 어떤 잘못을 저질러 법망에 걸려들거나, 언론에 공개되는 사람들을 우리는 흔히 보아왔고, 지금도 보고 있다. 그런데 그들에게는 한 가지 공통점이 있다. 즉 그들은 거의 한결같이 자기 잘못을 솔직히 인정하고 사과하거나 용서를 구하기보다 변명하거나, 발뺌하기에 급급해 한다는 점이다. 이번 미투 운동에서도 마찬가지다. 그동안 이 운동으로 그들의 숨겨져 온 추행이 공개적으로 드러났을 때, 자신의 과오를 솔직히 인정하고 사과하고 용서를 구하는 사람은 아직 한 사람도 나타나지 않는다. 스스로 목숨까지 끊은 사람은 있었어도 말이다.

인간은 원래 불완전한 존재가 아닌가. 그러기 때문에 과오를 저지를 가능성은 누구에게나 있다. 그러나 자기의 숨겨진 과오가 드러났을 때 그 과오를 솔직히 인정하고 사과하고 용서를 구하는 사람과 그렇지 않은 사람 사이에는 하늘과 땅만큼이나 큰 차이가 있다. 전자야말로 진실하고 용기 있는 사람이요, 후자는 위선적이고 비겁한 사람이다. 그러기에 전자는 용서받을 수 있지만, 후자는 용서받을 수 없다. 비록 인간 사회의 심판이 어떻게 내려질지는 모르겠지만, 하느님의 심판은 전자를 용서하시리라고 나는 믿는다. 왜냐하면 하느님 스스로가 원래 인간을 불완전하게 창조하셨기 때문이다. 불완전한 인간이기 때문에 자신이 저지른 과오를 인정하고 회개하고 용서를 구하는데, 이를 용서하지 않을 하느님이 어디 있겠는가.

구약성서 창세기에 보면 죄악의 도시 소돔과 고모라에 대한 얘기가 나온다. 소돔과 고모라에 사는 사람들의 죄악이 하늘에 사무쳐 하느님은 소돔과 고모라를 멸하고자 한다. 그러나 그곳에 의인(義人) 열 명만 있어도 그 열 명을 보아 멸하지 않겠노라고 하느님은 아브라함에게 약속하신다. 그곳에 의인은 오직 롯 한 사람뿐이었다. 하느님은 롯과 그 가족만을 살리고 그 두 도시에 온통 유황과 화염을 퍼부어 도시 전체를 멸망시키고 만다.

하느님이 보시기에 지금 우리 사회에는 참다운 의인이 과연 몇 명이나 있을까? 나는 의인이 완전무결로 죄가 없는 사람만을 의미하는 것이라는 데에는 동의하고 싶지 않다. 비록 한 때 죄를 짓고, 잘못을 범했다 할지라도 자기 죄와 잘못을 진정으로 뉘우치고 회개하고 용서를 구하는 사람이라면 나는 그를 의인의 범주에 넣고 싶다. 우리 사회에 그러한 의인이 과연 몇 명이나 될까? 하느님 보시기에 열 명이라도 될 수 있을까?

설거지를 하면서

오늘도 아내와 함께 식사를 한 후에 내가 설거지를 한다. 근래 와서 내가 설거지를 하는 횟수가 잦아진다. 과거에는 내가 설거지를 하리라곤 상상조차 한 적이 없다. 그런 일은 남자가 하는 일이 아니라고 생각했다. 내가 어렸을 때 어쩌다가 부엌에 들어가기라도 하면, 어머니께서는 "머슴아가 부엌에는 뭐 하러 들어오냐?"면서 핀잔을 주시곤 했다. 그래서 그때부터 머슴아, 즉 남자아이는 부엌에 들어가는 것이 아닌 줄 알았다. 그러한 인식은 오래도록 내 의식 속에 고정관념으로 자리해 왔다.

그랬던 내가 근래 와서는 부엌에 들어가는 것은 물론이고 부엌일, 그중에서도 특히 설거지를 하는 횟수가 잦아지고 있다. 그런다고 핀잔을 주실 어머니는 이미 이 세상에 아니 계시고, 이제 자식들마저 다 떠나가고 나니, 집에 남은 건 아내와 나, 우리 노부부뿐이다. 명절이나, 무슨 특별한 경우 자식들이 잠시 찾아오기도 하지만, 대부분의 일상생활은 우리 집에서 우리 노부부가 함께 영위하게 된다.

내가 평생의 직장이었던 대학에서 정년퇴직을 한 지도 벌써 10년이 다 되어 간다. 해가 갈수록 내 활동량이 줄어들고, 사람들과의 접촉이나 만남의 기회도 줄어드는 것 같다. 그러니 자연 집에서 아내와 함께 둘이서만 보내는 시간이 늘어간다. 사람에 따라서는 퇴직을 하고 노년에 접어들어서도 왕성한 외부 활동을 계속하는 사람들이 있다. 내가 아는 사람들 중에서도 무슨 봉사활동을 한다든지, 국내외로 여행을 한다든지, 또 무슨 취미활동이나, 교양강좌 등을 부지런히 찾아다니면서 노년을 활발하고 유의미하게 보내는 사람들이 있다.

그러나 나는 잠깐 잠깐씩 부정기적으로 바깥출입이나 활동을 하긴 하지만, 장시간을 계속해서 집을 비우고 나돌아다닐 형편이 못된다. 아내 때문이다. 아내를 혼자 집에 남겨두고 장시간 혹은 여러 날 집을 비울 수가 없다. 아내는 30여 년 파킨슨병을 앓고 있는 환자다. 파킨슨병은 뇌의 흑질이라는 부위에서 도파민을 생성하는 세포가 퇴화하여 동작이 느려지고, 손발이 떨리고 뻣뻣해지는 등의 증상이 나타나는 퇴행성 뇌질환으로서 현재까지는 거의 불치병으로 알려져 있다.

이 병은 보통 노년에 나타나는 경우가 일반적이나, 아내는 30대 초에 발병하여 지금까지 30여 년이나 앓아오고 있다. 그리하여 발병 전에 다니던 교직을 일찌감치 포기하고 오랜 기간 가정에서 생활해 왔다. 그러면서도 아내는 유달리 책임감이 강하여 가정에서 아내로서 그리고 세 아이 엄마로서의 책임을 충실히 수행해 왔다. 덕분에 나도, 아이들도 각기 자신들의 활동이나 역할을 수행하는 데 아내나, 엄마로 인해서 특별히 어떤 지장을 받은 적은 별로 없었던 것 같다.

나는 대학교수로서 30여 년을 봉직하면서 내가 할 일을 다 하고 명예롭게 정년퇴직을 했다. 세 자녀도 각자 다 결혼하여 자기들 삶을 나름대로 충실히 살아가고 있는 편이다. 아내 역시 지금까지 가정에서나마 자신의 위치를 지키며, 자신의 역할을 충실히 수행해 왔다. 그러나 세월이 가고, 병력이 오래되어 갈수록 병으로 인해 겪는 여러 가지 어려움이 증가해 갈 수밖에 없다.

내가 현직에 있을 때는 아내에게 모든 집안일을 맡겨두고 장기간 해외여행이나, 해외 체류 생활을 하기도 했다. 2010년 2월, 내가 정년퇴직을 한 후에도 2011년 8월에는 중국 연길, 용정을 거쳐 백두산 관광을 하고 돌아오는 1주일 코스의 여행을 한 적도 있었다. 그러나 그 후로 점차 해외여행은 고사하고, 국내여행조차도 하기가 어려워져 갔다. 아내를 홀로 두고 여러 날 집을 비울 수가 없었기 때문이다.

아내는 병력에 비하면 그래도 상태가 비교적 양호한 편이라고 한다. 그러나 병력이 점차 더 해 갈수록 병세가 점점 심해 가는 건 어쩔 수 없다. 그러다 보니, 내가 아내를 돌보고, 도와야 할 경우가 늘어간다. 요즘은 집 안에서나, 밖에서나 내가 한쪽 팔을 붙잡고 부축을 하지 않으면, 제대로 걷기조차 힘들 때가 많다. 내가 잠시 방심하는 사이 집안에서도 혼자서 넘어지고 부닥쳐서 다치거나 병원에 간 적이 한두 번이 아니다.

그러면서도 아내는 자신의 일은 가능한 한 자신이 하려고 한다. 아내가 자신의 일이라고 생각하는 대표적인 일이 끼니때마다 음식을 장만하는 일이다. 나도 그 일만은 내가 할 수 없는 일로 생각하고 하려고도 하지 않았다. 그러나 음식을 먹고 난 뒤의 뒤처리 설거지 정도는 나도 할 수 있을 것 같아서 설거지는 가능하면 내가 하려고 하고 있다. 사실 그건 그리 어려운 일도 아니고, 내가 못할 일도 아니다.

그래도 아내는 내가 설거지를 하는 것이 못내 미안하고 안쓰러운지, 비틀거리면서도 자신이 하겠다고 나서기도 한다. 그래서 서로 설거지를 하겠다고 다투다가, 내가 아내를 밀어내고 할 때가 점차 늘어간다. 아내를 자기 방으로 밀어 넣고 내가 설거지를 하면서 혼자 생각한다. 아내는 이 일을 평생에 걸쳐서 해오지 않았던가. 왜 그동안 설거지를 아내가 하는 일로 여겨 아내만이 하도록 내버려 두었던가? 아내도, 나도 설거지는 으레 그리고 당연히 아내가 하는 일로 생각해 왔기 때문이다. 설거지는 왜 꼭 아내가 해야 하는 일인가? 남편인 나도 이렇게 할 수 있지 아니한가?

그동안 나도, 아내도 설거지는 당연히 아내가 하는 일로만 생각해 왔다. 남편인 나도 설거지를 할 수 있다는 사실을 나는 아주 최근에야 깨닫게 되었고, 최근에야 실행하게 되었다. 설거지를 하면서 남편인 나도 설거지를 할 수 있다는 이 평범한 진리를 너무나 뒤늦게 깨달았다는 자책감이 든다. 뒤늦게나마 깨닫게 된 것이 그래도 다행이 아닐까 하고 생각도 해본다.

설거지는 식사 후 음식 찌꺼기가 묻은 그릇을 깨끗이 씻는 일이다. 그릇을 깨끗이 씻고 나면 내 마음도 개운해진다. 설거지를 하면서 나는 내 마음의 그릇도 함께 씻는 셈이다.

인생문

인생문(人生門)을 아시나요?

아시다시피 서울 도성의 4대문, 즉 남대문, 북대문, 동대문, 서대문은 숭례문(崇禮門), 숙정문(肅靖門), 흥인지문(興仁之門), 돈의문(敦義門)이란 각기 고유의 뜻을 지닌 별도의 이름을 갖고 있지요. 또 남소문, 북소문, 동소문, 서소문도 광희문(光熙門), 창의문(彰義門), 혜화문(惠化門), 소의문(昭義門)이란 별도의 이름을 갖고 있고요. 도성의 정문에 해당하는 경복궁의 남문에는 특별히 광화문(光化門)이란 근사한 이름이 붙었지요.

그런데 우리나라 옛 성문 가운데 인생문이란 이름의 성문이 있답니다. 그게 어디냐고요? 바로 부산광역시 동래구 칠산동에서 명장동으로 넘어가는 고갯마루에 있는 성문이랍니다. 조선 시대에는 이 일대에 동래읍성이 자리 잡고 있었지요. 동래읍성도 4대문으로 남문과 동문, 서문, 북문이 있었고, 이 4대문 외에도 두 개의 문이 더 있었답니다. 즉 암문(暗門)과 인생문이 그것이지요. 암문은 글자 그대로 성주(城主)인 동래부사나 기타 특별한 인물이 특별한 경우에 암암리에 이용하는 비밀 통로였답니다. 전하는 바에 따르면, 인생문은 당시 성안에 사는 사람들이 초상이 나면 성안에 무덤을 둘 수 없었기에 상여가 이 문을 통해 나갔기 때문에 인생이 다시는 돌아올 수 없는 문을 나선다고 해서 붙여진 이름이라더군요.

인생에는 흔히 아이러니가 따르기 마련이죠. 임진왜란 때 동래읍성이 왜군들에게 점령당하고, 당시 송상현(宋象賢) 부사 이하 전 군관민이 거의 몰살을 당했을 때, 이 인생문을 통해 나갔던 사람들은 용케도 거의 죽지 않고 살아났답니다. 그래서 인생문은 글자 그대로 '사람의 생명을 살린 문'이 된 셈이죠. 죽어서 나가던 문이 생명을 살린 문이 되었으니, 인생이 흔히 그러하듯 인생문도 아이러니를 띠게 된 셈이죠.

임진왜란이 1592년에 일어났으니, 그로부터 426년이 지난 지금까지 동래읍성도 많은 변천을 겪었지요. 임진왜란 때 왜군들에게 점령당함으로써 거의 파괴된 상태로 방치되어 오던 것을 1731년(영조 7년) 당시 동래부사 정언섭(鄭彦燮)이 나라의 관문으로서 동래성의 중요성을 감안하여 조정에 건의를 드려 동래성을 복원하게 되었답니다. 그래서 동래성을 과거보다 훨씬 더 큰 규모로 새롭게 다시 쌓았다더군요. 그러나 그 후 다시 일제강점기에 접어들자 일제의 우리 역사 문화 말살 정책에 의해 동래성은 거의 훼손 철거되었고, 해방 후에도 한동안은 무분별한 도시 난개발로 성이 거의 흔적조차 찾아볼 수 없는 지경이 돼버렸지요.

그 후 차츰 우리의 과거 역사와 문화에 대한 각성이 되살아나면서 여러 차례의 복원과정을 거쳐 지금은 동래성이 북쪽 산지(山地)를 끼고 있는 북문을 중심으로 부분적으로 복원이 이루어져 있지요. 덕분에 동래성 동북쪽에 자리 잡은 인생문도 2005년에 새롭게 복원이 이루어졌는데, 복원이 어느 정도 원형대로 제대로 이루어졌는지는 모를 일이지만, 어쨌든 다행한 일이 아닐 수 없지요.

아무튼 동래읍성의 이 인생문을 지나치다 보면 사람은 누구나 자신의 인생문을 드나들고 있다는 생각이 문득 듭니다. 사람이 이 세상에 태어나서 자신의 인생을 시작하는 순간이 곧 자신의 인생문에 들어서는 것이라면, 언젠가 이 세상을 떠나는 그 순간이 곧 자신의 인생문을 영영 나가는 것이 아닐까요? 그러고 보면 우리는 누구나 자신의 인생문을 들고 남으로써 자신의 인생을 시작하고 끝맺는 셈이 되겠죠. 들고 나는 과정의 시간의 길이에 차이가 있긴 하지만, 사람은 그 누구도 인생문을 들고 나는 운명의 굴레에서 벗어날 수는 없지요. 그러고 보면 인생문을 들어섰다 나가는 과정까지가 인생이란 생각이 드는군요.

우리가 우리네 인생문 안에 들어서 있는 동안은 다른 많은 인생과 얽히고설키는 인연의 끈을 맺게 되지요. 그러다 자신의 인생문을 영영 나가게 되면 그동안 맺어왔던 인연의 끈도 다 끊어지기 마련이지요. 나 자신 돌이켜 생각해 보면, 그동안 그렇게 맺었다 끊어진 인연의 끈이 적지 않은 것 같군요. 가까이로는 내 혈육과 은사님과 친구들과 지인들을 비롯하여 멀리는 나와 동시대를 같이 살아오며 내가 그의 이름을 기억하는 여러 사람들까지……. 얼마 전 나의 아주 가까운 친구 하나가 갑자기 그의 인생문을 나가서 저 세상으로 떠나더니, 며칠 전엔 유명 영화배우로서 이 시대 대중적 인기스타 하나가 불의의 교통사고로 자기 인생문을 나갔다는군요.

자기 인생문을 들어오고 나가는 것을 자기 의지로 결정하는 것이 아니기에 아무도 그 들고 나는 정확한 시기를 미리 알 수는 없지요. 그러나 분명하게 알 수 있는 것은 자신도 언젠가는 그 인생문을 나가야 한다는 사실이지요. 그러면 이 세상에서의 자신의 인생도 끝이 나고, 생전에 맺었던 여러 사람들과의 인연의 끈도 다 끊어지기 마련이죠.

인생문에 적용되는 또 한 가지 공통적인 진리가 있지요. 그게 뭔고 하면 인생문을 나갈 때는 누구나 다 혼자라는 사실이지요. 심지어 인생문에 들어올 때 함께 들어왔던 쌍둥이조차도, 아무리 서로 사랑하는 사이일지라도 나갈 때는 다 혼자서 나갈 수밖에 없지요. 인생에서 이보다 더 피할 수 없는 엄혹한 진리가 있을까요?

동래읍성 인생문을 지나치다 문득 떠오르는 생각을 정리해 보았습니다.

4부

일어나 가리라

은자의 꽃

무궁화는 우리 나라꽃이다. 애국가 가사에서도 "무궁화 삼천리 화려 강산"이라 하지 않았던가. 우리나라 국기봉도 무궁화 꽃봉오리 형상이고, 정부와 국회 포장도 무궁화로 도안이 되어 있다. 또한 무궁화를 감싸고 있는 한 쌍의 봉황새 무늬를 대통령 휘장으로 사용하고 있다.

무궁화가 우리나라에 자생한 것은 오랜 옛날부터이고, 옛 문헌에도 더러 우리나라와 무궁화의 관련 기록들을 찾아볼 수 있다. 무궁화가 우리 나라꽃으로 확실한 자리매김을 한 것은 1900년경 애국가 가사가 만들어지면서부터라고 한다. 그 후 질곡(桎梏)의 역사를 살아온 우리 민족은 무궁화를 우리나라와 민족의 상징으로 여겨 무궁화를 사랑하는 것은 곧 우리나라와 민족을 사랑하는 것으로 여겼다.

우리나라뿐만 아니라 다른 나라도 대개는 나라꽃 국화(國花)를 정해놓고 있다. 영국의 국화는 장미이고, 프랑스는 아이리스이며, 네덜란드는 튤립, 러시아는 해바라기, 인도는 양귀비, 중국은 매화이고, 일본은 벚꽃인 줄 알았는데, 아니라는 설도 있어 혼란스럽다. 연방국가인 미국은 각 주별로 주화(州花)가 있지만, 국화는 없다.

그런데 요즘 우리나라에서는 좀 이상한 현상을 보게 된다. 즉 나라꽃 무궁화에 대한 홀대 현상이다. 과거 내가 어렸을 때만 해도 무궁화를 나라꽃으로 존중하는 분위기가 상당했다. 무궁화를 찬양하고 무궁화의 장점을 예찬하는 글들이 교과서에도 실렸고, 곳곳에 무궁화를 심어 어디서든 쉽게 무궁화를 볼 수 있었다. 또한 무궁화에 대한 학문적 연구와 육종사업도 활발히 이루어졌다. 그런데 근래에 와서는 주변에서 무궁화 보기가 어려워졌다. 어찌 된 셈인지 무궁화를 심고 가꾸고 관심 갖는 태도를 거의 찾아볼 수가 없다. 대신에 벚꽃과 장미가 온통 전국을 뒤덮고 있다.

과거에는 진해나 하동의 쌍계사 들어가는 도로변이나 경주 보문단지, 서울의 창경궁 등, 전국적으로 이름난 특별한 벚나무 군락지가 있었다. 그래서 봄철 벚꽃이 필 무렵에 사람들은 그런 곳으로 벚꽃 구경을 가곤 했다. 하지만 지금은 전국 곳곳에 벚나무를 심어 벚꽃단지가 따로 없다. 내가 살고 있는 이곳 정관신도시 주변만 해도 곳곳이 벚나무라 따로 벚꽃 구경을 갈 필요가 없을 정도로 벚꽃이 도처에 흐드러지게 핀다.

장미는 꽃의 여왕이라고 한다. 사실 그런 말을 들을 만큼 장미가 아름다운 꽃임에는 틀림없다. 그래서 그런지 5월이 되면 우리나라 어디를 가나 장미가 흔하게 눈에 띈다. 내가 사는 이곳 정관신도시에도 장미공원이 두 군데나 조성되어 있어 온갖 종류의 장미가 화려한 자태를 뽐내고 있고, 여러 아파트 단지마다 예쁜 줄장미가 담장이나 울타리를 화사하게 장식하고 있다.

그 외에도 봄부터 가을까지 온갖 꽃들이 다투어 피는 모습을 주변에서 쉽게 볼 수 있다. 봄에는 매화, 목련, 복숭아꽃, 살구꽃, 개나리, 라일락, 진달래, 철쭉 등이 다투어 꽃을 피우고, 여름이면 능소화, 해바라기, 봉선화, 백일홍 등이 피며, 서늘한 가을바람이 불기 시작하면 곳곳에 코스모스와 국화가 꽃을 피운다. 그런데 나라꽃이라는 무궁화는 어디서도 좀처럼 찾아보기 어렵다.

무궁화를 명색이 나라꽃으로 삼고 있다면 이건 좀 이상하지 않은가. 다른 곳은 또 몰라도 학교나 관공서 같은 곳에는 국민교육을 위해서나, 애국심 고취를 위해서라도 무궁화를 심을 법도 한데, 요즘 와서는 학교나 관공서에서도 무궁화를 거의 찾아보기 어렵다. 이곳 정관신도시에는 젊은 인구가 급속도로 늘어나서 새로 짓는 초등학교나 중 · 고등학교가 늘어나고 있다. 새로 짓는 학교 교정에 여러 가지 나무나 꽃들을 많이 심고 있지만, 무궁화는 거의 보이지 않는다. 관공서도 역시 마찬가지다.

그러다가 내가 무궁화를 우연히 발견한 곳은 의외의 장소였다. 그곳은 정관신도시 변두리여서 아직 개발의 손길이 채 미치지 않은 과거 농촌마을이었다. 이곳 정관신도시는 대부분의 지역이 새로 아파트와 상가 건물이 들어서서 도시화되었지만, 아직도 변두리 일부 지역에는 도시화되기 이전의 농촌마을이 옛 모습 그대로 남아 있는 곳이 간혹 있다. 내가 무궁화를 발견한 곳은 그런 곳이었다. 우연히 그 마을에 들러 골목길을 걷다가 길가에 울타리를 이루고 늘어서 있는 무궁화를 발견했던 것이다. 반가웠다.

그때 문득 생각나는 말이 있었다. 무궁화를 "은자(隱者)의 꽃"이라고 한 말이다. 아마도 그 말은 내가 청소년시절에 읽었던 이양하(李敭河) 선생의 수필 「무궁화」에 나온 말인 듯하다. 그때는 사실 그 말이 나로서는 잘 이해가 되지 않았다. 그런데 지금은 그 말이 너무나 맞아 떨어지고 있지 않은가. 무궁화는 지금 사람들의 시선을 많이 받는 곳에서는 거의 찾아볼 수가 없고, 대신 아무도 보아주는 이 없는 이런 외진 시골 마을 골목길에서나 겨우 명맥을 이어가고 있는 꽃이 되었으니, 그야말로 "은자의 꽃"이 아닌가.

이양하는 무궁화가 요염한 색채도 없고, 고혹적인 향기도 없고, 그래서 덕 있는 사람이 타기하는 요사라든가 방자라든가 오만이라든가를 찾아볼 수 없어, 은자가 구하고 높이는 모든 덕을 구비하였다고 했다. 그러고 보면 요즘 우리나라 사람들이 무궁화를 홀대하고, 우리나라 곳곳에서 쉽게 무궁화를 볼 수 없는 이유를 알만하다. 우리나라를 두고 외국인들이 과거에는 은자의 나라라고 했고, 우리 민족을 은자의 나라 백성들이라고 했지만, 이제는 아니다. 이제 우리나라는 더 이상 은자의 나라도 아니고, 우리 국민들이 은자의 덕을 지니고 있는 국민들도 아니다.

요즘 우리나라 사람들이 나라꽃 무궁화를 홀대하는 이유가 바로 여기에 있지 않은가 싶다. 즉 요즘 우리나라 국민들은 과거에 은자의 덕을 지니고 있던 그 국민들이 아니기 때문이다. 그러니 은자의 꽃 무궁화가 이미 은자가 아닌 국민들로부터 이렇게 홀대를 당할 수밖에…….

이럴 바에야 아예 나라꽃도 바꾸고, "무궁화 삼천리 화려 강산"이란 애국가 가사도 바꾸어야 할지 모를 일이다. 이미 은자의 덕을 잃어버린 우리 국민들이라 은자의 꽃 무궁화를 나라꽃으로 여기는 인식마저도 잃어버린 것 같으니 말이다.

태극기에 대한 우려

10월 9일 한글날 아침, 국기함에서 태극기를 꺼내 태극기를 단다. 한글날도 국경일로 지정된 지 오래라 다른 국경일과 마찬가지로 국기를 달게 되어 있다. 아파트 앞쪽 창밖에 설치되어 있는 국기 게양대에 태극기를 갖다 꽂는다. 태극기는 언제 보아도 아름답다. 세계 여러 나라 국기 중에서 우리 태극기처럼 조화롭고 균형 잡힌 모습의 국기를 찾아보기는 어렵다.

아파트의 아래 위로 그리고 또 다른 동으로 눈길을 주어 살펴본다. 태극기를 단 집을 거의 찾아보기 어렵다. 지금 시간은 아침 8시가 넘었으니, 태극기를 달려면 이미 달았을 시간이다. 뒤쪽 창으로 가서 창문을 열고 여기저기를 살펴본다. 뒤쪽도 마찬가지다. 이쪽도 역시 태극기를 단 집이 거의 보이지 않는다. 그러다가 저만치 한쪽 귀퉁이에 태극기 하나가 외롭게 내걸린 집을 발견한다. 그리고 저쪽에 또 하나……. 반갑다. 또 한편으로는 서운하다. 수백 가구가 되는 이 아파트 단지에서 태극기가 게양되어 있는 집은 지금 내 눈에 띄기로는 우리 집을 포함해서 불과 서너 가구에 불과하다.

한글날 말고도 사정은 비슷했다. 3.1절, 제헌절, 광복절, 개천절과 조기를 게양하게 되어 있는 6월 6일 현충일에도 역시 태극기를 다는 집은 내가 사는 이곳 아파트 전체 가구 중에서 극소수 몇 집에 불과했다. 아파트 관리실에서 태극기를 달아라고 방송을 하는 경우도 가끔 있지만, 그래 봐야 별수 없이 사정은 거의 비슷하다. 우리 국민들의 태극기에 대한 관심이나 애착이 어쩌다 이 지경에 이르렀는지 모를 일이다.

> 태극기가 바람에 펄럭입니다.
> 하늘 높이 아름답게 펄럭입니다.
>
> 태극기가 힘차게 펄럭입니다.
> 마을마다 집집마다 펄럭입니다.

이는 우리가 어릴 때 곧잘 부르곤 했던 동요다. 사실 그때는 그랬다. 우리가 어렸을 때, 그러니까 국민학교(지금의 초등학교)를 다니고, 중 · 고등학교에 다닐 때 까지만 해도 그때는 무슨 국경일이나, 기념일이 되면 으레 태극기가 마을마다 집집마다 게양되어 바람에 펄럭이는 광경을 볼 수 있었다. 학교에서부터 태극기를 다는 걸 당연한 의무로 교육을 받았기 때문에 국경일이나, 기념일에는 으레 태극기를 달았고, 마을마다 집집마다 태극기가 바람에 펄럭이곤 했다.

태극기는 우리나라, 곧 대한민국의 상징이다. 그러므로 대한민국 국민이라면 누구나 태극기를 사랑하고, 태극기에 대해서 특별한 존중심과 애착심을 갖기 마련이다. 국경일이나, 기념일에 태극기를 다는 것은 태극기에 대한 그러한 존중심과 애착심의 표현으로서 당연한 국민의 의무다.

그러던 것이 요즘 와서는 태극기에 대한 우리 국민들의 존중심과 애착심이 점점 옅어지는 것 같다. 그래서 나라에서 정한 국경일이나 기념일이 되어도 태극기를 다는 것을 당연한 국민의 의무로서 인식하는 사람들이 갈수록 줄어들고 있다. 그러면서 태극기를 게양하는 것은 무슨 관공서나 학교 같은 공공기관에서나 하는 일쯤으로 생각하는 것 같다.

요즘 국경일이나 기념일에 태극기를 게양하진 않아도 태극기가 특히 선호되는 경우가 있다. 그것은 우리나라가 포함되는 국가 대항 무슨 스포츠 행사나, 또는 특정 단체나 세력들의 시위 행사장에서다. 올림픽이나 월드컵, 또는 한 · 일전 같은 국가 대항 무슨 스포츠 행사 때는 사람들이 너도나도 태극기를 들고나와 열띤 응원을 펼친다. 그리고 요즘 와서는 이른바 '태극기 부대'라는 시위 단체가 거리에 나와 집회를 하고 시위를 할 때 태극기가 그들의 시위용 도구로 사용된다. 태극기가 이렇게 특정 단체의 명칭으로, 또는 그들의 시위용 도구로 사용됨으로 해서 태극기의 이미지가 훼손

되고, 경우에 따라서는 반감과 거부감의 대상이 되기도 하는 것 같다. 안타까운 일이 아닐 수 없다.

그래서일까. 경우에 따라서는 태극기가 다른 깃발로 전용되거나, 대체되어도 별 거부감 없이 그것을 받아들이는 분위기가 우리 국민들 사이에 은연중 확산되고 있는 것 같다. 그러한 현상을 우리는 지난 평창 동계 올림픽 개·폐막식 때도 보았고, 그전에도 그러한 경우를 여러 번 보아왔다. 과거에도 올림픽이나 이에 준하는 국제경기에서 남북한 선수의 공동입장이라는 명분으로 한반도기가 태극기를 대체하는 경우를 우리는 이미 여러 번 보아왔다. 이러한 경우는 국가가 이를 결정하고 주도하는 것 같은데, 이는 국가 자체의 존엄성과 정체성의 상징인 국기를 국가 스스로가 포기하고 훼손하는 것 같아 어쩐지 씁쓸하다.

이러다가는 경우에 따라서 태극기가 태극기 아닌 다른 깃발로 전용되거나 대체될 수도 있을 것 같고, 우리 국민들은 그것을 별 거부감 없이 그대로 받아들일 것도 같다. 과거에 우리 선조들은 태극기를 목숨을 바쳐 지키려 했던 역사를 갖고 있다. 그런데 오늘날의 우리 국민들이 태극기에 대해 갖는 자세나 태도는 이전 같지가 않다. 이러다가 태극기가 대한민국 국기로서의 위상과 존엄을 상실하거나, 다른 깃발로 대체되지나 않을까 하는 우려마저 느껴진다.

한글날, 하루해가 기울고 날이 저물어가는 저녁 무렵, 하루 종일 홀로 외롭게 내걸려 있던 태극기를 내려 소중하게 국기함에 보관하면서 부디 이러한 우려가 기우에 그치기를 바램해 본다.

강아지를 찾습니다

'사람을 찾습니다'

이건 오래 전에 널리 국민적 인기를 끌었던 KBS 생방송 프로그램 제목이다. 전쟁이나 해외 입양 또는 단순 실종사건 등, 여러 가지 사정으로 오래 헤어졌던 가족이나 혈육이 이 방송을 통하여 극적으로 재회하는 장면은 당사자들은 물론이고 일반 시청자들도 감동의 눈물을 자아내게 했다.

이러한 제목이 방송이 아닌 전단지로서도 가끔 유포되고 있는 현상을 본다. 대개는 아이를 잃어버린 경우나, 정신이 부실한 노인이 집을 나간 경우, 혹은 어떤 특수한 사정으로 생긴 실종 가족을 찾는 전단지다. 대개는 그냥 예사로 보고 지나치기 마련이지만, 가족을 잃은 당사자의 경우야 그 애타는 마음이 오죽하겠는가.

그런데 며칠 전 '강아지를 찾습니다'란 전단지가 집 주위에 나돌고 있는 것을 목격했다. 강아지의 사진과 함께 이름, 품종, 성별과

연령, 실종일시와 장소, 강아지의 특징, 그리고 맨 밑에 연락처와 함께 "찾아주시거나 찾는데 결정적인 도움을 주신 분께 사례금 50만원을 드리겠습니다."라는 단서까지 적혀 있었다.

아마도 그 전단지를 배포한 당사자에게는 그 강아지가 가족이나 다름없는 소중한 존재일 거라는 짐작이 간다. 요즘은 강아지나 고양이 등 애완동물을 가족이나 다름없이 소중하게 생각하는 사람들이 많다. 명칭도 애완동물에서 반려동물로 바뀌고 있는 추세다. 애완동물이라 하면 사람과 동물과의 관계가 주종관계로 여겨지는데 반해, 반려동물이라고 하면 그 관계가 평등관계로 여겨진다. 반려자란 말은 흔히 부부관계에 적용되는 말이 아닌가.

그래 요즘은 반려동물을 아예 대놓고 가족관계 호칭으로 부르는 사람들도 적지 않다. 자기 아이를 부르듯 다정하게 이름을 부르는 것은 기본이고, 내가 아는 어떤 부부는 스스로 그 반려동물의 엄마, 아빠라고 스스럼없이 자칭한다. 이제 가족 개념이 반드시 사람 만이 아닌 동물에게까지도 확산되는 추세인 것 같다.

옛날엔 개나 고양이를 집에서 기르는 경우에도 주인과 동물과의 차이나 위계질서가 엄격했다. 거처도 엄격히 구별되었고, 먹이도 주인이 먹고 난 음식 찌꺼기를 주는 것이 고작이었다. 또한 역할관계도 분명해서 개는 도둑을 지키는 역할로, 고양이는 쥐를 잡는 역할로 정해져 있었다. 그러던 것이 요즘 와서는 사람과 동물과의 그러한 위계질서나 역할관계도 흐려지거나, 아예 파괴돼 버렸다.

같은 생활공간에서 같이 생활하면서 추운 겨울에는 반려동물에게 옷을 입히기도 하고, 심지어 사람이 먹는 음식보다 더 비싼 고급 먹이를 사다 먹이는 경우도 있는 모양이다. 반려동물로 특히 돈이 많이 드는 경우는 병이 났을 때 동물병원에 데려가야 하는 경우란다. 사람이 병원에 가는 경우엔 의료보험 혜택을 받지만, 반려동물의 경우 그런 혜택이 없으니 의료비가 사람보다 오히려 비싸게 먹힐 수밖에 없다.

국내 반려동물 키우는 인구가 1,000만 가구를 넘어서다 보니, 경제적 여유가 있는 사람 말고 그렇지 못한 사람의 경우 반려동물로 인한 경제적 부담이 여간 아닌 모양이다. 그러다 보니 '펫 푸어(pet poor)'라는 용어까지 등장했다고 한다. 가난하면서도 반려동물을 기르는 사람을 가리키는 용어다. 그런 펫 푸어의 경우 반려동물에 드는 비용을 충당하기 위해서 아르바이트를 하거나, 자신의 용돈을 줄이기까지 한단다.

그러다 보니 요즘은 반려동물 관련 각종 사업이나 직업이 폭발적으로 증가하고 있는 추세다. 반려동물을 보급하거나 판매하는 보급 판매상은 기본이고, 반려동물 뷰티샵에다, 반려동물 장례업체, 반려동물을 교육하고 훈련하는 반려동물 훈련사, 반려동물을 돌봐주는 펫 시터(pet sitter), 심지어 반려동물 아카데미라는 것도 등장하고 있는 실정이란다. 반려동물과 관련된 각종 직업들이 새로 생겨나면서 반려동물에 관한 여러 가지 지식 정보를 교육하는 교육기관을 칭하는 명칭인가 본데, 그렇더라도 동물과 아카데미라는 용어의 조합은 아무래도 좀 어색하다.

사람과 동물의 공생 또는 친화관계는 어제 오늘의 현상이 아니고 오랜 역사를 갖고 있다. 하지만 그 관계가 요즘처럼 이렇게 기형적으로 변화하면서 폭발적으로 증가하고 있는 현상을 어떻게 이해해야 할까? 아마 여기에도 여러가지 원인이 있지 않을까.

우선은 문명이 발전할수록 오히려 인간의 고독이 더 증가하기 때문이 아닐까 싶다. 요즘 우리 사회의 저출산, 고령화 현상으로 인한 1인 가구 증가와 그로 인한 고독의 증가는 비례하고 있다고 보아야할 것이다. 그러다 보니, 사람끼리 이루어지던 가정과 가족관계가 사람과 동물과의 관계로까지 대체되고 확산되고 있는 추세인 것 같다.

다음으로 우리 사회의 서구화, 세계화 현상의 영향도 그 원인의 일부가 아닐까 싶다. 1인 가구 증가와 저출산, 고령화 추세는 사실상 서구 선진국들이 우리보다 앞서 겪은 현상이다. 그로 인한 애완동물 애호현상 역시 서구인들이 먼저 겪었다. 우리 사회가 점차 서구화되어 가면서 어느새 서구인들의 그러한 현상을 닮아버린 것이다. 요즘 우리나라 사람들이 기르는 애완동물들을 보라. 그들 대부분이 서구에서 유입된 외래종이지, 우리나라 토종은 아예 없지 않은가.

'강아지를 찾습니다.'라는 그 전단지에 나와 있는 강아지 역시 "흰색 말티즈"라고 종류가 명시되어 있고, 예쁘장한 모습의 사진까지 곁들여 있다. 그 모습이 옛날 우리나라 토종 강아지와는 완전

딴판이다.

어쨌든 이런 전단지까지 만들어 이렇게 곳곳에 유포시키는 걸 보면, 그 강아지에 대한 주인 당사자의 애정이 어느 정도인지 짐작이 간다. 그렇게 귀애하는 강아지를 잃어버린 그(녀)의 상심이 얼마나 클까. 오죽하면 사례금 50만원까지 내걸었겠는가.

'사람을 찾습니다'란 전단지나, '강아지를 찾습니다'란 전단지나 그렇게 차이가 있는 것 같지가 않다. 거기에는 모두 잃어버린 가족을 찾고자하는 간절한 염원이 담겨 있는 듯하다. 이제는 가족의 개념도 수정되어야 할 것 같다.

개팔자

예로부터 '오뉴월 개팔자가 상팔자'라는 말이 있었다. 음력 오뉴월이면 양력으로는 6~7월 정도가 된다. 그때는 한창 농번기라 '송장도 일어나서 일을 거든다'는 말이 있었을 정도로 바쁜 농사철이다. 그래서 아이들까지 동원해서 전 가족이 들에 나가서 땀 흘리며 일을 하고 집에 들어와 보면 집에서 기르는 개는 나무 그늘 밑에 드러누워서 늘어지게 낮잠을 즐기고 있다. 그러니까 개팔자가 상팔자란 말이 나올 법도 했을 터.

그러나 그렇다고 개팔자가 실제로 항상 상팔자는 아니었다. 과거 농본 시대에 개를 포함한 가축들은 다 사람들의 필요에 따라 길러졌고, 필요에 따라 이용을 했다. 소는 논밭을 갈고, 또 무거운 짐을 나르거나 수레를 끌었고, 돼지는 길러서 식용으로 고기를 이용했다. 개는 도둑을 막고 집을 지키거나, 사냥에 이용되기도 했고, 고양이는 쥐를 잡았다. 하다못해 닭조차도 그 시절엔 요즘처럼 시계가 없던 시절인지라 수탉은 "꼬끼요~!"하고 길게 목을 뽑고 소리쳐 울어서 사람들에게 새벽을 알려주는 시계 역할을 했고, 암탉은 알을 낳아서 사람들에게 부족한 영양분을 공급해 주었다. 그리고 돼지뿐 아니라 소나, 개나, 닭을 포함하여 대부분의 가축들이 결국에는 다 제 몸을 인간에게 바쳐 식용으로 제공했다. 특히 우리나라에서는 개고기를 여름철 보신용으로 즐겨 먹던 오랜 관습이 있어서 여름철이 되면 개가 희생을 당하는 경우가 흔히 있었다.

그럼에도 불구하고 그 공로나 희생에 비해 아마도 가장 심한 비하와 멸시를 당했던 동물이 또한 개가 아니었을까 싶다. 사람을 두고 '개 같은 놈', '개만도 못한 인간' 하면 가장 심한 욕이 되었다. 그 외에도 어떤 명사 앞에 '개'가 붙으면 심한 욕이 되는 경우가 많았다. 개새끼, 개자식, 개소리, 개판 등이 그랬다. 어떤 안 좋은 일 앞에도 '개'가 붙으면 더 심하게 안 좋은 일이 되었다. 개망신, 개고생, 개죽음 등이 그랬다. 한자로 개 '구(狗)'자를 쓰서 '주구(走狗)'라고 하면 몰래 남의 앞잡이나 끄나풀 노릇을 하는 못된 인간을 가리켰다.

그래서 개는 결코 사람과 동격의 대접을 받을 수 없었다. 평소 거처도 사람이 앉는 마룻장 밑이고, 먹는 것도 사람이 먹고 남은 음식 찌꺼기나 고기 뼈다귀가 고작이었다. 그것도 항상 배부르게 먹지 못하니, 어쩌다 아이가 똥이라도 눌라치면 얼른 그것을 핥아 먹는 것도 개다. 그래서 "개 눈에는 똥만 보인다."고 개를 비하하는 속담이 생기기도 했고, 아예 '똥개'라는 호칭마저 생겼다. 그런

홀대를 당하면서도 개는 항상 사람인 주인에게 충직했고, 주인을 위해서 도둑을 막아 집을 지켰고, 때로는 위기에서 자신을 희생하여 주인을 구했다는 미담이나 전설이 전해 오기도 한다.

그런데 요즘 와서는 개팔자가 진짜 상팔자가 된 것 같다. 개고기를 먹는 우리나라 음식문화에 대해서 이런 저런 말이 많더니, 요즘은 그런 관습이 저절로 바뀌고 있다. 얼마 전까지만 해도 여름철에 사람들이 즐겨 찾곤 하던 개고기를 먹던 이른바 '보신탕집'이 대부분 스스로 문을 닫는 것 같다. 보신탕집에 개고기를 공급해 주던 구포시장 안의 개시장 업소들도 이제 자진해서 스스로 폐업을 하고, 업종을 바꾸기로 했다는 뉴스가 들려왔다. 이렇게 된 데는 동물단체들의 활동도 영향이 있었겠지만, 개를 포함한 동물들에 대한 사람들의 인식이 바뀌어 가면서 개고기를 먹는 사람들의 수가 급격히 줄어드는 것이 가장 중요한 원인이 아닐까 싶다.

실제로 요즘은 개나 고양이 등 애완동물들에 대한 우리나라 사람들의 인식이 급격히 바뀌어가고 있는 추세이다. 특히 아이들이나 젊은 사람들의 경우 애완동물에 대한 태도가 어떤 면에서는 도를 넘어서고 있는 것 같다. 그들이 그런 동물들에게 기우리는 수고와 정성과 사랑을 보고 있으면, 어느 쪽이 상전이고, 어느 쪽이 하인인지 구별하기가 쉽지 않다.

애완견에게 온갖 예쁜 옷을 입히고, 액세서리까지 하는가 하면, 아기처럼 품에 앉고 다니거나 유모차에 태우고 다니는 사람들도 흔히 있다. 어쩌다 애완견이 도중에 똥이라도 눌라치면 얼른 휴지를 꺼내어 그 똥을 정성스럽게 싸서 가방에 챙겨 넣는다. 애완견이 먹는 음식도 온갖 종류가 다 있어서 사람이 먹는 음식보다 더 비싼 음식을 사다 먹이기도 하고, 어쩌다 건강상태가 좋지 않거나, 다치거나, 병이라도 날라치면 동물병원으로 데리고 가서 지극 정성 치료를 하는데, 그 치료비에 건강보험이 적용되지 않으니 사람보다 훨씬 더 비싸게 먹힌다고 한다.

사람의 계층에 따라 애완견의 계층도 달라진다. 봉중근 감독의 영화『기생충』에서도 상류층 가정에서 기르는 고급 애완견 모습이 나왔지만, 요즘 상류층 사람들이 기르는 고급 애완견은 그 값을 가늠하기조차 힘들다고 한다. 경우에 따라서는 아마도 사람값을 능가하는 애완견도 없지 않으리라 짐작된다. 그러다 보니, 상류층이 아니라도 이러한 풍조에 따라 월세집을 살면서도 애완견을 기르고, 애완견 지출비용을 위해서 자신의 생활비를 줄이는 이른바 펫푸어(Pet Poor)족들도 등장하고 있다고 한다. 그들은 자신은 끼니를 빵이나 라면으로 대충 때우면서도 애완견을 위해서는 비용을 아끼지 않는단다. 그러고 보면 이제 팔자가 역전되어 애완견이 상전이 되고 주인이 하인으로 전락하는 신세가 되는 것 같다.

끝으로 요즘 SNS에서 떠도는 애완견과 관련된 이야기 하나.
농촌마을에 홀로 살던 할머니가 아들의 요청에 따라 상경(上京)을 했는데, 아들 내외가 해외여행을 갈 때마다 꼭 시골에 있는 어머니를 불러올린다. 먼저 며느리에게서 애완견 돌보기 사전교육을 받는다.

"어머니, 우리 해피는요. 보통 애완견이 아니에요. 그래서 목욕은 매일 꼭 시켜야하구요. 식사는 노화방지와 면역력 향상을 위해 아침엔 유기농 오리고기, 저녁엔 럭셔리 닭고기를 먹여야 해요. 그리고 오후에는 공원에 데리고 나가 산책을 꼭 좀 시키세요."

아들 내외가 해외여행을 떠난 뒤 할머니는 해피 산책 시키면서 비슷한 처지의 다른 할머니를 공원에서 만났다. 그 할머니가 하는 말; "저희 연놈들 공부시켜서 이만큼 살게 해준 게 누군데. 요즘 부모는 개만도 못해유~. 부모는 식구 중에서 순번이 맨 꼴지라니까유~."

그 할머니의 그런 푸념을 듣고 해피를 데리고 집에 돌아오니, 마침 전화벨 소리가 요란하게 울린다. 전화를 받으니, 이번에는 해외여행 떠난 아들이었다. 그런데 아들은 어머니에 대한 안부인사는 없고, 대뜸 하는 소리가 이렇다.

"어머니, 잘 들리세요? 여기 하와인데요. 해피 식사와 산책, 그리고 목욕 잘 시키고 있지요? 걔 요즘 컨디션이 안 좋으니, 해피방 에어컨은 26도로 꼭 맞춰서 켜고, 경기하면 안 되니, 목소리 높이지 마세요. 아시겠죠?"

전화를 끊고나서 할머니가 혼잣말로 하는 넋두리다.

"내 노년에 이 꼴 볼라고 힘들게 땀 흘리며 흙 파서 자식 공부시킨겨? 원, 세상에, 귀한 게 사람도 아니고, 부모는 더욱 아니고, 개로구먼 그래! 예로부터 개팔자가 상팔자라더니, 그 말이 딱 맞는 말이여! 암, 딱 맞고 말고...!"

일어나 가리라

그는 1923년에 노벨문학상을 받은 세계적인 명망의 시인이다. 아일랜드인이지만, 당시는 아일랜드가 아직 영국 식민지로 있었고, 영어를 사용했기 때문에 그도 영어로 글을 썼다. 나는 대학생으로서 영문학을 전공했고, 또 교수로서 영문학을 가르쳐 왔기 때문에 자연히 그의 시를 접할 수 있게 되었다. 그는 아일랜드의 시인 예이츠(W. B. Yeats; 1856~1939)이다.

그의 시 중에서도 대중적으로 널리 사랑받는 시에 「이니스프리 호수섬(The Lake Isle of Innisfree)」이란 것이 있다. 나도 그 시를 좋아해서 학생시절에는 그 시를 원어로 외워서 입속으로 흥얼거리기도 했다. 그 시는 이렇게 시작한다.

> 나 이제 일어나 가리라, 이니스프리 호수섬으로,
> 거기 진흙과 나뭇가지 엮어 작은 오막살이 하나 짓고,

아홉 이랑 콩밭을 일구고, 꿀벌을 위한 벌통도 하나 놓고,
벌이 잉잉대는 숲속의 빈터에서 홀로 살리라.

이 시가 널리 대중적인 인기를 얻은 것은 이렇게 무척 소박하면서도 서정적인 정서를 담고 있기 때문일 것이다.

그런데 지금 와서 내가 새삼 이 시를 다시 상기하게 되는 것은 젊은 시절 이 시를 좋아한 원인이 되었던 그런 소박하고 서정적인 정서 때문 만이 아니다. 그때와는 전혀 다른 이유로 나는 요즘도 아침마다 이 시를 상기하면서 입속으로 흥얼거려 보기도 한다. 그러나 "나 이제 일어나 가리라" 다음에 "이니스프리 호수섬" 대신 다른 명칭을 사용한다. 그 명칭은 주로 "소두방공원"이나, "좌광천변"이나, 때로는 "대천사 계곡", "산막 마을길" 등으로 그때 그때 형편에 따라서 바뀐다. 왜냐하면, 내가 아침마다 일어나 가는 곳은 이니스프리 호수섬과는 너무나 거리가 멀고, 위에 적힌 그런 이름으로 불리는 이곳 주변 내가 자주 가는 산책길이기 때문이다.

사실은 내가 가는 장소가 그리 중요하지 않다. 더 중요한 것은 내가 일어나 간다는 것이고, 갈 수 있다는 것이다. 나는 1980년대부터 지금까지, 그러니까 내가 40대에 접어들면서 건강에 이상신호가 느껴지면서부터 시작한 아침 산책을 지금까지 계속하고 있다. 그때부터 아침마다 잠자리에서 일어나면 주변에 산책길을 찾아 산책을 나가는 것이 내 하루 일과의 시작이 되었다. 그건 내가 과거 명륜동에서 살 때도, 사직동에서 살 때도, 그리고 지금 이곳 기장군

정관신도시로 이사를 와서 살고 있는 지금도 마찬가지로 계속되고 있다. 특히 내가 이곳 정관신도시를 좋아하는 이유 중의 하나는 이곳이 다른 어느 곳보다도 주변에 좋은 산책 코스를 다양하게 갖추고 있다는 점이다. 그래서 나는 지금도 아침마다 일어나 위에 든 이곳 정관신도시의 여러 산책 코스 중 하나를 택해서 걷는다.

그러면서 간혹 생각한다. 내가 아침마다 이렇게 일어나 걸을 수 없다면...? 생각만 해도 끔찍한 일이 될 것이다. 그런 끔찍한 생각이 끔찍한 잔상을 불러온다. 근래에도 나는 일어나 걷지 못하고 침대에 누워만 있는 사람들을 여럿 보았다. 얼마 전 나는 80대 초반에 이른 내 육친 중 한 분을 입원해 있는 요양병원에서 만나 보고 왔다. 또 한 분 요양병원에 누워 있는 80대 후반의 한 인척 노인을 역시 얼마 전에 만난 적이 있다. 두 분 다 침대에 누워서 막막히 시간을 보내고 있을 뿐 일어나지를 못했다. 바로 또 며칠 전에는 아내가 다니는 장애인 센터에 갔다가 휠체어에 누운 채로 일어나지 못하는 아직 젊은 나이의 한 장애인 소녀를 보았다. 부모가 그 소녀를 돌보고 있었는데, 그 부모는 그 아이를 돌보기 위하여 더 이상 다른 아이를 낳지 않았다고 한다. 그들의 모습을 보면, 내가 지금 이렇게 일어나 걸을 수 있다는 것이 얼마나 고맙고 행복한 일인지 모를 일이다.

병원에 가면, 제 발로 일어나 걸을 수 없는 사람들을 수없이 본다. 그들 중에는 더러 다시 일어나 걸을 수 있는 사람들도 있지만, 다시는 영영 일어나지 못하고 누운 채로 세월을 보내다가 영원히 눈을 감고마는 사람들도 적지 않다. 그런 사람들은 곧 땅 속에 묻혀 영원히 누운 채로 잠들고 만다. 그들에 비해 스스로 일어나 제 발로 땅을 밟고 걸을 수 있다는 것 자체가 얼마나 고맙고 행복한 일인가!

그런데 다른 사람 아닌 아내가 근래에 와서는 스스로 일어나 제 발로 잘 걷지를 못한다. 아내는 오랫동안 파킨슨병을 앓아온 환자이다. 그러나 몇 년 전까지만 해도 조금 느리고 불안정하긴해도 일상적 활동은 대부분 할 수 있었다. 근래에 와서는 그 일상적 활동을 하는 것조차도 자꾸만 어려워져 간다. 앉았다 일어나기도 어려워하고, 걸음걸이가 불안정하여 집 안에서도 자주 넘어져서 부닥치기도 한다. 그리하여 앉았다 일어날 때 내가 붙잡아주고, 가능하면 내가 아내의 팔짱을 끼고 함께 걷는다. 집안에서나, 외출을 할 때나, 성당에 갈 때나, 집 가까이 있는 좌광천변 산책길로 같이 산책을 할 때도, 대부분 우리 부부는 나란히 팔짱을 끼고 함께 걷는다. 그러니 사정도 모르면서, 간혹 사정을 알면서도 우리 부부를 두고 곧잘 잉꼬부부니, 로맨스그레이니 하고 지칭하는 말을 듣기도 한다.

그런 건 어쨌거나, 중요한 건 아내를 그렇게 돌볼 수 있기 위해서라도 우선 내가 일어나 걸을 수 있어야하지 않겠는가. 그래서 오늘도 나는 아침에 눈을 뜨면 일어나 바깥으로 나간다. 그리고 새벽의 맑은 공기를 마시며 아침 산책을 나선다. 그러면서 “내 일어나 가리라.” 하고 혼자 입 속으로 흥얼거려 본다.

이색적인, 너무나 이색적인....

TV 뉴스 화면에서 이색적인, 너무나 이색적인 한 장면이 눈에 띄었다. 미국의 제41대 대통령이었던 조지 H. W. 부시의 장례식 장면이었다. 그중에서도 특히 내 시선을 사로잡은 이색적인 장면은 미국의 전 · 현직 대통령 5명의 부부가 모두 다 한 자리에 나란히 모여서 고인을 추모하고 애도하는 장면이었다. 도널드 트럼프 현 대통령 부부가 맨 왼쪽에 서 있고, 그 다음으로 버락 오바마 전 대통령 부부, 빌 클린턴 전 대통령 부부, 지미 카터 전 대통령 부부가 나란히 도열해 있는 가운데 고인의 장남인 조지 W. 부시 전 대통령이 슬픔에 잠긴 모습으로 그 앞을 지나가고 있었다.

그들은 소속 정당도 서로 달랐고, 피부 색깔과 인종마저도 다르다. 트럼프 현 대통령과 부시 전 대통령 부자는 공화당이고, 오바마, 클린턴, 카터 전 대통령은 민주당이다. 그들 중 특히 오바마 대통령 부부는 흑인이다. 그들 가운데는 이전에 대통령 후보자로서 서로 치열한 경합을 벌였던 관계도 있었다. 누구보다도 우선 고인인 부시 전 대통령과 클린턴 전 대통령은 서로 공화, 민주 양당의 대통령 후보로서 치열한 경합을 벌였던 관계였다. 트럼프 현 대통령과 클린턴 전 대통령의 부인 힐러리 클린턴 여사 역시 공화, 민주 양당 대통령 후보로서 서로 경합을 벌였던 사이다. 그럼에도 불구하고 그들은 서로의 차이와 과거의 라이벌 관계를 넘어서서 지금 모두 한 가지 목적으로 한 자리에 모여 있다. 그리고 모두 한 가지로 숙연한 자세와 태도를 보여주고 있다.

그래, 저것이 바로 미국의 모습이고, 미국의 힘이구나. 그들은 서로의 차이와 정치적 관계를 넘어서서 필요에 따라 하나가 될 수 있고, 한 가지 공통적 원칙이나 목적에 승복할 줄 안다. 위에서부터 역대 대통령들이 솔선수범 그러한 모습을 보이니, 일반 국민들도 또한 당연히 그러한 모습을 본받게 된다.

그들의 그러한 모습과 대조적으로 우리의 모습은 어떠한가? 역대 대통령들이 생존 시 모두 한 자리에 모여 있는 모습을 본 적이 있었던가? 내 뇌리 속으로 우리나라 역대 대통령의 모습들이 떠올랐다. 이승만, 윤보선, 박정희, 최규하, 전두환, 노태우, 김영삼, 김대중, 노무현, 이명박, 박근혜, 그리고 현 문재인 대통령에 이르기까지 모두 12명. 그들 하나하나의 모습이 모두 내 뇌리 속을 스쳐 지나간다. 그중에서 이승만, 윤보선, 박정희, 최규하, 김영삼, 김대중, 노무현은 이미 다 고인이 되었고, 전두환, 노태우는 아직 생존해 있지만 그들로부터 가끔 흘러나오는 뉴스는 국민들에게 본이 될만한 것이라곤 거의 없다. 게다가 이명박, 박근혜 두 전직 대통령은 지금 구속 상태에 있다.

전직 대통령들 모두 하나같이 말로가 불행했고, 그들이 서로 한자리에 모여 서로 존중과 화합의 모습을 국민들에게 보여준 적은 내 기억 속에 한번도 없다. 그러다 보니 그들 중 누구 한 사람도 국민들로부터 사랑 받고 존경 받는 모습으로 뇌리 속에 남아 있는 대통령이 없다. 참으로 안타깝고 불행한 일이다. 이는 그들 개인의 불행일 뿐 아니라, 우리 나라와 국민 모두의 불행이 아닐 수 없다.

다시 고인이 된 미국의 부시 전 대통령에 관한 이야기.

1990년대 이래 30여 년간 미국에서 유일하게 재선에 실패한 단임 대통령이었다. 그는 대중 선동이나 이미지 정치와는 거리가 멀었다. 반면 그의 라이벌이었던 민주당 후보 빌 클린턴은 정력적이고 잘 생긴 외모에다 당시 연부역강한 40대 젊은 정치인으로서 순발력과 쇼맨쉽에 뛰어났다. 결국 그는 "바보야, 문제는 경제야!"라는 너무나 유명했던 그리고 가장 공격적인 클린턴 측 대선 슬로건의 희생양으로서 패배자가 되고 말았다.

그는 1993년 1월 20일 단임 대통령의 임기를 마치고 백악관을 떠나면서 자신을 '바보'로 쓰러뜨린 정적이었던 젊은 새 대통령에게 한 통의 육필 편지를 남겼다. 화려하게 취임식을 마친 후 백악관에 새로 입성한 새 대통령은 집무실 데스크 위에 놓여 있는 편지 한 통을 발견했다. 그는 그 편지를 읽고 전율에 떨었다. 그것은 그를 깊은 감동의 전율로 사로잡았던 것이다. 그 편지의 전문은 이러했다.

친애하는 빌;

나는 지금 집무실에 들어오면서 4년 전 느꼈던 것과 같은 경이와 존경을 느끼고 있습니다. 당신도 느끼게 될 것입니다. 당신이 이곳에서 행복하기를 바랍니다. 나는 몇몇 전임 대통령들이 묘사했던 외로움을 결코 느낀 적이 없습니다. 당신은 매우 힘든 날을 겪게 될 것이고, 부당하게 느껴지는 비판으로 더 힘들 수도 있습니다. 나는 훌륭한 조언자는 못 되지만, 그런 비판 때문에 용기를 잃거나 정도를 벗어나는 일은 없도록 하라고 말하고 싶습니다. 당신이 대통령직을 잘 수행하고, 가족들도 이곳에서 평온하기를 바랍니다. 당신의 성공이 바로 나라의 성공이기 때문입니다. 당신을 굳건히 지지하겠습니다. 행운을 빌며–.

조지

이후 두 사람은 정당과 이념과 세대를 넘어서서 깊은 우정으로 평생을 서로 교류했다. 22세 나이 차이인 두 사람의 우정이 워낙 돈독해서 부시의 자녀들이 클린턴을 질투할 정도였다고 한다. 한때 정적이었던 두 사람의 우정이 갖는 의미는 무엇일까? 그것은 서로의 차이를 인정하면서도 서로의 인격에 대한 존경과 신뢰를 결코 잃지 않으며, 더 높은 공통적 가치에 대한 열린 마음과 승복의 태도가 아닐까.

우리의 역대 대통령들 중에 이러한 자세와 태도를 보여주었던 이가 단 한 사람이라도 있었던가. 이미 과거의 전임 대통령들은 또 그렇다 치고, 지금 현재 그의 전임 대통령들과 관련자들을 모두 적폐 세력으로 몰아 단죄하고 있는 현 대통령은 앞으로 과연 어떤 평가를 받고, 어떤 모습으로 국민들 뇌리에 남을 것인지 궁금해진다.

헌화가

진달래꽃을 따러갔다. 진달래꽃이 피고 있다는 소문을 듣고 진달래가 있음직한 가까운 산골짜기로 갔다. 산골짜기 밑에 차를 세워놓고 걸어서 산길을 올라갔다. 그러나 예상과는 달리 진달래꽃이 쉬이 눈에 띄지 않았다.

한참을 올라가면서 주위를 살펴보니, 산길에서 가까운 골짜기에는 진달래가 없고, 골짜기에서 까마득하게 쳐다보이는 산비탈 여기저기에 듬성듬성 붉은 색이 눈에 들어왔다. 거기 진달래꽃이 피어 있었다. 허나 저렇게 높고 가파른 산비탈까지 올라가서 꽃을 딴다는 것이 쉽지 않을 것 같았다. 어찌 한다? 혼자 고민을 하는데, 문득 떠오르는 생각이 있었다. 헌화가(獻花歌)였다.

『삼국유사』에 나오는 이야기, 신라 성덕왕 때 순정공(純貞公)이 강릉태수가 되어 부임해 가던 도중 길가에서 점심을 먹게 되었다.

주변엔 깎아지른 절벽이 병풍처럼 에워싸고 있고, 높이가 천 길이나 되는 벼랑 위에 철쭉꽃이 활짝 피어 있었다. 절세미인이었던 순정공의 부인 수로부인(水路夫人)은 주위를 돌아보며 저 꽃을 가지고 싶은데, 누가 자기에게 저 꽃을 꺾어다 줄 사람이 없을까 물었다. 그러나 그들을 수행하던 주위 사람들은 한결같이 벼랑이 너무 높고 험해서 꽃을 꺾어다 드릴 수가 없노라고 했다. 그때 소를 끌고 그 곁을 지나가던 한 노옹(老翁)이 부인의 말을 들었다. 그는 다음과 같은 노래를 지어 부르며 천 길 벼랑 위로 올라가 꽃을 꺾어 부인께 바쳤다.

자줏빛 바위 가에
잡고 있는 암소 놓게 하시고
나를 아니 부끄러워하신다면
꽃을 꺾어서 바치오리다.

아름다운 부인이 원하는 아름다운 꽃을 그 어떤 위험을 무릅쓰고라도 꺾어다 바치려한 노옹, 그는 수로부인과는 신분상으로나 외관상으로나 연령상으로나 모든 면에서 너무나 큰 차이가 있었다. 하지만 한 가지 면에서는 공통점을 지니고 있다. 그것은 미(美), 즉 아름다움을 알고 아름다움에 대한 추구에 제일의 가치를 둔다는 점이다. 수로부인은 천 길 낭떠러지 위에 있는 아름다운 꽃을 갖기를 원했고, 노옹은 아름다운 수로부인의 청이라면 그 어떤 위험을 무릅쓰고라도 들어주고자 했다.

하필이면 이럴 때 헌화가가 머리에 떠오르다니. 헌화가로 해서 나는 이제 물러설 수도, 포기할 수도 없게 되고 말았다. 비록 수로 부인 같이 지체 높고 아름다운 부인의 요청은 아닐지라도 나와 40년 넘어 함께 살아온 늙은 아내의 요청으로 나는 오늘 꽃을 따러 오지 않았던가. 또한 따고자하는 꽃이 좀 가파르고 험한 산비탈에 있긴 해도 그 노옹이 꽃을 따온 곳과 같은 그런 천길 벼랑 끝은 아니지 않는가. 또한 나도 그와 별반 다를 바 없는 노인일진데, 그가 성취한 일을 나는 어찌 시도해 보지도 않고 포기한단 말인가.

결국 나는 헌화가의 포로가 되어 그 가파른 산비탈로 올라갔다. 조심조심 산비탈을 한참 오르다 보니 드디어 산 중턱 쯤에서 진달래꽃과 마주쳤다. 꽃가지를 꺾었다. 한 그루 만으로는 부족하다 싶어 몇 군데를 옮겨가며 몇 그루 꽃가지를 더 꺾다 보니, 한 아름이 되었다.

붉은 진달래꽃을 한 아름 꺾어 들고 조심조심 산비탈을 내려왔다. 골짜기를 따라 나 있는 오솔길까지 거의 다 내려왔다 싶었을 때, 아뿔싸! 그만 한쪽 발이 나무뿌리에 걸려 넘어지고 말았다. 팔에는 진달래 꽃가지를 한 아름 안았는데, 몸은 완전히 한 바퀴를 굴러 나둥그러졌다. 그러다 보니 품에 안았던 진달래 꽃가지는 온통 흐트러지고 말았다. 거기다 나무뿌리에 부딪친 발끝에는 쩌릿한 통증마저 느껴졌다.

쓰러진 채로 한동안 꼼짝을 못하고 누워 있다가 간신히 몸을 일으켰다. 통증이 느껴지는 부분을 살펴보니, 조금 멍이 들긴 했지만 다행히 큰 상처는 아니었다. 흩어진 진달래 꽃가지를 주워 모았다. 더러 꽃송이가 떨어지거나 상처를 입긴 했어도 어쩔 수 없었다. 주워 모은 꽃가지를 안고 절뚝거리면서 오솔길을 내려와 간신히 주차해둔 차에까지 도달했다. 차에다 진달래 꽃가지를 싣고 집으로 돌아왔다.

아내는 어저께 떡집에서 빻아온 찹쌀가루를 반죽하여 이미 동글납작한 전(煎)을 만들어놓고 기다리고 있었다. 그러면서 왜 이리 늦었느냐고 따지듯이 물었다. 나는 진달래꽃을 따느라고 내가 겪은 수난을 다 얘기하진 않았다. 그냥 진달래꽃을 따기가 생각보다 어려워서 그리 되었노라고 만 했다.

아내는 찹쌀가루로 빚은 전에다 진달래 꽃잎을 하나씩 따서 붙였다. 그리고는 프라이팬에다 전을 올려놓고 살짝 구워냈다. 화전(花煎)이었다. 그렇게 구워낸 화전들이 접시에 수북이 쌓여갔다. 나는 절뚝거리면서도 가까운 편의점에 가서 막걸리 한 병을 사왔다. 이윽고 늙은 아내와 식탁에 마주 앉았다. 진달래 화전이 그득하니 담긴 접시 옆에 두 개의 술잔을 놓고, 술잔에다 막걸리를 따랐다.

"자, 건배, 건배사는 헌화가를 위하여 !"

"헌화가를 위하여...?"

아내는 영문도 모르면서 따라했다.

"이 화전은 헌화가 덕분에 만들어졌기 때문이지."

아내는 영문도 모른 채 방그레 웃기만 했다. 방그레 웃음이 피어

나는 아내의 주름진 얼굴에 발그레한 진달래 빛이 감돌았다. 나는 그 빛이 진달래 화전 때문인지, 술에 약한 아내가 막걸리 한 잔으로 취기가 오른 때문인지 알 수 없었다.

그러나 한 가지 만은 분명했다. 그건 지금 내가 아내와 함께 진달래 화전을 만들어 놓고 이렇게 봄을 음미하며 즐길 수 있게 한 것은 다름 아닌 헌화가 덕분이라는 사실이었다. 헌화가는 시공과 인물을 초월해서 한 가지 공통점을 담고 있다. 그것은 바로 아름다움에 대한 순수한 동경과 헌신의 마음이다.

아들과 함께 골안묘원을 다녀오다

아들이 오랜만에 미국에서 나왔다. 이제 유학생활을 마치고 미국의 한 대학에 교수로서 취직이 된 후 처음으로 나온 귀국길이었다. 오랜만의 귀국이라 저로서는 여러 가지로 볼 일이 많은 것 같았지만, 그래도 빠뜨리지 않고 꼭 해야 할 일 한 가지를 일러 주었다. 고향 양산에 있는 선영 골안묘원 방문이다.

골안묘원엔 내 아버지, 어머니와 형님, 누님의 산소가 모셔져 있다. 그리고 앞으로 언젠가는 나와 아내도 가서 묻힐 곳이다. 원래 이곳은 내 아버지, 어머니가 오랫동안 소유 관리해 왔던 고향 마을 산비탈에 있던 밭이었다. 어머니, 아버지가 돌아가셨을 때 그 밭에다 두 분의 산소를 모셨고, 다음 형님과 누님이 돌아가셨을 때도 그곳에다 그 분들 산소를 모시고 보니, 자연스레 그 밭이 가족 공동묘지가 되었다.

그러다 보니, 나는 그곳을 특별한 정성과 애착을 갖고 가꾸어 왔다. 석축을 쌓고, 잔디를 심고, 해마다 매화, 살구, 복숭아, 백일홍, 라일락, 남천, 철쭉 등 갖가지 나무를 사다 심었다. 그러고 나서 입구에다 '동래정씨 골안묘원'이라 새긴 표지석을 하나 세웠다. '동래정씨'는 우리 집안의 관향(貫鄕)이요, '골안'은 원래 이곳 지명으로서 아마도 '골짜기 안'이라는 뜻인 듯하다. 그리고 '묘원'은 묘지의 땅 '지(地)'자 대신 동산 '원(園)'자를 쓴 것이다. 말하자면 '골안에 있는 동래정씨 가족묘지 동산'이라는 뜻이다.

요즘은 모든 게 너무나 급변하는 시대라서 사람이 죽고 난 후의 뒤처리 방식도 각양각색으로 빠르게 변하고 있다. 과거 내가 젊었던 시절만 해도 대개의 경우 사체(死體)를 관에 넣은 채로 땅에다 묻는 매장방식이 대세였다. 그러던 것이 그 후로 차차 매장 대신 화장이 늘어갔다.

요즘 화장하는 방식을 보면 참으로 신속하게 자동적으로 진행된다. 사체를 넣은 관을 화장장에 싣고가서 맡기면, 화장장에서는 관을 고열의 전기 화로 속에다 집어넣어 태운다. 관이 전기 화로 속으로 들어가고, 유족들과 문상객들은 대기실에서 기다리는데, 대기실 창에는 고인의 이름과 함께 '소각 중'이라는 문자등이 켜진다. 30~40분 정도 지나고 나면 '소각 완료', 또 10분쯤 지나면 '냉각 중'이라는 문자등이 켜진다. 문자등이 켜지는 데 따라서 모든 일이 자동적으로 신속하게 진행된다. '냉각 완료'가 되면 흰 골분이 줄줄이 컨베이어 벨트에 실려서 나오는데, 성인 한 사람 분의 골분이 한 되 반 정도란다.

화장장 직원이 골분을 봉투에 담아 유족들에게 건넨다. 유족들은 미리 준비한 용기에 골분을 담아서 나오는데, 용기는 유족의 선택에 따라 여러 가지다. 더러는 목재나 사기로 된 것도 있고, 또 더러는 옥이나 기타 금속으로 만든 것도 있다. 유골함에 든 유골의 처리방식도 유족의 선택에 따라서 다르다. 어떤 유족들은 골분을 산이나 물에 뿌려서 없애기도 하고, 수목장이라는 이름으로 나무 밑에 묻기도 한다. 더러는 공사설(公私設) 시설로 마련된 소위 공원묘지에서 마련한 땅에 묻기도 하고, 간혹은 특수한 시설, 이른바 납골당이라는 이름의 시설에 보관하는 등, 여러 가지 방식이 있다. 그 어느 방식도 과거 우리의 전통 방식과는 거리가 멀고, 사자(死者)를 위한 방식이라기보다는 생자(生者)의 편리를 위한 방식인 것 같다.

인간은 흙에서 나서 흙으로 돌아간다고 한다. 그래서 흙은 생명의 시작이요, 종말이다. 그러므로 그 어떤 생명도 흙에서가 아니면 완전하고 최종적인 안식과 평안을 누릴 수 있을 것 같지 않다. 그래서 과거에는 동서양을 막론하고 대다수 민족들의 장례방식이 사체를 땅에다 묻어 흙으로 돌아가게 하는 매장방식이 일반적이었다. 땅이야 말로 사자가 영원한 안식과 평안에 들 수 있는 곳이기 때문이다.

우리 민족 역시 오랫동안 사체를 땅에다 묻는 매장방식을 사용해 왔다. 이 점에선 서양 사람들도 마찬가지다. 차이가 있다면 서양 사람들은 땅에 묻어도 주로 평장을 해왔지만, 동양, 특히 우리나라에서는 사체를 땅에 묻고나서 그 위에다 흙을 쌓아올려 봉분을 만드는 것이 관례였다. 그래서 흔히 봉분의 크기로써 사자나 후손의 위세를 과시하려는 경향이 있었다. 고대의 왕릉이나 고관대작의 무덤 봉분을 보면 이해가 갈 것이다.

사체를 땅에 묻고, 그 위에 둥그렇게 봉분을 쌓아올린 형태를 우리는 무덤이라고 한다. 그런데 곰곰 생각해 보면 이 '무덤'이란 말처럼 적절한 말이 없을 것 같다. '무'는 생명이 죽고 난 후에 도달하는 상태이다. 죽고나면 아무 것도 없다. 즉 무(無)로 돌아간다. 그러고 나니 인생이 너무 허무하다. 그 허무를 달래기 위하여 덤으로 붙여주는 게 곧 '무덤'이다. 그러므로 무덤은 곧 무(無)의 덤이다. 그래서 생자는 무덤으로서 사자를 위로한다. 이는 자연의 질서로서나 인륜의 도리로서나 맞는 것 같다. 그런데 요즘 장례방식은 그 '무덤'조차도 없애버리다니, 너무 야박하지 않은가? 아니 야박 여부를 떠나서 이건 자연의 질서도, 인륜의 도리도 아니지 않은가?

내가 바쁜 아들을 데리고 고향의 골안묘원으로 가고자 한 것은 바로 이 때문이었다. 즉 이 사실을, 이 기본적인 자연의 질서와 인륜의 도리를 아들에게 깨우쳐 주고자 함이었다.

"아들아, 여기는 우리 가문의 공동묘지인 동래정씨 골안묘원이다. 너의 조부모님이 이곳에 묻혀 있고, 나와 너의 엄마도 언젠가 이 세상을 떠나게 되면 와서 묻힐 곳이 바로 여기다. 너의 조부모님 무덤처럼 봉분을 크게 할 필요는 없다. 그러나 나와 너의 엄마가 영원한 안식에 들 곳은 바로 이 곳, 이 땅이니 그리 알고, 행여 다른 생각을랑 말아라."

"아버지, 무슨 그런 말씀을 벌써 하세요." 아들은 다소 황망해하는 표정이었다.

"아니다. 벌써가 아니고 지금이 해야 할 때다. 너의 엄마가 이미 70에 가까웠고, 나는 이미 70대 후반이 아니냐. 그리고 너는 멀리 외국에 나가 있으니, 이번 기회를 놓치면 언제 또 이런 말 할 수 있는 기회가 올지 어찌 알겠느냐. 그러니 미리 일러서 마음에 새겨두라는 뜻이니, 그리 알아라."

그러고 골안묘원 묘소마다에 아들과 함께 재배를 올리고 돌아왔다. 돌아오는 찻간에서 아들도 나도 별 말이 없었다. 하지만 우리 부자는 무언중에 무덤의 의미를 되새기고 있었다.

어느 것이 나의 참 모습인가?

오랜만에 외국에 나갈 일이 생겨서 여권을 챙겨 보았다. 책상 서랍 한쪽 귀퉁이 여권을 넣어둔 곳을 뒤졌다. 거기 여러 개의 여권이 쌓여 있었다. 쌓여 있는 여권을 다 꺼내어 하나하나 살펴보았다.

내가 맨 처음 발급 받은 여권은 발급일이 1982년 12월 16일로 적혀 있었다. 그때는 외국에 한번 나간다는 것도 쉽지 않았고, 여권을 발급 받기도 힘들었다. 여권 유효기간은 5년간이었다. 그러다 보니 그 후로도 유효기간이 지나 외국에 나갈 일이 생기면 5년마다 한 번씩 여권 재발급을 받아야 했다. 그렇게 재발급을 받은 여권이 모두 6개나 되었다. 맨 마지막으로 발급 받은 여권은 발급일이 2011년 8월 12일이었다. 그리고 그때부터는 유효기간이 10년으로 연장되어서 기간 만료일이 2021년 8월 12일까지였다. 그러니 아직도 유효기간이 2년 6개월가량 남아 있는 셈이다.

여권 맨 앞장에는 인적사항이 기재되어 있고, 본인 사진이 붙어 있다. 그러니까 6개의 여권마다 각기 다른 사진이 붙어 있었다. 엄밀히 말하면 모두가 다 내 사진인데, 사진마다가 각기 다른 모습을 하고 있었다. 맨 처음 1982년도 사진은 30대 후반의 새파랗게 젊은 내 모습이고, 그 뒤로 연차적으로 점차 모습이 변해 가다가, 맨 마지막 2011년 때 모습은 60대 후반의 완전 늙은이가 되어버린 내 모습이었다. 맨 앞 사진은 다소 장발에다 머리숱도 빽빽한데, 그것이 뒤로 갈수록 점차 줄어지다가, 맨 마지막 2011년의 모습은 앞머리가 거의 다 빠져버린 완전 대머리였다. 그로부터 지금까지 또 8년여, 이제는 대머리에다 남은 머리도 백발로 변한, 그때보다 훨씬 더 늙어버린 내 모습을 거울을 통해서 본다. 어느 것이 나의 참 모습인가?

문득 옛 시 한 구절이 떠올랐다.

> 年年歲歲花相似　해마다 피는 꽃은 서로 비슷하건만
> 歲歲年年人不同　해마다 보는 사람 모습은 같지 않네

당나라 시인 유희이(劉希夷)의 「대비백두옹(代悲白頭翁)」(백발노인의 슬픔을 대신하여)이라는 7언고시(七言古詩)에 나오는 구절이다.

금년에도 또 한 번 새해를 맞고, 설도 넘겼다. 설을 넘기고 나서 얼마 지나지 않으니 매화가 피기 시작한다. 내가 지금 살고 있는 이곳 부산 외곽의 정관신도시에는 곳곳에 매화나무가 심어져 있어 해마다 이맘때가 되면 여기저기서 피고 있는 매화를 쉽게 볼 수 있다. 매화에는 백매와 청매가 있고, 간혹 가다 홍매도 눈에 띤다. 백매는 꽃받침이 약간 적갈색을 띠지만, 청매는 꽃받침이 약간 청록색을 띠어 더욱 청신해 보인다. 간혹 드물게 눈에 띠는 홍매는 글자 그대로 붉은 색이라 백매와 청매보다 더 고혹적이다. 그러나 그뿐, 같은 종, 같은 나무에서 해마다 새롭게 피는 매화들의 모습에서 나는 더 이상의 어떤 차이도, 변화도 발견하지 못한다.

앞으로 피게 될 개나리와 목련과 진달래와 벚꽃도 역시 마찬가지리라. 나는 해마다 피는 그 꽃들에서 작년에 핀 꽃과 금년에 피는 꽃이 같은 종일 경우, 그들에게서 그 어떤 차이도 발견하지 못한다. 그런데 그 꽃을 바라보는 내 자신의 모습은 해마다 조금씩 변해 왔음을 저 사진들이 증명하고 있지 아니한가.

사실 사람의 모습은 자기 자신은 잘 느끼지 못할지라도 시시각각으로 조금씩 변하고 있다 한다. 인체는 세포로 구성되어 있다. 그런데 그 세포는 끊임없이 생성과 소멸을 반복하는데, 반년 또는 1년 정도 지나면 우리 몸의 세포가 거의 다 새로운 세포로 대체된다는 것이다. 결국 생명이란 끊임없는 생성과 소멸의 흐름을 반복하면서 변화하는 것이며, 그 흐름과 변화를 멈춘다면 생명체는 죽고 만다. 즉 흐름이 막혀서 변화를 멈춘 생명체는 이미 죽은 생명체이다. 그러므로 우리의 인체가 살아 있는 동안은 어떤 고정된 실체로서가 아니라 끊임없이 변화하는 흐름 속에 있는 구성물에 지나지 않는다는 것이다.

그렇다면 사람뿐만 아니라 꽃도 역시 마찬가지일 터. 꽃도 역시 생명체인 이상 작년에 피었던 꽃과 금년에 피는 꽃은 아무리 같은 꽃이라 할지라도 서로 꼭 같을 수가 없을 터. 단지 우리가 그 미세한 차이를 지각하지 못할 따름이다. 그러므로 해마다 피는 꽃이 서로 같다고 느끼면서 그 미세한 차이를 지각하지 못하는 것은 우리의 착각일 따름이다.

우리의 착각은 그 외에도 많다. 우리는 흔히 자기 자신이 어떤 변함없는 실체인양 착각하고 있고, 또 그 실체가 어떤 변함없는 본질로 구성되어 있는 양 착각하고 있다. 그러나 이 세상에는 불변적 고정적 실체라고 말할 수 있는 것도 없고, 그런 실체를 구성하는 변함없는 본질이란 것도 없다. 그러므로 모든 생명 현상은 끊임없는 변화의 흐름 속에서 나타나는 일시적인 현상일 따름이다.

사실 나의 모습은 6개의 여권 속에 붙여진 사진으로서의 각기 다른 모습만이 아니다. 나의 모습은 내가 이 세상에 태어났을 때부터 시작하여 앞으로 언젠가 이 세상을 떠날 때까지 매순간 끊임없이 변화해 왔고, 또 변화해 갈 것이다. 그렇다면 매 순간 끊임없이 변화하고, 또 변화해갈 내 모습 중에 언제 어느 때의 모습이 나의 참 모습이란 말인가? 그리고 또 매 순간 나를 구성하는 나의 세포 중에서 어느 순간의 세포가 진정한 나의 본질을 구성하는 것인가? 그리고 또 매 순간 변화해온 내 의식의 흐름 가운데서 언제 어느 순간의 의식이 진정한 내 의식의 본질이란 말인가?

그러고 보면 진정한 나의 실체, 그 실체를 구성하는 나의 본질이란 없는 것이다. 있는 것은 단지 시시각각으로 변화해온 나 그리고 앞으로도 변화해갈 내가 있을 뿐이다. 그러므로 그 어느 것도 나의 참 모습은 아니다. 나의 참 모습이란 없다.

5부

음수사원

AI

독감은 사람이 걸리는 건 줄 알았다. 그런데 사람이 아닌 짐승, 짐승 중에서 조류도 독감에 걸리는 모양이다. 조류 독감을 영어로 AI(Avian Influenza)라고 하는가 본데, 인공 지능도 AI(Artificial Intelligence)니, 자칫 헷갈리기가 쉽다.

과거엔 들어본 적도 없는 이 AI가 요즘엔 여간 기승을 부리지 않는다. 요즘 와서 4차산업혁명이니, AI니 하는 말들이 거의 모든 분야에서 활개를 치고 나대더니, 또 다른 AI, 즉 조류 독감 AI도 걸핏하면 뉴스를 탄다. 지난 겨울 전국적으로 AI가 확산되어 많은 닭과 가금류가 폐사, 또는 살처분되어 달걀과 닭고기 파동을 겪는 등, 난리를 피웠던 것이 불과 엊그제 일 같은데, 금년엔 6월초에 또 AI가 발생했다고 야단들이다.

독감이란 게 본래 겨울에 나타나는 질환이라, 조류 독감 AI도 지금까진 대개 겨울철에 발생했던 것 같다. AI가 주로 철새에 의해 전파되는 것이고, 그래서 철새가 이동하는 늦가을부터 시작해서 주로 겨울철에 발생하는 것이 상식적으로도 맞는 일이다. 그런데 금년엔 여름에 접어드는 6월초에 AI가 발생했다고 또 난리다. 처음 군산의 한 오골계 농장에서 발생하여, 여기서 닭을 사 간 제주, 파주, 양산, 기장 지역으로 확산 중이란다. 기장은 지금 내가 살고 있는 지역이고, 양산은 내가 태어나서 유소년 시절을 보냈던 고향이니, 어찌 무심할 수 있겠는가.

AI가 발생하여 그것이 뉴스 전파를 타고 방송이 되는 걸 보면, 으레 등장하는 장면이 금지구역을 설정하여 통행을 제한하고, 방역복을 입은 사람들이 닭이나 오리 등을 사육하는 사육장과 그 주변을 소독하는 장면, 그리고 이미 AI가 발생한 지역 사육장의 닭과 오리 등, 가금류들을 무차별적으로 살처분하여 땅에 파묻는 장면 등이다. 끔찍한 학살 장면이 아닐 수 없다. 닭도 오리도 가축이고 생명인데, 생명을 저런 식으로 마구 다루어도 되는 것인가 하는 의문이 들기도 한다.

그런데 화면에 나오는 사육장 광경을 보면 더 끔찍하다. 닭의 경우, 한 마리 한 마리가 모두 너무나 비좁은 철망 우리에 갇혀서 도무지 운신을 할 수가 없고, 그런 철망 우리가 층층이 포개진 것이 마치 닭을 짐짝처럼 가득 포개놓은 것과 같다. 오리는 닭처럼 한 마리, 한 마리를 분리 수용하지 않고 함께 수용하고 있는데, 그 역시 한정된 좁은 공간에 빽빽하고 지저분하게 밀집 사육되고 있다.

어린 시절, 고향집에서 길렀던 닭들 모습이 떠오른다. 그 닭들은 하루 종일 마당에서 자유롭게 돌아다니며 스스로 먹이를 찾고 놀았다. 암탉은 병아리를 까서 데리고 다녔는데, 어미닭을 좇아 다니는 어린 병아리들이 참으로 귀여웠다. 저녁이 되면 닭들은 스스로 닭장 속으로 찾아 들어가 밤을 새웠다. 그리고 수탉은 새벽이 되면 "꼬끼요~!"하고 목청을 길게 뽑아 울며 새벽을 알렸다. 당시 시골에선 시계가 없어도 닭 우는 소리를 듣고 사람들은 잠에서 깨어나곤 했다.

그때 시골 농가에서 몇 마리씩 기르던 닭들의 환경과 지금 대량으로 사육되고 있는 저 닭들의 환경은 천국과 지옥의 차이만큼이나 다르다. 그땐 닭들이 무슨 전염병에 걸려 집단적으로 죽거나 죽여야 한다는 사실을 상상조차 해본 적이 없다. 닭들뿐만 아니라 다른 가축들, 예컨대 소나 개나 돼지도 각 농가에서 한두 마리씩 기르면서 필요에 따라 이용을 하기는 했지만, 그야말로 가정의 가축으로서 사람과 동물이 친밀한 가족적인 관계를 유지했다.

그러던 것이 사회가 점점 고도 산업사회가 되고, 소비지상주의로 변모해 가면서 동물의 사육방식도 변화해 갔다. 이제 동물은 가축의 개념을 떠나 이윤추구의 수단이 되었다. 그래 최소 공간에서 최대 다수의 동물들을 사육하려다 보니, 사육환경이 나빠질 수밖에 없다. 사육환경이 나빠지니, 각종 전염병이 생기고, 생겼다하면 급속히 전파되는 건 당연한 결과이다.

사실 우리나라에서 AI가 처음 발생한 것은 그리 오래 된 일이 아니다. 2003년 12월 충청북도 음성군에서 AI가 처음으로 발생했다고 한다. 그것이 10개 시군으로 전파되어 닭과 오리 등, 가금류 500만 마리가 살처분되었다. 그 후로 2006년 11월에 5개 시군에서 AI가 발생, 가금류 280만 마리가 살처분되었고, 2008년에는 19개 시군으로 전파 1,000만 마리가, 2014년 1월에는 전라북도 고창에서 발생한 AI가 전국으로 확산, 그 해 5월까지 지속되어 1,400만 마리가 살처분되었다. 또 2016년 10월에는 천안에서 발생한 AI가 해를 넘기면서 제주도를 제외한 전국 각지로 전파되어 그 해 말까지 약 3,000만 마리가 살처분되고, 달걀값이 폭등하여 외국에서 수입을 하는 등, 난리를 피웠다. 그러던 것이 금년에는 벌써 6월초에 AI가 발생했다니, 이제 AI라는 이 불청객은 계절을 가리지 않고 찾아오는 것 같다.

그러고 보면, AI는 해가 갈수록 계절적으로도, 지역적으로도, 숫적으로도 점점 더 확산되는 추세이다. 이런 식으로 점점 더 확산되어 간다면, 그 확산의 추세가 어디까지 갈 것인가? 그리고 AI로 살처분되어 땅에 묻은 그 엄청난 수의 폐사체는 또 어떻게 될 것인가? 생각할수록 끔찍한 일이 아닐 수 없다. 그리고 이 끔찍한 일은 그 모두가 결국 인간 스스로의 탐욕이 초래한 재앙이라는 생각이 든다.

지구상의 모든 생명들은 서로가 서로를 먹고 사는 먹이사슬을 이루고 있다. 보다 약한 동물은 보다 강한 동물의 먹이가 된다. 그렇게 엮어진 먹이사슬의 최고 정점에 인간이 있다. 인간은 육체적인 힘에 의한 강자가 아니라 지능적인 힘에 의한 강자가 되어 지구상의 모든 다른 동식물을 지배하여 먹이로 삼는 최고 포식자가 되었다. 그런데 오늘날 인간들은 지구상의 자연 상태의 먹이사슬에 만족하지 않고 그것을 인공적으로 확장하고 있다. 소와 돼지 같은 포유동물도, 닭과 오리 같은 조류동물도, 수중의 각종 어패류들도 인간은 그들을 자신의 먹잇감으로 삼기 위하여 인공적으로 그 개체수를 늘여서 집단적으로 사육하기에 이르렀다. 그런데 그 인공의 사육 방식이 자연 상태의 질서와 건강을 상실함으로써 각종 부작용이 발생하게 된다. AI도 그렇게 해서 생겨난 부작용 중의 하나이다.

인간이 스스로 초래한 이러한 부작용은 결국 인간 스스로에게 재앙으로 다가올 것이다. AI도 결국 인간 스스로가 초래한 재앙이다. 그리고 AI로 인해 살처분해서 땅에 묻은 수백, 수천만 마리 가금류의 폐사체가 앞으로 또 어떠한 재앙으로 인간에게 나타날는지 생각하면 으쓰쓰 소름이 돋는다.

백로와 야생오리

부산광역시 기장군 정관 신도시에는 도시 한가운데를 가로 질러 좌광천이라는 하천이 흐르고 있다. 하천은 병산골이라는 산골짜기에서 발원하여 임랑 해변까지 이어져 바다로 흘러든다. 하천 좌우로 산책로가 잘 조성되어 있어 산책하는 사람들이 끊이지 않는다. 나도 그들 중에 포함된다. 나 역시 이곳에 이사를 오고 난 이후 거의 매일 한두 차례씩은 좌광천변을 산책한다.

내가 사는 아파트가 좌광천변에 가까이 인접해 있기 때문이기도 하지만, 좌광천이 도시에서는 보기 드문 생태 하천으로 잘 가꾸어 놓았기 때문이기도 하다. 하천이 그리 크지도 않고, 작지도 않은 적당한 크기에다 물이 비교적 맑고 깨끗한 편이라서 물 속이 환히 들여다보이는데, 물 속에는 여러 가지 이끼와 수초와 함께 물고기들도 흔히 눈에 띈다. 또한 하천 주변에 여러 가지 다양한 야생화들을 심어두어서 철철이 잎이 돋고, 꽃이 피고 지는 모습들이 눈길과 마음을 사로잡는다.

지금으로부터 5년 전, 내가 이곳 정관 신도시로 처음 이사를 왔을 때만 해도 좌광천변에서 개구리, 두꺼비를 비롯, 뱀을 만난 적도 있었다. 그만큼 이곳은 아직 생태계가 살아 있다는 증거였다. 그러나 해가 갈수록 주변에 인공의 손길이 많이 가해지고, 산책하는 사람들도 늘어가다 보니, 요즘 와서는 그런 동물들이 잘 보이지 않는다. 그런데 그때나 지금이나 여전히 좌광천을 떠나지 않고 있는 동물들이 있다. 바로 백로와 야생오리들이다. 백로와 함께 간혹 왜가리가 보일 때도 있다.

백로와 왜가리는 다 황새 목, 왜가리 과에 속하는 철새이다. 그래서 모양에는 별 차이가 없는데, 단지 색깔에 차이가 있을 뿐이다. 백로는 글자 그대로 깃털이 온통 백색인데 반해, 왜가리는 주로 회색 깃털을 하고 있다. 그래서 우스갯소리로 '왜 흰색을 가리느냐' 해서 왜가리가 됐다는 설도 있다.

그들은 해마다 여름철에 동남아 지역에서 우리나라로 날아와 살다가 늦가을에 다시 동남아로 되돌아가 월동하는 철새라고 한다. 하지만 요즘은 먼 길을 가고 오기가 힘들고 귀찮아서 그런지, 우리나라 남부 지역의 기온이 따뜻해져서 그런지, 그냥 이곳에 눌러앉아 사는 텃새가 된 철새들이 늘어간다고 한다. 이곳 좌광천의 백로와 왜가리들이 바로 그런 텃새가 된 철새들로서 그들은 사철 내내 이곳 좌광천에 머물러 있다.

백로, 왜가리들과 함께 이곳 좌광천을 항시 떠나지 않고 텃새로 눌러앉아 사는 철새가 또 있는데, 바로 야생오리들이다. 원래 우리나라 야생오리들은 청둥오리들로서 주로 겨울철에 우리나라에 와서 월동을 하고 봄이 되면 북쪽으로 떠나갔는데, 요즘 와서는 아예 텃새로 눌러앉은 야생오리들이 많다. 이곳 좌광천에도 4계절 내내 이곳에 눌러앉아 있는 야생오리들을 흔히 볼 수 있다.

나는 조류에 대한 전문 지식이 있는 것도 아니고, 그들에 대해 세세하고 체계적인 공부를 한 바도 없어 그들의 생태에 대해서 더 이상 자세히 아는 바는 없다. 그러나 내가 좌광천변을 산책하면서 그들을 자주 접하다 보니, 그들의 모습과 생태에서 나타나는 차이를 어느 정도는 엿볼 수 있다.

우선 크기와 모양에서 백로나 왜가리는 야생오리와는 비교가 안 될 정도로 크다. 그들은 다리와 목이 길고, 특히 목이 S자로 꼬부라져 있는 것이 특징이다. 색깔은 대부분 흰색 백로들이 많고, 간혹은 회색 왜가리도 어쩌다 눈에 띤다. 특히 백로는 그 크고 우아한 백색의 자태에서 귀태와 기품이 느껴진다. 그들은 짝이나 떼를 잘 짓지 않고 언제나 거의 혼자서 다닌다. 혼자서 고고히 서 있거나, 먹이 사냥을 할 때도 거의 혼자서 그 긴 부리로 잽싸게 물속에 있는 물고기를 잡아채어 집어 올린다. 그러다가 사람이 가까이 접근하면 예민하게 알아채고 그 큰 날개를 활짝 펼치고, 목은 S자로 구부린 채 훨훨 날아가 버린다. 가까이 하기가 무척 어려운 새다.

백로에 비해 야생오리는 몸집도 작고 키도 나지막하고, 색깔도 대개는 갈색으로 별로 볼품이 없다. 원래 청둥오리의 수컷은 머리가 광택이 나는 녹색이고, 목에는 흰색 테두리가 있으며, 가슴은 밤색으로서 갈색 일색인 암컷보다는 모습이 훨씬 멋져 보이지만, 이곳 좌광천에는 그러한 수컷 청둥오리는 거의 보이지 않는다. 대개는 별로 볼품없는 갈색 오리들이 무리를 지어 물 위를 떠다니고 있다. 그들은 사람이 가까이 다가가도 멀리 날아가지 않고, 그냥 물 위에 뜨서 도망칠 뿐이다. 이렇게 물 위를 뜨서 헤엄만 치다보니 아예 날기 기능이 퇴화하여 제대로 날지를 못하고, 날려고도 하지 않는 것 같다. 날개는 있어도 잘 날지 않으니, 용불용설(用不用說) 그대로 날 수 있는 능력이 점차 퇴화하여 아예 이곳에 텃새로 눌러 앉은 건지도 모를 일이다.

문득 "가마귀 싸우는 골에 백로야 가지마라."로 시작하는 옛시조, 포은 정몽주 선생 어머니가 아들을 위해서 지었다는 그 유명한 옛시조가 생각난다. 이 시조에서 가마귀와 백로는 물론 알레고리로 사용되었지만, 실제로 백로는 까마귀 같은 새와 잘 어울리지 않는다. 까마귀뿐만 아니라 다른 어떤 새나 짐승과도 잘 어울리지 않고, 고고하고 고결하고 고독한 모습으로 혼자 있을 때가 많다. 그러한 백로의 모습을 보면 고고하고 고결한 옛 선비나 철인(哲人)의 모습을 방불케 한다.

그에 비해 야생오리는 언제나 무리를 지어 함께 물 위를 떠다닌다. 모습도 물 위에 뜨 있는 작은 조각배처럼 납작 수면에 붙어 다니고, 깃털 빛도 갈색으로 별로 눈을 끌만한 색이 못된다. 백로에 비해 그저 왜소하고 평범하고, 별 매력이 없다.

그러나 그럼에도 불구하고 이 두 가지 종류의 새들은 이곳 좌광천의 귀한 손님이요, 명물이다. 이들이 있음으로 해서 도심을 흐르는 좌광천이 훨씬 더 생태적 다양성과 조화를 이루면서 운치를 띤다. 나는 부디 좌광천에서 이들이 사라지는 날이 오지 않기를 바란다. 또한 나를 포함한 모든 생명체들이 이곳 정관 신도시와 좌광천에서 서로 조화와 균형을 이루면서 평화롭게 살아갈 수 있기를 바란다.

음수사원

음수사원(飮水思源), 물을 마시면 그 근원을 생각하라는 말이다. 이 말은 원체 유명한 말이라서 새삼 덧붙일 것도 없다. 이미 여러 유명 인사들이 즐겨 사용했고, 얼마 전에는 중국 시진핑(習近平) 국가주석이 항저우(抗州)에서 박근혜 전 대통령과 정상회담을 할 때 사용함으로써 더욱 유명해졌다.

지금 나는 정관신도시에 거주하는 주민이다. 나는 내가 매일 사용하는 수돗물이 어디서 오는지 사실 잘 몰랐다. 이래서는 안 되겠다 싶어 하루는 부산시 상수도 사업본부에 전화를 해서 물어보았다. 정관 역시 부산시에 속해 있으므로 명장정수장에서 수도관을 통해서 수돗물이 공급되는데, 명장정수장 물은 회동수원지에서 공급된단다. 그러니까 내가 사용하는 수돗물의 근원은 회동수원지인 셈이다. 회동수원지 물은 주변 여러 하천에서 흘러들고, 특별한 갈수기에는 간혹 낙동강 물이 일부 유입되는 경우도 있단다.

정관신도시에는 도심 한가운데를 거쳐 임랑해수욕장으로 흘러드는 좌광천이라는 하천이 있다. 주변이 잘 정비되어 있어서 하천길을 따라 산책하는 사람들이 많다. 나도 그중 하나다. 그런데 이 좌광천의 근원이 어디인지 궁금해졌다. 좌광천 위쪽에 병산저수지가 있어 그 물이 좌광천으로 흘러든다는 건 알고 있다. 하지만 그 병산저수지 물은 또 어디서 흘러드는가? 한번은 작심하고 그 근원을 탐색해 보기로 했다.

이른 새벽 혼자서 준비를 갖추고 출발했다. 병산저수지를 지나면 곧 병산마을이 나온다. 마을을 지나 산꼭대기에 있는 해운대컨트리클럽으로 가는 포장도로를 한참 따라가다 보면 오른쪽으로 깊숙한 계곡이 이어지고, 계곡에는 맑은 물이 흘러내린다. 아마도 그 계곡물의 발원지가 좌광천의 근원일 것이라고 짐작한다.

그 계곡을 따라 계속 올라갔다. 한참을 올라가다 보니 산길도 끊어지고 험한 계곡만 계속해서 이어졌다. 아마도 이 계곡이 끝나는 지점 어디쯤 계곡물의 발원지를 만날 수 있으리라. 깊은 골짜기에서 솟구치는 맑은 옹달샘이거나, 어쩌면 선녀들이 내려와 목욕을 함직한 시리고 맑은 물이 고인 소(沼) 같은 것이 나타나지 않겠는가.

낙동강의 발원지는 강원도 태백시에 있는 황지(黃池)라 하고, 한강의 발원지 역시 태백시의 검룡소(儉龍沼)라고 들었다. 좌광천의 발원지를 만나면 내가 최초로 적합한 이름을 지어주어야지. 혼자 마음속으로 그런 기대를 하며 험한 계곡을 오르고 또 올랐다. 마침

내 계곡이 끝나는 지점에 다다랐다. 눈앞에 높은 축대 같은 것이 시야를 가로막으면서 그 축대 밑에 인공의 배수관이 설치되어 있고, 그 배수관에서 물이 뿜어져 나오는 것이 아닌가! 그 물이 조그만 웅덩이를 이루고 있는데, 물빛이 기대한대로 맑지가 않고 우중충했다.

주위를 찬찬히 살펴보니, 그제야 이해가 갔다. 눈앞을 가로막는 높은 축대 위쪽으로는 자동차가 즐비하게 늘어서 있다. 그 위쪽은 바로 해운대컨트리클럽이었던 것이다. 해운대와는 거리가 멀어도 한참 먼 그곳 산 위에 뜬금없이 '해운대컨트리클럽'이라는 골프장이 들어서 있는 건 전부터 알고 있었다. 저 물은 바로 그 골프장에서 인공의 배수관을 통하여 흘러내리는 물인 것이다. 그렇다면 그 물은 그 골프장에서 이런저런 용도로 이미 사용했다 배출하는 오염된 물이 아니겠는가. 이 심심산골에서 흘러내리는 물빛이 어쩐지 맑지 않고 우중충한 이유를 알만했다.

좌광천의 발원지에 이런 내막이 숨어 있었다니. 차라리 모르는 게 약이 아니었을까? 이 발원지에 이름을 붙인다면 무어라고 붙일 수 있을까? 부원소(腐源沼)라 할까, 탁원소(濁源沼)라 할까? 그러고 보니 그 우중충한 물빛에서는 자본과 권력이 결탁했을 때 흔히 나타나는 혼탁한 빛이 느껴졌다.

예로부터 윗물이 맑아야 아랫물도 맑다 했거늘…….

제비가 오지 않는다

정이월 다가고 삼월이라네.
강남 갔던 제비가 돌아오면은
이 땅에도 또다시 봄이 온다네.

어릴 때 흔히 듣고 또 불렀던 노래 가사다. 사실 우리가 어릴 때는 봄이 오면 겨울동안 볼 수 없었던 제비가 반드시 찾아왔다. 그래서 제비가 오면 봄이 왔나부다고 생각할 정도였고, 제비는 으레 강남에서 온다고들 생각했다.

지금은 강남이라고 하면 다들 서울 강남을 연상하겠지만, 그때는 강남이 어딘지 정확히는 모르지만 막연히 겨울이 없는 따뜻한 남쪽 나라라고 생각했다. 그래서 우리나라에 겨울이 오면 제비는 따뜻한 남쪽 나라, 즉 강남으로 갔다가, 봄이 오면 그 강남에서 다시 우리나라로 돌아온다고들 생각했다. 그래서 위와 같은 노래가 아주 자연스럽게 생겨나고 불려졌던 것이다.

제비는 대개 시골 초가집이나 기와집 같은 인가(人家)의 처마 밑에 집을 짓는다. 제비는 철저히 일부일처제로 짝짓기를 하며 부부 금슬이 아주 좋다고 한다. 암수가 함께 열심히 진흙이나 지푸라기 등을 물어다가 처마 밑에 집을 짓고나서 그 집에다 알을 낳고 새끼를 부화한다. 새끼가 알에서 깨어나면 새끼들에게 먹이를 주기 위하여 제비 부부는 열심히 먹잇감을 사냥하여 물어 나른다. 어린 새끼들은 노란 테두리의 주둥이를 한껏 벌려서 서로 먹이를 달라고 짹짹거린다. 그 주둥이에 모두 먹이를 넣어주기 위하여 쉴 새 없이 먹이를 물어나르는 제비 부부를 볼라치면, 자식을 위한 그들의 수고와 정성이 사람에 못지않다.

그렇게 해서 새끼가 다 자라고 어느새 가을이 깊어지면 수많은 제비들이 전선이나 빨랫줄 같은 데 무리를 지어 까맣게 모여앉아 뭐라고 지지배배거리는 모습을 본다. 겨울을 나기 위해 머나먼 강남으로 떠나기 전에 그동안 정들었던 이 땅에 이별을 고하는 인사요, 의식인 것 같다. 그러고 나서 다시 머나먼 여행을 해서 겨울이 없는 따뜻한 남쪽 나라, 즉 강남으로 날아갔다가 이듬해 봄이 되면 다시 우리나라를 찾아온다.

그러던 제비가 요즘은 통 보이지 않는다. 정이월이 지나고 삼월이 오고, 사월이 와서 봄이 무르익어도 강남 갔던 제비들은 다시 돌아오지 않는다. 내가 사는 곳이 도시권이라서 그런가 싶기도 하지만, 도시가 아닌 시골지역도 역시 마찬가지다.

한번은 고향 친구에게 전화로 물어보았다. 내 고향은 경남 양산이다. 양산도 과거에는 완전 농촌지역이었지만, 지금은 시로 바뀌면서 공장도 많이 생기고, 고층 아파트도 많이 들어서 도시화가 급속히 이루어지고 있다. 그러나 내가 어린 시절을 보냈던 고향마을은 아직도 옛날의 농촌 모습을 거의 그대로 유지하고 있다.

그 고향마을을 떠나지 않고 아직 그곳에서 살고 있는 그 친구에게 요즘 그곳에선 제비를 볼 수 있느냐고 물어보았다. 그랬더니 그 친구 왈(曰), 요즘은 제비뿐 아니라 볼 수 없어진 것이 참 많아졌단다. 우리가 어린 시절에 그렇게 흔히 보았던 종달새마저도 볼 수 없고, 그밖에 미꾸라지나 고둥, 가재, 게, 다슬기, 그리고 여름밤을 밝히던 반딧불이 같은 것들도 다 사라지고 말았단다. 벌과 잠자리 같은 곤충들도 간혹 보이긴 하지만, 예전처럼 그렇게 흔하지 않고 개체수가 많이 줄어지고 있단다.

"저런, 세상에...!" 나도 모르게 입에서 저절로 탄식이 터져 나왔다. 문득 『침묵의 봄(*Silent Spring*)』이라는 레이첼 카슨(Rachel Carson)의 책이 생각났다. 그 책은 1960년대 초에 미국에서 출판되어 전 세계적으로 파급된 생태학 분야의 고전적인 책이다. 우리나라에서도 번역이 되어 널리 읽힌 것으로 알고 있다.

저자는 그 책에서 인간이 해충을 없애기 위하여 고안한 DDT 같은 화학 살충제가 지구 생태계에 어떤 치명적인 결과를 초래하는지를 과학적인 논증을 통하여 설득력 있게 기술하고 있다. 화학 살충제로 인한 곤충의 박멸은 그러한 곤충을 먹고 사는 새를 사라지게 함으로써 봄이 와도 새가 노래하지 않는 '침묵의 봄'이 되고 만다. 지구상의 동식물들이 서로 먹이사슬을 이루고 있는 생태계에서 한 두 가지 종의 생물이 사라지는 것은 그 한 두 가지로 끝나지 않고 생태계 전체 먹이사슬의 파괴를, 그리고 궁극적으로는 그 폐해가 인간에게까지 미치게 된다는 것이다.

그렇다면 지금 이곳에 제비가 보이지 않는 현상을 어떻게 해석해야 할까? 그것은 카슨이 말한 바로 그 '침묵의 봄'이 이곳에도 오고 있다는 의미가 아닐까? 지금 이곳에 봄이 와도 제비가 오지 않는다면, 제비가 서식할 수 있는 환경이 못 된다는 의미일 것이다. 이곳이 제비가 서식할 수 없는 환경이라면 궁극적으로는 인간도 살아갈 수 없는 환경이 될 것이라는 비관적인 전망이 가능하다.

봄이 와도 제비가 오지 않는 이러한 현상은 결국 생태계의 파괴가 일어나고 있는 현상을 의미하는 것이다. 그런데 생태계의 부분적인 파괴는 부분으로서만 끝나지 않고, 그 부분이 점점 확산되어 궁극적으로는 생태계 전체의 파괴로 이어진다는 점에 문제의 심각성이 있다.

침묵의 봄은 결국 죽음의 봄으로 화해가는 한 과정인 것이다.

철새를 찾아서

KBS 9시 뉴스에서 부산지방 뉴스를 보다가 낙동강 하구 철새 도래지에 요즘 찾아오는 철새 수가 갈수록 줄어들고 있다는 소식을 접했다. 원인은 과거에 비해 갯벌이 줄고, 주변 환경이 철새들을 위해서는 갈수록 나빠져 가고 있기 때문이란다. 지금은 겨울철, 철새들이 한창 많이 찾을 무렵인데, 도대체 어떤 상태로 어느 정도나 찾고 있는지 궁금해져서 현장을 한번 방문 확인해 보고 싶었다.

그래 지난 2월 초순 어느 날 나는 낙동강 하구 강변 하단을 거쳐 을숙도(乙淑島)를 찾았다. 을숙도는 지금은 행정구역상 부산광역시 사하구 하단1동에 속하지만, 과거에는 김해군에 속했다. 1983년 부산광역시 사하구가 신설되면서 을숙도는 김해군 대저2동에서 사하구 하단1동으로 편입되었고, 낙동강 하류 철새 도래지로서 천연기념물 제 179호로 지정되어 있다. 그런데 지금 을숙도는 과거에 내가 알던 그 을숙도가 아니었다. 하단도 역시 마찬가지였다.

1960~70년대 내 청년 시절, 그때 을숙도는 하단과 분리되어 있는 글자 그대로 온통 갈대숲으로 뒤덮여 있는 강 가운데 섬이었다. 낙동강변이었던 하단도 역시 아직 도시화가 전혀 이루어지지 않은 채 온통 갈대숲으로 뒤덮여 있었고, 갈대숲 가에 늘어서 있던 막걸리를 팔던 주점들 외에는 민가조차 별로 눈에 띄지 않았다. 그때는 하단에서 을숙도로 내왕하는 작은 돛단배 목선이 있어 그 배를 타고 을숙도에 가서 잠시 내렸다가 다시 그 배를 타고 되돌아 나오곤 했던 기억이 난다. 해가 기울어 서쪽 하늘이 노을로 붉게 물들면, 우리들 청춘들은 갈대숲가에 늘어서 있는 막걸리 주점으로 찾아 들어가 막걸리를 마시면서 인생을 논하고, 문학을 논하고, 시 구절을 읊조리곤 했다. 더러는 통기타를 치면서 사랑을 노래하는 젊은 청춘들도 있었다. 그때는 하단도, 을숙도도 그냥 갈대숲에 뒤덮인 자연 상태 그대로의 강변이요, 강 가운데 섬이었다.

그로부터 5~60년이 지난 지금, 세상은 너무나 변해 있었다. 하단은 완전 도시화가 이루어져 갈대숲과 막걸리 주점은 온데 간데 없고, 온통 고층 건물과 아파트 숲 사이로 간선도로와 지하철이 지나가고 있었다. 을숙도 위로는 낙동강 하구둑과 을숙도대교가 설치되어 육지와 연결되어 있었고, 그래서 자동차가 얼마든지 드나들 수 있게 되어 있었다. 나도 자동차를 몰고 을숙도로 들어갔다. 을숙도 안에도 을숙도문화회관, 낙동강하구에코센터, 부산야생동물치료센터, 부산현대미술관, 낙동강하구탐방체험장 등, 크고 작은 건물과 시설들이 곳곳에 설치되어 있었다. 그러니 을숙도만 하더라도 지금은 과거에 비해 얼마나 많은 인공시설들이 들어서서 자연 그대로의 생태환경을 훼손해놓고 있는지 모를 지경이었다.

내가 먼저 찾아간 곳이 낙동강하구에코센터였다. 을숙도는 고구마처럼 길쭉하게 생겼는데, 중간 지점에서 서쪽 편에 에코센터가 위치해 있었다. 2007년 2월에 개관한 이래 지금까지 낙동강 하구 생태환경과 철새 탐조를 위해 여러 가지 시설을 갖추어 두고 있는 건물이었다. 2층에 올라가자 철새들을 직접 관측 조망할 수 있도록 투명한 유리벽이 설치된 조망대가 있고, 군데군데 망원경까지 설치되어 있었다. 그런데 내가 그곳에서 볼 수 있는 철새들은 실제로 그 수가 얼마 되지 않았다.

우리나라 중부 이북 지역에서는 겨울철에 물이 어는데 비해, 한반도 최남단인 이곳 낙동강 하류지역은 겨울철에도 물이 얼지 않아서 해마다 수많은 철새들이 찾아와 겨울을 나는 곳이다. 넓적부리도요, 재두루미. 저어새, 맹금류 등 멸종위기종은 물론 오리류, 기러기류, 고니류, 갈매기류, 가마우지류, 수리류 등도 찾아온다고 한다. 그리하여 이 지역에서 지금까지 채집 또는 관찰 기록된 조류는 140여종 3만여 마리에 이른다고 한다.

하지만 최근에는 이 지역에서 진행되어온 대규모 매립공사, 하구둑 건설, 여러 가지 용도의 건물이나 시설물 건설에다 주변의 폐수에 의한 수질 오염 및 농지 개간 등으로 인한 서식지 파괴로 이곳을 찾는 철새들의 종류와 개체수가 갈수록 감소하고 있는 추세란다. 그리하여 1974년에 확인된 종은 137종이었으나, 1992년에는 90종 미만으로 감소하였고, 개체수도 급격히 줄어들고 있는 추세란다. 특히 큰고니는 2000년대에는 5000개체 이상이 월동하는 것으로 나타났지만, 2008년에는 3,000개체 미만으로 감소하였단다.

실제로 이 날 내가 이곳 에코센터 2층 조망대에서 관측할 수 있는 철새 수는 모처럼 찾아간 내 기대에 너무나 미흡했다. 육안으로는 제대로 파악이 어렵고, 망원경으로도 전체 조망이 쉽지 않아 정확한 파악을 할 수는 없었지만, 종도 얼마 되지 않은 것 같았고, 개체수도 고작 수백마리 정도에 불과한 것 같았다. 물론 을숙도 철새 도래지가 이곳이 전부는 아니고, 다른 곳에도 산재해 있겠지만, 사정은 대개 비슷할 것으로 짐작되었다.

KBS 뉴스 보도가 사실임이 입증되고 있는 현장을 나는 바라보고 있었다. 모처럼 나온 철새 탐방에서 나는 반가움과 기쁨보다는 뭔가 씁쓸한 감을 느끼고 있었다. 철새가 이렇게 줄어든 이유는 무엇일까? 그러한 의문에 대한 대답은 하단과 을숙도의 주변환경의 변화가 이미 말해주고 있었다. 여기 이 에코센터만 하더라도 그렇다. 그것은 누구를 위한 에코센터인가? '에코'란 생태학을 뜻하는 영어 '에콜로지(ecology)'에서 따온 말임이 분명한데, 에코(eco)는 원래 그 어원을 찾아보면 그리스어로 집을 뜻하는 오이코스(oikos)에서 나왔다고 한다. 그러므로 에콜로지, 즉 생태학은 모든 생물이 함께 살아가는 집, 즉 자연환경에 대한 연구나 학문을 뜻한다.

지금 을숙도의 자연환경은 어떠한가? 그것은 철새들을 포함해서 모든 생물들이 살아가기에 적합한 집이 되고 있는가? 오히려 그 반대로 인간에 의해 일방적으로 자연환경을 인공적으로 변조하고 파괴한 상태가 아닌가? 어쩌면 여기 이 에코센터 자체가 인간을 위한 것이지, 철새들을 포함 다른 생물들을 위한 시설이 아니지 않은가. 결국 이 에코센터를 비롯, 이곳 을숙도에 들어선 여러가지 시설들과 변형된 환경들은 철새들을 포함 다른 생물들을 위해서는 위협적인 존재가 아닌가?

나는 1960~70년대, 가버린 내 청춘시대와 함께 가버린 그 시대의 하단과 을숙도의 모습과는 너무나 달라져버린 오늘날의 모습을 씁쓸한 기분으로 바라보며 귀갓길에 올랐다.

킬리만자로의 눈

킬리만자로의 눈을 나는 헤밍웨이의 소설을 통해서 처음 알게 되었다. 어네스트 헤밍웨이(Ernest Hemingway; 1899~1961), 그는 다들 알다시피 20세기 미국의 대표적 인기 소설가로서 노벨문학상까지 받았던 인물이다. 그는 수많은 장단편 소설들을 발표했는데, 1936년에 썼던 한 단편소설의 제목이 「킬리만자로의 눈(The Snow of Kilimanjaro)」이다. 이 소설은 서두를 이렇게 시작한다.

> 킬리만자로는 19,710피트의 눈으로 뒤덮인 산이며, 아프리카 대륙에서 제일 높은 산이라고 한다. 서쪽 정상은 마사이어로 '느가예 느가이'라고 불리는데, 신의 집이란 뜻이다. 그 서쪽 정상 근처엔 말라서 얼어붙은 표범의 시체가 하나 있다. 이 표범이 그 높은 산봉우리 위에서 무엇을 찾고 있었는지 설명해줄 수 있는 사람은 아무도 없다.

그러나 그것을 설명해 주는, 아니 설명해 준다기보다도 암시해 주는 것이 있다. 의외에도 그것은 우리나라에서 오래 전에 양인자 작사, 김희갑 작곡에다, 조용필이 노래한 〈킬리만자로의 표범〉이란 대중가요 가사이다. 그 노래는 독백과 노래가 몇 차례 교차 반복하며 진행되는데, 먼저 다음과 같은 독백으로 시작한다.

> 먹이를 찾아 산기슭을 어슬렁거리는 하이에나를 본 일이 있는가.
> 짐승의 썩은 고기만을 찾아다니는 산기슭의 하이에나,
> 나는 하이에나가 아니고 표범이고 싶다.
> 산정 높이 올라가 굶어서 얼어 죽은 눈 덮인 킬리만자로의 그 표범이고 싶다.

여기서 하이에나의 삶과 표범의 죽음이 대비된다. 즉 하이에나는 안전한 산기슭을 어슬렁거리고 헤매면서 다른 짐승의 썩은 고기나 찾아다니는 비루한 삶을 살아가는 야수이다. 같은 야수라도 표범은 그러한 비루한 삶을 거부한다. 그는 비록 굶어서 얼어죽는 한이 있더라도 눈 덮인 킬리만자로 최고봉에 도전한다. 그 고독한 도전의 결과가 눈 덮인 킬리만자로 최고봉에서 말라서 얼어붙은 시체로 나타날지라도.

안타깝게도 나는 아직까지 아프리카 땅을 밟아본 적이 없다. 그러니 동 아프리카 적도 가까이에서 우뚝 높이 솟아올라 해발 5,895m에 이르며, 정상에는 항상 만년설을 이고 있다는 킬리만자

로에는 더더구나 도전해본 적이 없다. 그럼에도 불구하고 내가 킬리만자로에 대해서 내심 관심과 동경을 항상 품고 있었다면 그것은 전적으로 앞서 언급한 헤밍웨이의 소설과 조용필의 노래 가사에 나오는 그 독백 때문이었다.

그런데 얼마 전 나는 어느 신문기사에서 "만년설 잃고 에어컨 트는 킬리만자로"라는 헤드 타이틀과 함께 산정의 눈이 거의 녹아서 사라져버린 킬리만자로의 사진을 보고 깜짝 놀랐다. 기사의 내용에 따르면 1만2천여 년 동안 녹은 적이 없었던 킬리만자로산의 빙하가 녹고 있는데, 지금 속도대로라면 2030년에는 만년설이 완전 사라질지 모른다는 것이다. 그러한 변화는 20여 년 전부터 포착되기 시작했고, 지금 현재는 눈도 빙하도 거의 사라지고, 산정의 동쪽 끄트머리 일부에만 조그맣게 눈이 남아 있는 모습이 사진으로도 확인된다.

산정의 만년설은 이 지역 사람들에게는 물과 생명의 근원이었다. 그런데 20여 년 전부터 우기의 강수량이 줄기 시작하여 눈이 녹는 만큼 쌓이지 않으니, 눈도 줄고, 빙하도 줄고, 물도 줄어서 산기슭 주민들의 생활에도 적지 않은 영향을 미칠 수밖에 없었다. 1년 내내 선선하던 킬리만자로 산기슭 해발 1,400m 고원도시가 요즘 와서는 무더워지고 있단다. 몇 년 전부터 상점에는 전에 못 보던 물건들이 등장하기 시작했는데, 그게 바로 에어컨이라는 것이다.

산정의 눈이 녹아서 사라져가는 킬리만자로, 그 킬리만자로에서 이제 표범의 도전은 의미를 잃게 될 것이다. 눈덮인 정상에의 도전을 포기한 표범은 더 이상 킬리만자로의 표범이랄 수 없게 될 것이다. 그러면 조용필의 노래도 더 이상 우리의 가슴을 울릴 수 없을 것이요, 눈이 없는 킬리만자로의 산정은 더 이상 우리의 관심과 동경의 대상이 될 수도 없을 것이 아닌가.

그렇다면, 정상에의 도전을 포기하고, 정상의 눈에 대한 관심과 동경을 잃어버린 우리는 모두가 표범이 아닌 하이에나로 전락하는 것이 아닐까? 하이에나로 전락한 우리는 모두가 기껏 안락한 산기슭이나 헤매며 죽어서 썩어가고 있는 고기나 찾아서 어슬렁거릴 게 아닌가?

인간이 만드는 생태계의 변화가 초래하는 재앙은 결국 인간 자신에게로 되돌아온다는 생태학의 진리가 킬리만자로에서도 지금 실현되고 있는 셈이다.

허수아비

우선 반가웠다. 시대가 변하고 세상이 변하면서 과거에 있다가 사라져버린 것들이 어디 그 뿐일까만은, 그렇게 사라져버려서 잊고 있던 것이 갑자기 눈앞에 나타났을 때의 그런 반가움이었다. 마치 까맣게 잊고 있다 우연히 그리고 갑자기 만난 옛 친구 같았다.

허수아비, 우리가 어릴 때 가을 농촌 들녘에서 흔히 보던 모습, 바로 지금 이맘때쯤 누렇게 벼가 익어가던 들녘의 초가을 풍경에서 빠질 수 없는 것, 대나무나 기타 다른 나무 막대기를 열 십(十)자로 묶어서 볏짚을 두르고, 그 위에다 허름한 헌 옷가지를 입힌 후, 다시 그 위에다 헌 밀짚모자라도 씌워 엉성하게나마 사람의 형상을 한 그 허수아비. 그 허수아비를 지금 여기서 보게될 줄이야...!

이곳 기장군 정관신도시로 이사를 온지 만 3년이 지났다. 와서 보니, 기장에는 온갖 축제가 많다. 기장멸치축제, 기장미역다시마

축제, 기장붕장어축제, 철마한우불고기축제, 정관생태하천학습문화축제, 차성문화제……. 그중 내가 사는 이곳 정관에서 펼쳐지는 축제가 '정관생태하천학습문화축제'라는 꽤 긴 이름의 축제다. 금년에는 지난 9월 24~25일 이틀간 정관 시가지 한 가운데를 흘러가는 좌광천변에서 열렸다.

좌광천변엔 산책로가 잘 조성되어 있어 나는 아침마다 이 산책로를 따라 걷는 것이 아침일과가 되고 있다. 9월 24일, 그 날 아침에도 좌광천변을 걸으면서 보니, 곳곳에 축제의 플래카드가 나부끼고 있고, 또 하천변을 따라 텐트가 즐비하게 늘어서 있었다. 그런데 텐트 열이 끝나는 지점의 잔디밭에 갑자기 아주 이색적인 광경이 시선을 확 끌어 당겼다. 허수아비들이었다.

과거에는 가을 들녘에서 익어가는 곡식을 까먹는 참새떼를 쫒기 위해 사용되었던 허수아비가 지금 여기선 전혀 다른 용도로 서 있었다. 아마도 나이 든 세대들에게는 과거에 그들이 겪었던 농촌생활의 향수를 되살리기 위한 구경거리로, 어린 세대들에게는 과거 농촌풍경의 한 단면을 보여주기 위한 학습용 볼거리로 만들어진 것이 아닌가 싶었다. 어쨌거나 허수아비도 과거에 비해 많이 세련된 모습이다. 과거에는 주로 허름한 흰색 계통의 베옷들을 주로 걸쳤던 데 비해, 지금은 알록달록 여러가지 색상에다 모습도 훨씬 애교스럽게 멋을 내며 늘어서 있다. 그러면서 그들도 여기서 축제장의 한 자리를 차지하고 있었다.

축제엔 볼거리, 먹거리, 즐길거리가 많아야 한다. 볼거리로 눈을 즐겁게 하고, 먹거리로 입을 즐겁게 하고, 기타 즐길거리로 즐거움과 신명을 주어야 한다. 그러고 보면, 이 축제에서 허수아비는 볼거리에 해당할 것이다. 세월이 흐르고 보니, 허수아비의 기능도 변했다. 과거엔 들녘에서 곡식을 쪼아 먹으려고 하는 참새떼를 쫓아 곡식을 지키는 기능이었으나, 지금은 축제마당에서 사람들의 시선을 끄는 볼거리, 구경거리로 변해 있었다.

'허수아비'란 명칭 그 자체에서 이미 허수아비의 역할이 드러난다. '아비'란 본래 '아버지'에 대한 낮춤말이다. 하지만 그것이 '홀아비', '지아비', '싸울아비' 등에서 보듯 중년 이상 나이 든 남자를 두고 두루 쓰이던 말이다. '수아비'란 무엇을 지키는 남자라는 뜻이 된다. 그런데 허수아비란 '아비' 앞에 한자로 빌 허(虛)자에, 지킬 수(守)자가 덧붙여졌으니, 글자 그대로 해석하자면 제 본분이나 직책을 제대로 지키지 못하는 남자를 이르는 말이겠다.

허수아비는 사실 새들을 속여 곡식을 지키기 위하여 만든 사람 형상에 불과하다. 그런데 새들도 반복적인 상황에 따른 학습능력을 가지고 있어, 처음에는 좀 속을지 몰라도 어느 정도 시간이 지나면 허수아비의 팔이나 머리 위에 올라앉아 장난을 치며 논다. 새들도 생각보다 똑똑하다. 이제 허수아비 본래의 효용가치는 끝나고 말았다. 그러다 보니, 요즘 와서는 이렇게 한갓 축제의 볼거리, 구경거리로 명맥을 이어가나 보다.

사람도 허수아비에 비유되는 경우가 있다. 실권 없이 자리만 지키고 있는 사람이나, 제구실은 제대로 못하면서 허세만 부리는 사람을 우리는 곧잘 허수아비에 비유한다. "그 양반, 허수아비 사장이야."하면 아무 실권 없이 사장 자리에만 앉아 있다는 뜻이고, "그 친구, 자기 집에서도 허수아비야."하면 가정에서 가장 노릇을 제대로 못해 가족들로부터도 인정받지 못하고 무시되고 있는 사람이란 뜻이다.

헌데, 지구상의 모든 생물 가운데서 단연 최고의 능력을 갖고, 최고의 지배자로 군림해 왔던 인간이 자칫 허수아비가 될 처지에 내몰리고 있다. 그 가능성을 우리는 지난 3월에 벌어졌던 이세돌과 알파고의 세기의 바둑 대결에서 확인할 수 있었다. 현존하는 바둑계 프로기사들 중 단연 세계 최고수로 알려진 이세돌 9단은 인공지능 알파고와의 대국에서 일반의 예상을 깨고, 5전3선승제에서 단 1승을 거두는데 그쳤다. 인간에 대한 인공지능 알파고의 완승이었다.

그렇다면 앞으로의 인간 운명은 어떻게 될까? 인간이 다른 동물보다 우수하여 다른 동물을 지배하고 이용할 수 있었던 능력은 다른 동물이 갖고 있지 않은 생각하는 능력에서 나왔다. 그래서 데카르트는 "나는 생각한다. 고로 존재한다."라는 유명한 명제를 남겼고, 파스칼은 "인간은 한 개의 갈대에 불과하다. 그러나 생각하는 갈대다."라는 명언을 남겼다. 생각하는 능력, 그것이 바로 인간을 인간으로 자리매김하고, 인간이 지구상의 모든 다른 동식물을 지배하고 이용할 수 있게 하는 능력이었다.

그러나 알파고에서 확인되었듯이, 앞으로 인공지능을 장착한 로봇은 더 이상 인간이 지시하는 대로 움직이는 단순한 기계가 아닌, 스스로가 생각하고 분석하고 판단하고 결정하는 능력까지 보여준다. 그리고 그 능력에서 인간을 능가한다. 그렇다면 앞으로는 로봇이 단순히 인간의 지시를 받고 수동적으로 움직이는 존재에서 역으로 인간을 대체하고 지배하는 존재가 될 수도 있지 않겠는가. 만약에 그런 시대가 온다면, 인간은 로봇이 주인으로 행세하는 시대에 한갓 허수아비로 전락하게 될지 누가 알겠는가.

좌광천변 한쪽 모퉁이에 늘어서 있는 허수아비들을 바라보면서 인간이기에 떠올려보는 헛된(?) 생각이다.

황거누이강

그것은 신선한 충격을 주는 뉴스였다. 뉴질랜드에서 자연의 강인 황거누이강(Whanganui River)에 세계 최초로 인간과 동등한 법적 지위를 부여하는 법안이 통과되었단다. 지난 3월 15일자로 뉴질랜드 의회가 이 법안을 통과시킴으로써 앞으로 누구든지 이 강을 해치거나 더럽히면 사람에게 가한 것과 똑 같은 처벌을 받게 된단다.

황거누이강은 두 개의 큰 섬으로 이루어진 뉴질랜드의 북섬에 있는 강으로서 원주민 마오리족과는 오랜 세월 깊은 물적, 영적 유대관계를 맺어 왔다. 이번 결과는 마오리족 공동체가 자신들과 이 강의 관계를 공인받기 위해 정부와 오랜 법적 투쟁 끝에 얻어낸 값진 결실이다. 크리스 핀레이슨 조약협상장관은 "이 법안은 황거누이강과 마오리족의 깊은 영적 유대를 반영한 것으로 강의 미래를 위한 강한 토대를 마련했다"고 말했다.

뉴질랜드는 지구 중심에서 멀리 떨어진 남반구 오세아니아 지역 최남단에 자리 잡은 섬나라지만, 어쩌면 세계에서 가장 선진적인 양식을 가진 나라가 아닌가 싶다. 1893년 세계 최초로 여성참정권을 인정한 나라도 뉴질랜드였다. 아메리카 대륙의 원주민 인디언들이나, 오스트레일리아 대륙의 원주민 애보리진들이 유럽의 백인 이주민들에 의해 무참히 살해되어 거의 절멸되거나 차별 받아온데 비하면, 뉴질랜드는 처음부터 원주민 마오리족을 보호하고 상호 공존하는 정책을 펴왔던 나라이다.

뉴질랜드 헌법은 국어를 영어와 마오리어로 한다고 규정하고 있고, 470만 명의 전체 인구 중 15%에 해당하는 마오리족에게 국회의원 6명을 할당하고 있다. 원주민 마오리족에 대한 이러한 정책적 배려와 그들의 언어문화에 대한 교육적 관심에서 뉴질랜드 문화와 국민 양식의 수준을 엿볼 수 있다. 사회적 약자에 대한 국가 차원의 이러한 관심과 배려가 곧 선진국의 수준을 나타내는 바로미터가 아닐까 한다. 이번에 통과된 이 법안도 바로 마오리족의 삶의 철학과 생활방식을 존중하는 인식의 바탕에서 이루어진 것으로 보아야할 것이다.

마오리족은 조상 대대로 오랜 세월 황거누이강에 터전을 잡고 살아오면서 "코 아우 테 아와, 코 테 아와 코 아우(Ko au te awa, ko te awa ko au)"라고 말해 왔다. 즉 "강이 나이고, 내가 강이다"라는 뜻이다. 이는 인간인 자신과 자연인 강을 동일시하는 그들 삶의 철학에서 나온 말이다. 그들은 강을 기억하고 보존해야할 귀중한 보물을 의미하는 '타옹가'로 부른다고 한다. 이는 강이 없으면 사람도 있을 수 없고, 자신의 존재 역시 자연 만물과 더불어 존재하는 것임을 의미한다.

한때 우리나라에서는 정부 차원의 소위 '4대강 사업'이라는 걸 하느라고 22조원이라는 천문학적인 자금을 쏟아부었다. 이는 자연 상태의 강을 인공적으로 변형시키는 대규모 국가사업이었다. 4대강 뿐만 아니라 지금 우리나라는 전 국토가 엄청나게 변형되고 파괴되고 있다.

요즘 우리나라 전국 방방곡곡을 다녀보면 도로가 참으로 시원하게 잘 뚫려 있다는 느낌을 준다. 고속도로, 국도, 지방도 할 것 없이 어디나 자동차가 잘 다닐 수 있도록 연결되어 있다. 참으로 편리한 세상이다.

하지만 다른 한편으로 생각하면 그런 도로를 만드느라고 전국의 국토가 온통 만신창이가 되고 있다. 곳곳에 산을 깎거나, 터널을 뚫거나, 강이나 골짜기 위로 거대한 교각을 설치하여 다리를 만들거나 하여 도로를 내고 있다. 내가 사는 부산지역에는 해안을 따라 바다 위로도 다리를 건설해 놓았다. 해운대와 광안리를 바다 위로 연결하는 광안대교에서 가덕도와 거제도를 연결하는 거가대교까지 총 7개의 해상 다리가 건설되어 있다 한다. 특히 거가대교는 해상에 세워진 다리만이 아니라 해저로도 터널이 설치되어 있다. 그러나 이러한 도로나 다리나 터널 건설이 자연 상태의 국토를 얼마나 파괴하고 훼손하고 변형시키고 있는가에 대해서는 별로 생각들을 않는 것 같다.

지난 해 늦가을, 오랜만에 경주 불국사에 갔던 적이 있다. 늦가을 불국사의 고풍스런 모습에다 곱게 물든 자연의 단풍이 어우러진 풍경은 감탄을 자아내기에 충분했다. 다음은 감포로 가서 점심식사를 하기로 했다. 불국사를 나와 도로 표지판을 보고 감포 가는 도로를 따라 달렸는데, 어쩐지 길이 낯설었다.

전에는 불국사에서 감포로 가려면 도중에 덕동호를 지나고 추령재 고갯길을 넘어서 꽤나 먼 거리를 갔던 걸로 기억하고 있다. 그런데 도로 표지판을 따라 감포쪽으로 가다 보니 갑자기 낯선 터널이 나타났다. 입구에 '토함산터널'이라는 표지판이 붙어 있었다. 왕복 4차선으로 시원하게 뻥 뚫린 토함선터널을 지나니, 바로 감은사지와 문무왕 수중능이 나타났고, 거기서 감포까지는 금방이었다.

불국사에서 감포 바닷가까지 이렇게 쉽고 빠르게 도착하다니, 놀라움을 금할 수 없었다. 그런데 방금 지나온 터널이 토함산터널이라니, 뭔가 좀 마음이 개운치 않았다. 토함산이 어떤 산인가. 신라시대에는 호국의 진산으로 신성시되던 산이었고, 또한 우리나라 최고의 문화재에 해당하는 불국사와 석굴암을 품고 있는 산이 아닌가. 그 외에도 여러 가지 귀중한 유적과 유물을 간직하고 있는 산이 토함산이다. 그러한 산의 옆구리를 관통하는 터널을 저렇게 마구 뚫어도 되는 것인가? 꼭 뚫어야만 했던가?

앞서 본 뉴질랜드의 원주민 마오리족은 "강이 나이고, 내가 강이다"라고 하며 그들이 신성시하는 황거누이강을 훼손하지 않고 지켜냈다고 한다. 옛날부터 우리나라 사람들은 산에 주로 의지하여 살며 산을 신성시해 왔다. 그렇다면 우리는 "산이 나이고, 내가 산이다"라고도 할 수 있으리라.

특히 토함산은 신라 천년의 역사가 남긴 가장 소중한 문화유산을 고스란히 담고 있는 산이 아닌가. 그러한 산의 옆구리 한가운데를 뻥하니 구멍을 뚫어놓은 것이 토함산터널이다. 무엇 때문인가? 교통의 편리? 통행 시간의 단축? 그것을 위하여 이런 식의 자해를 가하는 것이 오늘날 우리 대한민국의 문명이고, 대한민국 국민의 양식이란 말인가?

그렇다면 황거누이강을 원형대로 지켜낸 뉴질랜드 국민과 우리나라 국민의 양식 사이에는 얼마만한 차이가 있는 것일까?

생명의 그물망

지난 3월 5일, 음력으로는 2월 초하루, 이 날은 절기상으로 경칩(驚蟄)이었다. 예로부터 경칩이 되면 땅속에서 겨울잠을 자던 동물들이 잠에서 깨어나 활동을 개시한다고 했다. 실제로 내가 살고 있는 이곳 정관신도시에서는 경칩 즈음이 되면 개구리 울음소리를 들을 수 있었다. 이곳은 과거에는 농촌지역이었지만, 2000년대 들어 신도시로 개발되면서 점차 도시화가 진행되어 가고 있지만, 그래도 아직은 과거 농촌지역 잔재가 곳곳에 남아 있다.

주변을 산이 에워싸고 있고, 외곽으로 나가면 더러는 논밭도 있고, 옛 시골집도 보이고, 골목길과 담벼락도 남아 있다. 도시 한 복판으로 좌광천이라는 하천이 흐르고 있고, 한쪽 귀퉁이에 연못도 하나 있다. 내가 이곳으로 이사를 온 후로 해마다 경칩 즈음이 되면 연못과 그 주변 실개천에서 개구리 울음소리가 들리곤 했다. 올해도 경칩날 아침 나는 내심 개구리 소리를 기대하며 일부러 그 연못 주변으로 발길을 향했다. 그런데 이상하게도 올해는 개구리 소리가 들리지 않았다. 그 다음날도, 또 그 다음날도 기대와 걱정을 함께 하면서 연못 주변으로 가보았지만 3월이 다 가 가는 지금까지도 개구리 소리는 들려오지 않는다.

그렇다면 이제 이곳에서 개구리마저도 결국 사라지고 말았다는 것인가? 2014년 내가 처음 이 신도시로 이사를 왔을 때만 해도 개구리는 물론 가끔 두꺼비도 보이고, 뱀을 만난 적도 몇 번 있었다. 그런데 근래에 와선 두꺼비도, 뱀도 사라지더니, 이제는 개구리마저도 사라지고 말았나 보다. 그들이 사라지는 대신 그동안 늘어난 것은 아파트와 고층 건물과 도로와 자동차와 사람들이다. 그들로 인해 사라진 것이 어디 개구리와 두꺼비와 뱀뿐이겠는가. 땅과 숲이 사라지면서 그 땅과 숲에 깃들어 살아가던 뭇 생명들이 다 사라진 것이 아니겠는가.

땅과 숲과 물속에는 수많은 생명들이 깃들어 살아가고 있다. 내가 어렸던 시절, 나는 수많은 생명들이 깃들어 살아가고 있는 그 현장, 즉 땅과 숲과 물을 항상 가까이 접하며 살았다. 그랬던 땅과 숲과 물이 곳곳에서 점차 사라져 갔다. 땅은 시멘트나 아스팔트와 고층건물로 뒤덮이고, 숲은 파괴되어 사라지고, 물은 오염되고, 물길은 변형되었다. 그러면서 그 땅과 숲과 물에서 살고 있던 뭇 생명들이 하나 하나 사라져 갔다.

내가 태어나서 어린 시절을 보냈던 곳은 경남 양산이다. 그때는 군이었는데, 지금은 시로 승격되어 경상남도에서 창원, 김해에 이어 세 번째로 인구가 많고 큰 시로 발전하였단다. 이번 국회의원 선거에서는 선거구도 둘로 나누어 두 사람의 국회의원을 뽑는다고 들었다. 그러나 그때는 별 볼일 없는 농촌지역이었다. 하지만 그때는 산과 들과 물이 원래의 제 모습대로 살아 있었고, 그 속에는 각종 생명들로 넘치고 있던 기억을 갖고 있다. 그랬던 곳이 지금은 도처에 공단이 들어서고, 신도시가 조성되고, 도로가 생기고 터널이 뚫렸다. 그러느라고 원래의 모습은 모두 파괴되거나 변형되었다. 그 속에 깃들어 살고 있던 뭇 생명들도 모두 사라져버린 것은 물론이다.

오늘 나는 양산시 동면 사송리 일대에 조성되고 있는 공동주택 신축공사 현장을 돌아보고 왔다. 공동주택이라는 게 결국 아파트에 불과하다. 부산에서 양산으로 가는 고속도로와 국도로 요산(樂山) 김정한(金廷漢) 선생의 소설 제목으로 나오는 '사밧재'를 넘으면 바로 사송리다. 이제 그 사송리 일대에 대규모 건설 사업이 펼쳐지고 있었다. 건설 현장에는 '양산 사송지구 공동주택 신축공사'라는 입간판이 여기저기 서 있고, '4차산업시대 첨단 명품시티 건설'이라는 선전 문구가 적힌 대형 입간판도 눈에 띈다. 과거에 있던 마을과 논밭과 산자락과 그 산자락에 있던 무덤들도 모두 사라져 버렸다. 그런데 깎여나간 산자락 한 쪽 끝에 지금 막 빠알간 꽃을 피우고 있는 진달래가 눈에 띠었다. 이미 깍여진 건설현장의 살벌한 모습과 이른 봄 새 꽃망울을 터뜨린 그 여리면서도 빠알간 진달래꽃 모습은 너무나 선명한 대조를 이루고 있었다.

그 순간 내 뇌리에 문득 떠오르는 상념이 있었다. 지금 미국 서부 워싱턴 주의 수도 이름인 시애틀(Seattle), 그 이름은 원래 그 땅에 살았던 원주민 수쿠와미시족 인디언 추장의 이름이다. 그 시애틀 추장은 1854년 미국 제 14대 대통령 프랭클린 피어스(Franklin Pierce)가 자기들의 땅을 사겠다는 통보를 전해왔을 때 이렇게 말했다고 한다.

"당신들은 어떻게 땅을 사고판단 말인가? 인간은 땅의 생명의 그물망을 해쳐서는 안 된다. 왜냐하면 인간도 그 그물망의 실 한 가닥에 불과하기 때문이다. 당신들이 이 땅을 사서 거기에다 무슨 짓을 하던, 그것은 곧 바로 당신들 자신에게로 되돌아간다. 왜냐하면 모든 살아 있는 존재들은 생명의 그물망으로 서로 연결되어 있기 때문이다."

오늘날 이 땅에 사는 우리 인간들도 이 인디안 추장의 말에 진지하게 귀 기울여야하지 않을까하는 생각을 하면서 나는 그 참혹한 파괴의 현장을 떠나왔다.

코로나19 사태를 겪으며

코로나19 사태로 우리나라 전 국민은 물론이고, 온 세계 인류가 지금 엄청난 고통과 시련을 겪고 있다. 코로나(Corona)는 라틴어로 '왕관'이란 뜻으로 영어의 '크라운(Crown)'에 해당한다. 이 바이러스를 전자 현미경으로 들여다보면 둥근 공 모양에 뾰족뾰족 튀어나온 돌기 모양이 꼭 왕관처럼 생겼다고 해서 붙여진 명칭이란다. 그래도 그렇지, 바이러스 주제에 너무 과분한 이름인 것 같다. 처음에는 그냥 '신종 코로나'라고 했다가 나중에 이 바이러스에 의한 발병이 처음 보고된 2019년을 의미하는 19라는 숫자를 붙여서 '코로나19'라는 명칭으로 정해졌다고 한다.

바이러스는 원래 스스로가 자립적으로 살아가는 능력이 없고 다른 생물, 즉 숙주(宿主)에 기생해서 살아가는 말하자면 '기생충'이다. 원래는 사람보다 가축을 좋아해서 주로 개나 고양이, 소, 돼지, 닭 등의 가축에 기생해서 살았다. 그러던 것이 바이러스도 점차 진화하여 사스를 시작으로 메르스에 이어 코로나19에 이르러서는 사람에게 기생함으로써 사람들의 활동 영역에 따라 이들 바이러스도 순식간에 글로벌 수준으로 파급되고 확산되기에 이르렀다. 처음 중국 우한(武漢)에서 발생하여 지금은 전 세계로 확산되고 있는 추세이다. 그중에서도 중국에 가장 인접해 있고, 이래저래 중국에 가장 많은 영향을 받아온 우리나라가 이번 코로나19 사태에서도 가장 크고 직접적인 피해를 입고 있는 희생양이 되고 있다.

그렇다면 이 코로나 바이러스가 기생했던 최초의 숙주는 누구일까? 그것은 바로 박쥐라고 한다. 코로나 바이러스가 멸종하지 않고 오랜 기간 생존하는데 가장 결정적인 역할을 한 동물이 바로 박쥐이다. 사실 박쥐는 코로나 바이러스뿐 아니라 거의 모든 바이러스에게 대모(代母) 역할을 한다고 한다.

미국 콜라라도주립대 콜린 웹(Colleen Webb) 교수 연구팀은 박쥐에 기생하는 바이러스에 대한 흥미로운 연구결과를 발표했다. 박쥐는 모두 137종의 바이러스가 기생할 수 있으며, 그중 61종은 사람에게도 감염될 수 있는 인수(人獸) 공통 바이러스라고 한다. 실제로 21세기 인류를 위협하는 인수 공통 전염병 상당 부분이 박쥐에게서 인간에게로 전파되었다고 한다.

그렇다면 결국 코로나19라는 재앙을 퍼뜨린 원흉이 박쥐란 말인가? 이러한 섣부른 단정은 사실 박쥐에게는 억울한 누명일 수도 있다. 어떤 점에서 박쥐는 사람에게 이로운 동물이기도 하단다. 왜냐하면 박쥐의 주식(主食)이 곤충이기 때문이다. 박쥐는 동굴 속

같은 어두운 곳에 모여 살면서 모기나 기타 인간에게 해로운 해충을 잡아먹는다. 그러니까 인간에게 박쥐는 오히려 고마워해야 할 존재일지도 모른다.

그러한 박쥐의 바이러스가 왜 인간에게 감염되었을까? 그것은 바로 인간 스스로가 자초한 짓이라고 한다. 자기들 방식대로 어둠 속에서 잘 살고 있던 박쥐들을 인간 세상으로 끌어내어 인간에게 바이러스를 옮기게 한 것은 다름 아닌 인간 자신이라고 한다. 곳곳에 오염물질을 끊임없이 배출하고, 개발이라는 미명으로 박쥐와 같은 동물들이 서식할 수 있는 환경을 끊임없이 파괴하며, 심지어 어떤 나라 어떤 지역 일부 사람들은 박쥐를 식용으로 사용하기까지 한다고 한다. 이러한 과정에서 어디선가 박쥐의 바이러스가 인간에게로 옮겨지게 된 것이다. 그러므로 어떤 의미에서 코로나19는 오늘날 인간 스스로가 자신에게 초래한 업보(業報)인 것 같기도 하다.

그렇다면 이러한 업보를 저지르고 쌓아가는 인간들은 누구인가? 그들은 우리와는 전혀 상관없는 어떤 특정한 인간들인가? 나 자신은 이러한 인간들과 관계없는, 이러한 인간들의 범주에서 완전히 벗어나 있는가?

수필을 쓰는 수필가들은 자신의 일상생활 속에서 수필의 제재와 소재를 찾고 발굴한다. 그렇다면 이미 우리들 각자의 생활 깊숙이 침투하여 우리들의 삶에 이렇게 엄청난 영향을 미치고 있는 코로나19에 대해서 무관심할 수 없고, 코로나19와 관련하여 우리들을 에워싸고 있는 환경문제, 생태문제에 대해서도 관심을 가져야 하지 않을까싶다. 그러지 않는다면, 이는 내가 살고 있는 집에 도둑이나 강도가 침입하여 나와 내 가족의 생명이 당장 위협받고 있는데도 그러한 위협에 대해서 둔감하고 무관심한 태도와 마찬가지가 아닐까.

사실 오늘날 위기에 처한 지구환경과 생태계에 대해서 관심을 갖고 연구하는 학문인 생태학, 즉 에콜로지(ecology)의 접두어 '에코(eco)'는 원래 그 어원을 찾아보면 그리스어로 집을 뜻하는 오이코스(oikos)에서 나왔다고 한다. 그러므로 에콜로지, 즉 생태학은 지구상의 모든 생물이 함께 살아가는 집, 즉 우리들 주변의 자연환경에 대한 연구나 학문을 뜻한다.

수필을 쓰는 우리 수필가들도 이제는 고작 자기 자신이나 자기 집 가족에게나 유의미한 그런 얘기나, 그러한 집에서 전개되는 자기 자신의 평범하고 진부한 일상생활과 관련된 신변잡기에서 벗어나 관심의 폭을 좀 더 확장하여 이 시대를 함께 살아가는 우리의 이웃, 우리들 인간, 나아가 인류 전체의 집에 해당하는 자연환경과 생태문제에 좀 더 관심을 갖고 숙고하고 성찰할 필요가 있지 않을까.

그렇게 하는 것이 바로 자기가 쓰는 수필이 자기와 자기 가족뿐만 아니라 보다 많은 사람들, 나아가 이 시대를 함께 살아가는 우리 동시대인들에게 보다 어필할 수 있는 수필이 될 수 있는 방법이 아닐까하고 생각해 본다.

6부

긴 에세이

담양과 송강과 강아 이야기

지난 가을 전남 담양으로 어느 문학단체의 문학기행에 동참했던 적이 있다. 담양하면 먼저 머리에 떠오르는 것이 죽세공, 죽제품이다. 그러나 이제 죽세공, 죽제품의 시대는 가고, 대신 죽녹원, 메타세쿼이아, 슬로시티 등, 새로운 이미지가 담양을 새로운 관광지로 탈바꿈시키고 있었다.

하지만 담양을 보다 품격 있는 관광지로서 명성을 높여주는 것은 그곳에 조선시대 호남의 유서 깊은 선비문화의 자취가 고스란히 남아 있다는 점이다. 영남 선비문화의 중심지가 경상좌도의 안동지역과 경상우도의 함양, 산청지역이라면, 호남 선비문화의 중심이 바로 담양이다.

담양에는 대쪽 같이 올곧은 선비정신을 이어 받은 호남 사림들이 이 지역에서 누각(樓閣)과 정자(亭子)를 짓고 무등산과 영산강을 인접하고 있는 빼어난 자연경관을 벗 삼아 시문을 지어 노래하였다. 그들은 이곳에서 수신과 후진 양성에 힘쓰다가 나라의 부름을 받으면 지체 없이 나아가 나라와 임금을 위해 충성을 다하였고, 국난이 있을 때는 분연히 일어나 구국에 앞장섰다.

그러한 선비들 중에는 김윤제(金允悌), 송순(宋純), 임억령(林億齡), 양산보(梁山甫), 기대승(奇大升) 같은 쟁쟁한 인물들이 있지만, 그중에서도 특히 뛰어난 인물이 송강(松江) 정철(鄭澈)이 아닐까 한다. 그들은 한문이 주류를 이루고 있던 당대에 국문으로 시가를 지어 우리 국문학의 지평을 넓히는데 크게 공헌하였다. 그러한 국문 시가의 대표적인 장르가 바로 시조와 가사였다. 그중에서도 담양은 특히 가사문학이 크게 번창하였기에 오늘날 한국가사문학관이 담양에 있는 것은 결코 우연이 아니다.

담양에 있는 한국가사문학관에는 송순의 『면앙집(俛仰集)』과 정철의 『송강집(松江集)』 및 친필 유묵 등, 귀중한 유물들이 다수 보존되어 있다. 문학관 가까이에 있는 식영정, 환벽당, 소쇄원, 송강정, 면앙정 등은 호남시단의 중요한 무대가 되었고, 또한 한국가사문학 창작의 산실이 되어 그 전통을 오늘에 이르기까지 면면히 계승하고 있다.

우리 국문학사에서 가사 하면 송강 정철을 특히 빼놓을 수 없고, 송강가사가 없는 국문학은 생각할 수조차 없다. 그 정도로 송강의 작품이 우리 고전문학에서 차지하는 비중은 크다. 역설적이지만, 그의 문학이 그만한 비중을 차지할 수 있었던 것은 그가 불운한 시대에 태어나 순탄치 못한 인생을 살았기 때문이 아닐까 한다. 왜냐하면 「관동별곡」, 「사미인곡」, 「속미인곡」, 「성산별곡」으로 대표되는 그의 걸작 가사 대부분이 그의 유배와 좌천과 은둔시절의 소산이기 때문이다.

강호에 병이 깊어 죽림에 누웠더니
관동 팔백리에 방면을 맡기시니
어와 성은이야 갈수록 망극하다

이렇게 시작하는 「관동별곡」은 1580년(선조 13년) 정월 송강이 45세 때 강원도 관찰사로 부임을 받아 내.외금강, 해금강과 관동팔경의 절경을 두루 유람한 후 그 산수 절경과 고사 풍속 및 자신의 소감 등을 버무려 읊은 기행가사이다. 그리고 그의 가사 중에서도 대표작으로 알려져 있는 것이 「사미인곡」과 「속미인곡」임은 말할 나위도 없으리라.

그러나 송강 정철(1536~1593)이 실제 태어난 곳은 서울 장의동(藏義洞) - 지금의 종로구 청운동 - 이었고, 담양은 그가 1562년(명종 17년) 별시문과에 장원하여 벼슬길로 나아가기 전까지 10여 년 동안 머물면서 수학했던 곳이다. 송강이 벼슬길에 나아간 후 정치역정은 결코 평탄치 못했으나, 당시 한문이 주류를 이루던 시대에 시조와 가사로 우리 국문학에 새로운 지평을 열었던 인물로 고산(孤山) 윤선도(尹善道)와 함께 조선시대 우리 국문학의 2대 고봉(高

峯)임은 분명하다.

지금 경기도 고양시 덕양구 신원동에는 송강마을과 송강문학관, 송강시비공원이 있고, 2003년부터 매년 송강문학축제가 열리고 있다고 한다. 이 마을에는 송강의 가족묘들이 있는데, 송강의 무덤 또한 1593년부터 1665년까지 60여 년간 이곳에 있었다고 한다. 그런데 그 뒤 송강의 무덤은 충북 진천군 문백면 봉죽리로 이장되었다고 한다. 이는 당대 사림의 대표이자 주자학의 대가였던 우암(尤菴) 송시열(宋時烈)이 이곳이 명당이라고 자리를 잡아주어 송강의 손자 정양(鄭瀁)이 이곳으로 이장하였단다.

그리하여 정작 그 주인이 떠나버린 고양의 송강마을에는 송강의 가족묘들만 아직도 일부 남아 있는데, 가족묘 입구에 초라한 무덤이 하나 있고, 그 오른 편에 '義妓江娥墓(의기강아묘)'라는 표지석이 세워져 있다. 이 무덤의 주인공은 송강이 1581년에서 이듬해까지 잠시 전라도 관찰사로 재임하고 있을 때 인연을 맺었던 남원의 동기(童妓)로서 본명은 진옥(眞玉), 또는 자미(紫微)로도 불렸던 인물이다.

그녀에 대한 이야기는 야사로서 주로 전해지고 있는데, 그 대강을 추적해 보면 이러하다. 즉 송강이 전라도 관찰사로 남원을 순시할 때 남원의 노기(老妓)들이 송강에게 어린 진옥의 머리를 얹어주기를 청했다 한다. 당시에는 어린 기생의 성인식(成人式)으로서 유력 인사가 그 머리를 얹어줌으로써 비로소 성인으로서 인정하는 풍습이 있었다. 송강은 이 청을 받아들여 그녀의 머리를 얹어주고 하룻밤을 같이 했으나, 아직 너무도 어린 10대 동기여서 그녀의 몸을 탐하지는 않았다.

송강의 이러한 군자(君子)다운 풍모와 태도에 진옥은 어린 마음에도 그가 큰 사람으로 느껴져서 그를 존경하고 따르게 되었다. 송강 또한 아직 어리지만 총명하고 귀여운 그녀를 마음으로 사랑하여 한가할 때면 진옥을 불러 옆에 앉혀놓고 틈틈이 자신이 지은 「사미인곡」, 「속미인곡」, 「장진주사」 등을 읽어주며 정신적인 교감을 나누었다. 그리하여 사람들은 진옥을 송강이 사랑하는 아이라 하여 송강의 호에서 강(江)자를 따서 강아(江娥)라고 불렀다 한다.

그러나 송강은 다음 해인 1582년에 곧 도승지로 승차하여 한양으로 올라가게 된다. 그가 전라도 관찰사에서 도승지로 승차하여 한양으로 올라가는 것은 기쁜 일이었으나, 한 가지 마음에 걸리는 것은 강아와의 이별이었을 것이다. 그래서 그는 강아에게 이별의 시를 써주며 그녀의 마음을 달래려고 했다. 이 시는 이 글의 끝에 소개되어 있는 '義妓江娥墓' 표지석 뒷면에 적혀 있으니, 참고하기 바란다.

그러나 그렇게 떠나간 송강의 정치역정은 결코 순탄치만은 않았다. 그는 당시에 극심했던 당파 싸움에 휘말려 이런저런 부침(浮沈)을 거듭하다가 1591년 잠시 우의정에까지 승차하였지만, 광해군(光海君)의 세자 책봉을 건의하다가 선조의 노여움을 사서 평안도 국경지역인 강계(江界)로 유배되어 위리안치(圍籬安置)되었다. 위리안치란 중죄인의 거소를 탱자나무 가시로 에워싸서 행동에

극도로 제약을 가했던 형벌을 말한다.

한편 송강이 떠나가고 난 뒤 남원에 남은 강아는 비록 관기(官妓) 노릇을 하면서도 자나깨나 송강을 잊지 못한 채 10년 고절(孤節)의 세월을 버텨낸다. 그러던 어느 날 그녀는 송강이 강계로 유배되었다는 소식을 접한다. 전라도 남원에서 평안도 강계는 당시로서는 엄청나게 먼 거리였다. 하지만 사랑에는 국경도 없다지 않았던가. 강아는 이제야 자신이 송강을 만날 수 있는 절호의 기회라 생각하고 서둘러 행장을 꾸려 불원천리 강계로 길을 떠났다. 그렇게 멀고도 먼 길을 걷고 또 걸어서 마침내 그녀는 송강의 눈앞에 나타났다.

그녀는 가시나무 울타리로 에워싸인 초막 안의 희미한 호롱불 밑에서 글을 읽고 있는 송강의 초췌한 모습을 보고 그 앞에 엎드려 울며 하염없이 눈물만 흘렸다. 송강은 가시나무 울타리 밖에 엎대어 자기를 쳐다보며 울며 눈물을 흘리고 있는 여인이 누구인지 알아볼 수 없었다. 그도 그럴 것이 그와 헤어질 때의 강아는 아직 10대의 어린 소녀였으니, 지금 성숙한 여인의 모습으로 나타난 그녀를 알아볼 수 없는 것도 무리는 아니었을 터. 송강이 물었다.

"부인은 누구시길래 여기 이 중죄인 앞에 와서 그렇게 울고 있는 것이오?"

강아가 대답했다.

"나으리, 저를 몰라보시겠습니까? 제가 10년 전 나으리께서 머리를 얹어주셨던 남원의 진옥, 곧 강아이옵니다."

"무어, 강아라...? 강아, 네가 어찌하여 여기에...?"

그리하여 강아는 그동안 그를 한번도 잊은 적이 없다는 것과, 그의 강계 귀양 소식을 듣고 그의 적거(謫居) 생활을 보살펴 드리고자 불원천리 달려왔다는 것을 고백했다.

바깥에는 휘영청 밝은 달빛이 교교히 비치고 있었지만, 방 안에는 작고 희미한 호롱불 하나가 가물거리고 있을 뿐이었다. 당대의 대 정객이면서 또한 대 문장가인 송강도 향긋한 여인의 향기를 풍기며 지금 자기 앞에 나타난 강아의 모습이 정녕 꿈인지 생시인지 분간하기 어려웠다. 한동안 두 남녀는 말을 잃은 채 서로를 쳐다보기만 했다. 방안에는 정적만이 무겁게 감돌았다. 그때 강아가 입을 열어 10년 전 어린 시절 송강에게서 듣고 익혔던 「사미인곡」을 읊기 시작했다.

이몸 삼기실제 임을 좇아 삼기시니
한생 연분이며 하날 모를 일이런가

"네가 그것을 아직도 외우고 있더냐?" 송강이 물었다.

"나으리께서 가르쳐주신 것을 어찌 잊을 수 있겠나이까. 나으리가 그리울 때면 가야금을 타며 마냥 불렀던 노래이옵니다."

강아의 뺨이 복숭아빛으로 곱게 물들어 갔다.

잠시 후 그녀가 방을 나가더니 어찌 차렸는지, 조촐한 주안상을 차려들고 들어왔다. 본래 술을 좋아하기로 소문 난 송강인지라 오랜만에 아리따운 여인이 따라 올리는 향기로운 술잔을 어찌 사양할 수 있었겠는가. 그리하여 두 남녀는 서로 권커니 잣커니 몇 순배 술잔을 나누었다. 이윽고 거나해진 송강이 입을 열었다.

"진옥아."

"네." 강아가 송강을 쳐다보며 조용히 대답했다.

"내가 시조를 한 수 읊을 테니, 네가 즉시 화답해야 한다. 알겠느냐?"

"네에~."

이 날 밤 송강과 강아가 나눈 시조는 『권화악부(權花樂府)』에 「정송강여진옥상수답(鄭松江與眞玉相酬答)」이란 제목으로 아래와 같이 전해 온다.

> 옥이 옥이라커늘 번옥만 여겼더니
> 이제야 보아하니 진옥일시 분명하다
> 나에게 살송곳 있으니 뚫어볼까 하노라

'번옥(燔玉)'이란 사람이 인공으로 만든 옥, 즉 모조품 옥을 말한다. 이에 비해 진옥(眞玉)은 진짜 옥으로서, 여기서는 강아, 곧 진옥 자신을 가리키는 말이다. 그러므로 이는 송강이 진옥에 대한 욕정을 시의 옷을 빌어 노골적으로 드러내는 음사(淫辭)에 해당한다. 그러자 이에 대해 강아가 즉시 화답한다.

철이 철이라커늘 석철만 여겼더니
이제야 보아하니 정철임이 분명하다
내게 골풀무 있으니 녹여볼까 하노라

여기서 석철(錫鐵)은 제대로 정제되지 않은 주석철을 의미하는 것이고, 정철(正鐵)은 진짜 철을 의미하는 것으로서 곧 정철(鄭鐵) 자신을 뜻한다. 즉 강아는 송강 정철을 견고한 쇠에 비유하여 그 쇠를 자신의 골풀무로 녹여보겠다는 뜻이다. 골풀무란 불을 피우는데 바람을 불어넣는 기구로서 강아는 이를 남성의 성기를 녹여내는 여성의 그것으로 은유하고 있는 것이다. 이만하면 강아도 황진이에 못지않은 시적 자질을 갖춘 뛰어난 명기(名妓)가 아니었을까 싶다. 그리하여 그날밤 진옥을 뚫을 수 있는 살송곳을 지닌 남자와 어떠한 강한 살송곳도 녹여낼 수 있는 골풀무를 지닌 여인이 만나서 만드는 뜨거운 하룻밤이 밤이 새도록 무르익어 갔을 것으로 짐작된다.

그날 이후 송강의 적소생활은 조금도 괴롭거나 우울하지 않았다. 송강에게 강아는 더할 수 없는 생활의 반려자였으며, 시와 악(樂)을 함께 나눌 수 있는 예술적 교감 상대인 뮤즈였다. 이제 두 사람 사이에는 그 누구에게서도 발견할 수 없는 뜨거운 애정의 강물이 마음 밑바닥으로부터 상호 교류되고 있었다. 그러나 두 사람에게 그런 꿈같은 세월은 그리 오래 가지 않았다.

1592년(선조 25년) 임진왜란이 발발하자 선조는 한양 도성을 떠나 평양으로, 의주로 몽진을 떠났다. 그러면서 다시 송강을 불렀다. 송강은 유배생활에서 풀려나는 기쁨과 나라와 임금에 대한 충정(忠情) 그리고 강아와의 이별의 슬픔 때문에 마음이 착잡하지 않을 수 없었다. 강아의 심정 역시 마찬가지였을 것이다. 그녀는 송강을 떠나보내면서 마지막으로 이별의 아쉬운 마음을 담은 시를 이렇게 읊었다.

人間此夜離情多　오늘밤도 이별하는 사람 하 많겠지요
落月滄茫入遠波　슬프다 밝은 달빛만 물 위에 지네
惜間今硝何處佰　애닯다 그대 이 밤을 어디서 자려하오
旅窓空廳雲鴻過　나그네 창가엔 외로운 기러기 울음 뿐이네

강아는 송강을 떠나보내고 시로써 시름을 달래며 강계에 홀로 남아 외로운 세월을 보내었다.

당시 선조는 이미 도성인 한양을 떠나 평양에서 몽진 중이었고, 송강은 평양으로 가서 선조를 배알한 후 경기, 충청, 전라 삼도의 체찰사(體察使)로 임용되어 남쪽으로 내려갔다. 체찰사란 유사시에 임금을 대신하여 그 지방에 나아가 군무(軍務)를 총괄하던 임시 벼슬이다. 그리고 다음 해에는 또 명나라에 사은사로 가는 등, 분주한 세월을 보내다가 다시 모함을 당하여 삭탈관직을 당하고 강화도 송정촌으로 쫓겨났다. 그리하여 실의와 병고에 겹쳐 그해 1593년 12월 18일 강화의 우거에서 파란만장한 생을 외롭게 마감한다. 그리고 다음 해(1594년) 2월 경기도 고양군 신원(新院)의 선

대 조상들이 묻힌 땅에 묻히게 된다.

송강이 강화에서 생을 마쳤다는 소문을 강계에서 전해들은 강아는 이 세상에 송강이 없다는 가혹한 슬픔에 홀로 몸부림치다가 홀연히 강계를 떠나갔다. 그리고 그 후로 강아의 소식을 아는 사람은 더 이상 아무도 없었다. 다만 후세 사람들이 그 후 그녀의 행적에 대하여 이런저런 지어낸 이야기가 몇 가지 버전으로 전하고 있을 뿐이다.

오늘날 경기도 고양시 덕양구에는 송강 정철을 기리는 송강 마을이 있고, 송강문학관이 있다. 그런데 송강문학관 주변에는 앞에서 말한 초라한 무덤이 하나 있고, 무덤 옆에 '義妓江娥墓'라는 표지석이 서 있다. 그 표지석은 당대 아닌 후대에 와서 세워진 것이다. 표지석 뒷면에는 다음과 같은 글귀가 새겨져 있다.

〈 義妓江娥墓(의기강아묘) 〉

江　娥

松江 鄭鐵이 전라도 관찰사로 재임시 남원의 童妓인 紫薇를 사랑하자 세상 사람들이 松江의 江字를 따서 江娥라 불렀다. 松江은 1582년 9월 도승지에 임명되어 江娥에게 석별의 詩를 지어주고 임지인 한양으로 떠났다.

<詠紫薇花>	<자미화>
一園春色紫薇花	봄빛 가득한 뜰에 자미화 곱게 피니
纔看佳人勝玉釵	그 예쁜 얼굴은 옥비녀보다 곱구나
莫向長安樓上望	망루에 올라 長安을 바라보지 말라
滿街爭是戀芳華	거리에 가득한 사람들 모두 네 모습 사랑하리니

그 후 江娥는 松江에 대한 연모의 정이 깊어 평안도 강계로 귀양가 圍籬安置 중인 松江을 찾았으나, 임진왜란이 나자 선조대왕의 특명으로 松江은 다시 소환되어 1592년 7월 전라, 충청도 지방의 도체찰사로 임명되었다. 江娥는 다시 松江을 만나기 위해 홀홀단신으로 적진을 뚫고 남하하다가 적병에게 붙잡히자 의병장 李亮의 권유로 자기 몸을 조국의 제단에 바치기로 결심하고 적장 小西行長을 유혹, 아군에게 첩보를 제공하여 결국 전세를 역전시켜 평양탈환의 큰 공을 세웠다는 미담이 전한다. 그 후 江娥는 素心보살이란 이름으로 입산수도하다가 고양 신원의 松江 묘소를 찾아 한 평생을 마감하였다.

1998년 10월 20일

고 양 시 장 ○○○
고양시 향토문화보존회 회장 ○○○
국 제 로 타 리 3690 지 구
고 양 로 타 리 클 럽 회장 ○○○
고양 백송 로타리 클럽 회장 ○○○

유배문학의 양상과 기장의 유배문학

1. 유배와 유배지

유배(流配)란 과거 왕조시대에 행해졌던 죄인에 대한 형벌 중의 하나다. 조선왕조시대의 형벌제도는 고려왕조시대의 제도를 어느 정도 계승하면서 또한 중국 명대(明代)의 기본적인 형법전(刑法典)인 대명률(大明律)을 본받은 것이었다. 대명률에 따르면 태(笞), 장(杖), 도(徒), 유(流), 사(死)의 5형제도를 택하고 있다.

태형(笞刑)은 비교적 가벼운 죄를 범한 죄인에게 작고 가는 회초리인 형장(荊杖)으로 죄인의 볼기를 치는 형이고, 장형(杖刑)은 보다 크고 넓적한 곤장(棍杖)으로 죄인의 볼기를 치는 형이며, 도형(徒刑)은 죄인을 감옥에 감금하는 형이고, 유형(流刑)은 죄인을 먼 지방이나 외딴 섬 같은 곳에 보내어 격리시키는 형이고, 마지막으로 사형(死刑)은 죄인의 생명을 끊는 최고형이다.

유배란 이 5형 중에서 곧 유형을 의미하는데, 유배에도 죄의 정도에 따라 환도(還徒), 부처(付處), 안치(安置)로 구별된다. 환도란 죄인을 사회로부터 격리시키기 위하여 고향으로부터 천리 밖으로 강제 이주시켜 구금하는 것이고, 부처는 일정한 지역을 한정해서 생활하게 하는 것이며, 안치는 특정 장소에 격리시켜 유거(幽居)케 하는 것으로, 이것은 다시 본향안치(本鄕安置), 절도안치(絶島安置), 위리안치(圍籬安置) 등으로 나누어진다.

본향안치는 죄인의 고향에 안치시키는 것으로 비교적 가벼운 형벌에 해당하고, 절도안치는 무인도나 도서벽지에 안치시키는 무거운 형벌에 해당한다. 이에 비해 위리안치는 유배지의 거주 공간 주위에 탱자나무 같은 가시 울타리를 설치하여 그 속에 유폐시킴으로써 이중으로 행동에 제한을 가하는 것으로 중죄인에게 가해지는 혹독한 유형에 해당한다.

유배는 우리말로 흔히 '귀양'이라 일컬어지기도 했다. 이는 관직에서 물러나서 고향으로 돌아간다는 뜻의 '귀향(歸鄕)'에서 전이된 말로 여겨지는데, 유배지에서 유배생활을 하는 것을 흔히 '귀양살이'라고 했다. 조선조에서는 특히 당파싸움이 심했던 관계로 반대파를 숙청하거나 제거하는 방법으로 유배가 많이 행해지다 보니, 억울한 귀양살이도 없지 않았다.

유배지는 죄인의 거주지로부터 적어도 600리 이상 떨어져야 하고, 죄인의 집이 있는 도내(道內)가 아니어야 했다. 유배의 대상이 주로 왕족이나 조정의 고위 관직에 있던 인물이 많았으므로 서울과 경기, 충청도는 특별한 경우를 제외하고는 유배지에서 제외되었다.

따라서 주요 유배지로는 서울에서 가장 먼 거리에 있는 함경도나 평안도 국경지역이 자주 이용되었는데, 특히 함경도의 삼수갑산(三水甲山)은 북방의 가장 추운 오지였던 관계로 유배지로서 악명이 높았다. 이곳으로 귀양 갔던 사람들 중에는 추위에 얼어 죽거나, 범에게 물려 죽은 경우도 흔히 있었다고 한다.

경상, 전라 연안의 도서지역도 유배지로서 많이 이용되었는데, 특히 거제도, 남해도, 진도, 추자도, 흑산도 등과 서울에서 가장 멀리 떨어져 있는 제주도 역시 그러했다. 특히 자암(自庵) 김구(金絿), 서포(西浦) 김만중(金萬重), 약천(藥泉) 남구만(南九萬), 후송(後松) 유의양(柳義養) 등 수많은 주요 인물들이 유배되었던 남해에는 근래에 유배문학관이 건립되어 유배가 우리 국문학에 끼친 영향을 살펴볼 수 있는 가시적인 전시공간이 되고 있다.

왕실 인물의 유배지로서는 서울에서 가까운 강화도가 곧잘 이용되었는데, 이는 그들의 죄가 주로 역모와 관련된 것이기에 그들의 동정을 지속적으로 감시할 필요가 있었기 때문이다. 폭정을 일삼다가 반정으로 쫓겨난 연산군도 강화도에 유배되어 위리안치되었다가 죽었는데, 유배형 가운데서도 가장 극악한 형벌인 이 위리안치를 고안해낸 인물이 바로 연산군 자신이었다고 하니 인과는 필연코 응보의 열매를 맺기 마련인가 보다.

그 외에도 유배지로 이용된 곳은 많았다. 경상북도 예천군 의성포는 회룡 남쪽 내성강이 감돌아 흘러 섬처럼 고립되어 있으므로 유배지로 자주 이용되었고, 강원도 영월군 서강에 위치한 청령포

역시 강물로 둘러싸여 섬처럼 고립된 곳으로서 숙부에게 왕위를 빼앗긴 어린 단종이 유배되어 최후를 맞은 곳이기도 하다. 전라남도 강진은 다산(茶山) 정약용(丁若鏞)의 유배지로서 유명한 곳이고, 전라남도 화순군 능주면 남정리는 정암(靜菴) 조광조(趙光祖)의 적려유허지로서 이름이 높다.

행정구역상 여러 번 변천을 거쳐 지금은 부산광역시에 속하는 기장군은 조선시대에는 기장현으로 불렸다. 기장현은 서울에서 보면 국토의 동남단으로 가장 멀리 동떨어진 변방의 해안지역으로서 유배지로 이용될만한 곳이었다. 따라서 이곳 기장 역시 조선시대에 유배지로서 이용되어 여러 인물들이 귀양살이를 한 곳이었다.

2. 유배문학의 양상과 주요 유배문학

유배문학이란 유배를 당한 사람이 유배지에서 보고 듣고 느끼고 체험한 사실을 문학으로서 형상화한 작품이거나, 직접적인 유배체험이 아니더라도 유배가 모티브가 되어 창작된 문학작품이라고 하겠다.

유배는 물론 그것을 당하는 사람의 입장에서 보면 고통이요, 불행임에 틀림없다. 또한 경우에 따라서는 자신이 수긍할 수 없는 억울한 죄목에 따른 형벌일 경우도 없지 않았을 것이다. 하지만 유배라는 이 극심한 고통과 불행의 체험을 오히려 삶의 새로운 전기와 자각의 기회로 삼아 자신의 사상과 학문을 심화 발전시키거나, 그것을 문학적으로 승화시켜 훌륭한 문학작품을 다수 생산하는 기회로 활용한 이도 적지 않았다. 또한 이들 유배객들은 당대의 수준 높은 사대부 계급의 선비이자 교육자로서 유배지의 현지 주민들에게 긍정적인 영향을 미쳐 지역 주민의 교화 내지 수학과 지역의 학문과 문화발전에 기여하는 효과를 거두기도 했다.

조선시대 대표적인 문인이며 학자였던 허균(許筠)은 그의 시화비평집인 『성수시화(惺叟詩話)』에서 다음과 같이 말했다.

> 근래 관각에서 이아계(李鵝溪)를 으뜸으로 삼는다. 시가 처음에는 당시(唐詩)를 본뜨다가 만년에 평해(平海)에 유배되자 비로소 극치에 이르렀다. 고제봉(高霽峰)의 시도 버림받아 한가하게 되었을 때 바야흐로 크게 진전되었다. 그러므로 문장은 부귀영요(富貴榮耀)에 있지 않으며, 험난하고 간고한 경험을 겪으면서 강산(江山)에서 도움을 얻은 다음에야 절묘한 경지에 들어선다. 어찌 이 두 분 뿐이겠는가? 옛 사람들도 그랬다. 유주(柳州) 자후(子厚)나 영외(嶺外) 파공(坡公)의 경우도 알만하다.[1)]

위의 글에서 아계(鵝溪)는 이산해(李山海)의 호이고, 제봉(霽峰)은 고경명(高敬命)의 호이다. 두 사람 다 조선 선조시대 유명한 인물들로서 이산해는 임진왜란 때 서애(西厓) 류성룡(柳成龍)에 앞서 영의정을 역임했던 인물이고, 고경명은 임진왜란 직전 동래부사로 있다가 모함을 받고 파직되어 향리로 내려가 있었는데, 임진왜

---

1) 조동일, 「유배문학의 특성과 양상」, 『한국문화연구』 Vol.9(2005), 7쪽.

란이 발발하자 의병을 일으켜 왜군과 싸우다가 순절한 인물이다. 허균은 이 두 인물 모두가 부귀를 누리면서 영화로운 자리에 있었을 때보다 유배를 당하거나, 버림받고 향리로 낙향해서 불우한 처지에 있었을 때 그들의 시에 더 큰 진전이 이루어졌다고 했다. 이는 그 두 사람만의 경우가 아니라 보다 일반화될 수 있는 원리임을 그 다음 대목이 말하고 있다. 즉 "부귀영요"보다 "험난하고 간고한 경험을 겪으면서 강산에서 도움을 얻은 다음에야 절묘한 경지에 들어선다"고 한 대목이 그것이다.

마지막 대목에서 예를 든 두 사람은 중국의 유명한 문인이다. 유주 자후는 유종원(柳宗元)이고, 파공은 소동파(蘇東坡), 곧 소식(蘇軾)을 가리키는 말이다. 이 둘은 다 문장으로서 명성이 높아 당송팔대가(唐宋八大家)에 속하는 뛰어난 문인들이다. 그들 역시 유배를 통해 얻은 간고한 경험으로 뛰어난 작품을 창작한 본보기를 보여준 인물들이다. 유배가 비록 개인적으로는 불행이요 고난이기는 하지만, 역설적으로 그러한 불행과 고난의 유배 경험을 통해서 오히려 세속에서 얻을 수 없는 인간적인 자각과 문학적인 성취를 이룬 인물들이 적지 않다.

우리나라 유배문학의 효시로는 흔히 고려 시대 정서(鄭敍)가 지었다는 「정과정(鄭瓜亭)」을 든다. 정서는 고려시대 예종, 인종, 의종, 명종대에 걸쳐서 살았던 인물로서 특히 인종과는 동서 간으로서 총애를 받다가, 인종 다음으로 왕위에 오른 의종대에 이르러 참소를 당해 고향인 동래로 유배되었다. 의종은 그를 유배 보내면서 불원간 다시 소환하겠노라고 했지만, 오랜 세월이 지나도 소식이 없자 정서는 지금의 수영강변에 과정(瓜亭)이란 정자를 짓고 그 위에서 거문고를 뜯으면서 임금을 그리며 자신을 산접동새에 비유하여 슬픈 노래를 지어 불렀다. 후세 사람들은 그 노래를 「정과정」이라 했고, 국문으로 표기된 사설이 『악학궤범(樂學軌範)』에 실려 전하며, 그 곡을 「삼진작(三眞勺)」 또는 「정과정곡」이라 했다.[2)]

조선조에 들어와서는 유배형이 다반사로 시행되어 15~6세기에 이르면 조정의 벼슬아치 4명 중 1명 꼴로 유배를 당했다고 한다. 당파로 인한 정쟁이 심해질수록 정적에 대한 모함과 배척도 심해져서 유배가 증가되었다. 유배기간도 짧게는 20여 일에서 길게는 27년까지 제각각이었으며, 유배에서 풀려 돌아와 높은 관직으로 복귀한 이도 있지만, 유배지에서 고독과 통한 속에서 숨을 거둔 이도 적지 않았다.

유배문학의 장르 역시 다양하다. 당시 사대부 계급에 주로 쓰였던 순 한문으로 쓰여진 시나 산문이 다수를 차지하고 있지만, 시조, 가사, 소설 등의 형식으로 한글로 쓰여진 작품들도 적지 않다. 이렇게 유배지에서 한글로 쓰여져서 우리 국문학의 귀중한 유산으로 남은 작품들이 다수를 차지한다.

백사(白沙) 이항복(李恒福)의 아래 시조는 광해군이 어린 영창대군을 죽이고 인목대비를 폐위하고자 했을 때, 이에 반대하다가

2) 조동일, 『한국문학통사』 1(제4판), 지식산업사, 2005, 314-317쪽

1618년 함경도 북청으로 유배되면서 지었다고 전하는데, 이는 시조 장르로서 유배문학의 한 전형을 보여준다.

철령(鐵嶺) 높은 봉(峰)을 쉬어 넘는 저 구름아,
고신원루(孤臣寃淚)를 비 삼아 띄워다가
임 계신 구중심처(九重深處)에 뿌려 본들 어떠리.

유배문학 가운데서도 특히 가사문학은 유배문학의 중심이 되고 있는데, 조위(曺偉)가 무오사화 때 전라도 순천에 유배되어 그곳에서 지은 「만분가(萬憤歌)」는 조선시대 유배가사문학의 효시라고 한다.

우리나라 국문학사상 유배가사로서 단연 최고 걸작으로 꼽히는 것은 송강(松江) 정철(鄭澈)의 「사미인곡(思美人曲)」과 「속미인곡(續美人曲)」이다. 이 두 작품은 송강이 당파싸움으로 탄핵을 받아 관직에서 물러나 전라도 창평(昌平)에 은거해 있을 때 지은 것으로서 임금에게서 내침을 받고 소외되어 있는 신하의 처지에서 그래도 임금에 대한 변함없는 충성심을 마치 여인이 사랑하는 임에 대한 사모의 정을 토로하는 형식으로 표현한 이른바 충신연주지사(忠臣戀主之詞)의 대표적인 작품으로 인정된다.

그 뒤 이와 유사한 미인곡 형식의 가사가 이어졌으니, 김춘택(金春澤)이 제주도에서 귀양살이를 할 때 지은 「별사미인곡(別思美人曲)」과 이진유(李眞儒)가 추자도에서 귀양살이를 할 때 지은 「속사미인곡(續思美人曲)」 역시 임금을 사랑하는 임에 비유하고, 자신을 미인에 비유하여 사랑하는 임에 대해 자신의 연모하는 마음을 간절하게 표현한 이른바 충신연주지사에 해당하는 가사작품들이다.

유배가사는 이와 같이 당쟁에 휘말려 죄 없이 유배되는 억울한 처지에도 불구하고, 임금에게만은 변함없는 충성을 표현하는 충신연주지사가 주류를 이루지만, 유배지로 오가는 동안의 견문이나 유배지에서의 이색적인 체험과 생활양식을 가사형식으로 적은 이른바 기행가사적 성격을 띠는 것도 있다. 이진유의 「속사미인곡」도 그러한 성격을 다소 보이고 있고, 특히 송주석(宋疇錫)의 「북관곡(北關曲)」, 이방익(李邦翊)의 「홍리가(鴻罹歌)」, 안조환(安肇煥)의 「만언사(萬言詞)」, 김진형(金鎭衡)의 「북천가(北遷歌)」 등은 모두 유배가사로서 또한 기행가사에 해당하는 작품들이다.

유배문학 가운데는 소설 또한 빼놓을 수 없다. 특히 서포(西浦) 김만중(金萬重)의 한글소설 『구운몽』과 『사씨남정기』는 그 대표적인 작품들이다. 『구운몽』은 그가 1687년 함경도 선천 유배시에 쓴 소설이고, 『사씨남정기』는 1689년 그가 남해도에서 유배생활을 할 때 쓴 소설이다. 두 소설이 다 우리 국문학사상 중요한 위치를 점하는 한글소설일 뿐만 아니라 유배문학으로서도 빼놓을 수 없는 중요한 비중을 차지하고 있다.

유배문학 가운데서 한글시가나 가사보다 더 큰 비중을 차지하는 것이 한문으로 된 시가나 산문기록일 것이다. 이는 당시 유배를 당하는 조정 관리나 사대부 계층 인물들이 주로 사용하는 문자가 한자였음을 상기하면 충분히 수긍이 가는 일이다. 한문으로 된 유배문학을 여기서 일일이 언급하기에는 벅찬 일일 것 같아 생략하기로 한다.

아무튼 과거 왕조시대에 시행되었던 유배라는 형벌제도는 그것을 당하는 개인에게는 엄청난 고난과 형극의 체험이었을 것임은 분명한 사실이나, 이러한 고난과 형극의 유배형이 어떤 면에서는 우리 문화, 특히 문학의 심화 발전에 크게 기여했다는 점을 살펴보는 것은 아이러니가 아닐 수 없다.

이상에서 개괄적으로 살펴본 유배문학의 성과뿐만 아니라 문학 이외의 면에서도 유배로 인한 성과가 적지 않다. 그 대표적인 경우를 예로 든다면 다산(茶山) 정약용(丁若鏞)의 경우일 것이다. 그는 전남 강진을 중심으로 무려 18년 동안에 걸친 오랜 유배생활을 했다. 이런 유배생활을 통해서 그는 문학뿐만 아니라 학문 연구와 저술에 매진하여 『경세유표(經世遺表)』, 『흠흠신서(欽欽新書)』, 『목민심서(牧民心書)』 등을 포함한 여유당전서(與猶堂全書) 500여 권에 달하는 방대한 저술을 남길 수 있었던 것은 그에게 이 유배의 경험과 시간이 가져다준 성과이며, 결실이었다.

정약전(丁若銓)은 정약용의 형으로서 천주교 신자를 박해했던 1801년의 소위 신유사옥(辛酉邪獄) 때 흑산도로 귀양을 가서 끝내 돌아오지 못하고 죽었다. 그는 그곳에서 흑산도 근해의 수산생물을 실제로 조사 연구하여 『자산어보(玆山魚譜)』라는 저술을 남겼는데, 이는 우리나라 최초의 수산학 관련 저술로서 중요한 의미를 지닌다.

추사(秋史) 김정희(金正喜)가 그의 독특한 서체인 소위 '추사체'

를 창안한 것도, 또한 지금 우리나라 국보 10호로 지정되어 있을 정도로 유명한 그림인 '세한도(歲寒圖)'를 그린 것도 그가 제주도에서 유배생활을 겪을 때였으며, 추사의 제자인 조희룡(趙熙龍)이 스승의 화풍에서 벗어나 그의 독특한 화풍을 개척한 것도 그가 전라도 임자도에서 유배생활을 할 때였다.

그러고 보면 유배는 분명 우리나라 정치 · 문화사에 있어서 양면성을 보여주고 있음이 입증된다. 즉 유배는 그것을 당하는 당사자에게는 고난과 희생의 형벌이 되었지만, 아이러니컬하게도 그 고난과 희생이 우리 역사와 문화에 특이한 자양을 보다 풍성하게 공급해준 원천이 되기도 했던 것이다.

3. 기장의 유배문학

역사에 나타나는 기장 지역 최초의 명칭은 『삼국사기』에 기록된 갑화양곡현(甲火良谷縣)이었다[3]. 그러다가 통일신라 경덕왕 16년(757년)에 기장현(機張縣)으로 개명되었다. 그 후 신라말과 고려시대를 거치면서 한때는 이웃 고을인 양주(梁州)로 이속되었다가, 다시 울주(蔚州)로 이속되는 등의 변천을 겪기도 했다.

조선 전기에 이르러 기장현이 다시 복현되었다가, 19세기 말 개항기에 이르면 기장현이 기장군으로 명칭이 변경된 적도 있었다. 그 후 일제 강점기를 거치면서 기장군이 한때 동래군에 편입되기

3) 기장군지편찬위원회, 『機張郡誌』 上(소문출판인쇄사), 199쪽.

도 했고, 광복후 1973년부터는 양산군에 통합되기도 하는 등, 우여곡절과 변천을 거듭하다가 마침내 1995년 3월 1일 정부의 행정구역 개편에 따라 기장군은 다시 복원되어 부산광역시의 한 구역으로 편입된 채 오늘에 이르고 있다.

기장은 서울을 중심으로 보면 한반도의 최 동남단 해안에 위치하고 있다. 그러기 때문에 섬을 제외하고는 서울에서 가장 먼 변방 지역에 해당한다. 선조실록에는 기장을 "바닷가의 잔읍(殘邑)으로 피폐함이 더욱 심하다."[4]고 기록되어 있다. 이러한 지역적 조건을 감안할 때 이 지역이 중앙정부에서 보면 유배지로 적합한 편이었다. 따라서 기장은 조선시대 경상좌도의 대표적인 유배지로 인정되어 많은 인물들이 이곳에 유배되었다. 조선시대 기장에 유배온 인물은 무려 57명에 이른다.[5] 그들 중에서 특히 유배문학과 관련하여 살펴볼만한 인물은 고산 윤선도와 약재 고두문, 지호 이선이다.

(1) 고산 윤선도

고산(孤山) 윤선도(尹善道; 1587~1671)는 송강 정철과 함께 조선조에 있어 국문학사상 2대 거봉(巨峰)이라 할만하다. 또한 그들의 생애가 유배로 얼룩진 점에 있어서도 공통점을 지니고 있다.

윤선도는 전후 3차례에 걸쳐 총 16년에 이르는 유배생활을 했다.

4) 위 책, 580쪽.
5) 위 책, 581쪽.

그의 첫 유배는 광해군 시대 간신 이이첨(李爾瞻) 등에 의한 국정 농단을 질타하는 상소인 이른바 병진소(丙辰疏) 파문에 따른 것이었다. 그는 당시 나이 불과 30세로 일개 성균관 유생(儒生) 신분에 불과했다. 그럼에도 불구하고 당시 조정의 대소 관원들이 아무도 나서지 않는 일에 과감하게 나서서 서슬 푸른 상소를 올렸던 것이다.

그러나 그 결과는 내용의 옳고 그름을 떠나서 임금 다음으로 당대의 최고 실권자를 정면으로 비판했다는 점에서 화를 자초한 일이었다. 그 결과 윤선도는 이로 인해 1616년(광해군 8년) 초에 함경도 경원(慶源)으로 유배되었다가, 1618년 겨울 이곳 경상도 기장으로 이배(移配)되었다. 그 후 1623년 3월 인조반정이 일어나 이이첨 일파가 처형되고, 광해군은 왕위에서 축출되어 제주도로 유배됨으로써 윤선도는 오랜 유배에서 풀려날 수가 있었다. 경원 배소에서 2년, 기장 배소에서 6년, 도합 8년의 유배생활을 겪은 후였다.

그 이후에도 윤선도는 1638년(인조 16년) 그의 나이 52세 때 엉뚱한 누명을 쓰고 경북 영덕(盈德)으로 유배되었다가 이듬해에 풀려났고, 1659년 효종이 승하하고 난 뒤 예론(禮論) 문제로 우암 송시열을 필두로 한 서인파와 다투다가 패배하여 다시 한 차례 유배를 가게 되었다. 1660년 그의 나이 74세 때 그는 유배지로 악명 높은 저 함경도 삼수갑산의 삼수로 유배되었다가 1665년 다시 전라도 광양(光陽)으로 이배되었다. 광양에서 2년간 더 머물다가 그가 유배에서 완전히 풀려나는 시기는 1667년(현종 8년), 그의 나이 81세에 이르러서였다.

그가 유배에서 풀려난 뒤 마지막 여생을 보낸 곳은 그로 인해서 후세에 유명하게 된 보길도(甫吉島)였다. 그는 보길도 격자봉(格紫峰) 아래 그 자신이 지어놓았던 낙서재(樂書齋)에서 85세로 타계했다. 그런 오랜 시련을 겪고도 그 시대 사람 치고는 비교적 장수한 편이었다. 아마도 그의 장수 비결은 비록 그가 불의에 대해서는 누구보다 용감했지만, 한 평생 권력을 탐하지 않고 자연의 순리와 아름다움에 동화되어 유유자적했던 그의 삶의 태도에 기인한 것이 아닌가 싶다.

윤선도가 기장에서 유배생활을 할 때, 그의 거소(居所)가 정확히 기장 어디였는지에 대해서는 아직 명확한 단서를 발견하지 못하고 있는 것 같다. 하지만 이 지역 역사 문화에 관심이 많은 원로 인사들의 의견을 종합해 보면, 당시 그의 거소가 지금의 기장읍 죽성리였을 것으로 보는 관점이 많은 것 같다. 과거 죽성리 사람들 사이에는 윤선도가 마을 뒤에 있는 봉대산(남산)에 올라 약초를 캐어다가 병든 마을 사람들을 치료해 주었다는 이야기가 구전되어 오기도 하고, 또 죽성천에서 내려오는 맑은 물이 해수와 어울리는 곳에 있는 황학대(黃鶴臺)와 윤선도를 관련짓는 이야기도 있는 것 같다. 또한 당시 윤선도가 있던 기장 유배소에 찾아온 그의 이복동생 윤선양(尹善養)을 작별한 곳이 지금의 일광면 삼성대라는 사실이 그가 남긴 시에 나타나 있으니, 그의 거소는 삼성대 남쪽인 죽성리쯤으로 추정이 가능하다는 것이다.6)

윤선도가 기장 유배 시에 쓴 글을 그의 문집인 『고산유고(孤山遺

稿)』를 통해 살펴보면, 먼저 한시(漢詩) 11수와 서(書) 7편, 그리고 제문(祭文) 1편으로 확인되고 있다.[7] 그의 전체 작품을 두고 보면 한글로 쓴 것으로 시조 75수와 가사로서 어부사시사가 있는데 비해, 한시는 무려 259편이나 되니 그의 문학 전체에서 한시가 차지하는 비중을 결코 경시할 수는 없다. 그러나 우리나라 국문학계에서 이루어진 그동안의 연구와 언급이 한시보다 주로 한글로 된 그의 시조나 어부사시사에 치우치다 보니, 그의 한시는 상대적으로 경시되어온 감이 없지 않다.

그가 기장 유배 시에 쓴 한시 11수도 여기서 일일이 언급하기에는 부적절한 감이 있어 편의상 2편만 소개하기로 한다. 그것은 그가 기장으로 이배되어 온지 3년이 지났던 1621년(광해군 13년) 그의 나이 35세 때 지은 것이다. 그 해 앞서 말한 그의 서제(庶弟) 선양(善養)이 그가 유배살이하던 기장 배소에까지 찾아왔다. 아우가 기장에서 며칠을 묵었는지는 모르지만, 그가 아우와 헤어진 날은 8월 5일이었다. 고산은 떠나가는 아우를 지금의 일광면 삼성리 남쪽 해변의 삼성대까지 전송하면서 이 시를 지었다고 기록하고 있다. 그 당시 아우 선양은 서울에 살고 있었고, 형제간에도 서얼(庶孼) 차별이 심했던 당시지만 고산은 이 이복아우에게 각별한 정의를 나타내고 있다.

---

6) 위 책, 588-589쪽.
7) 기장문화원, 『기장의 유배문학』 제1집(기장문화원, 2015), 18쪽.

贈別少弟二首　아우와 헤어지면서 지어준 시 2수

金鷄仲秋念五日　신유년 중추 25일에
送至三聖臺而作　삼성대까지 전송하며 지어주다

若命新阡隔幾山　너는 새 길을 가라지만 가로막는 산 얼마나 될 것이며
隨波其奈赧生顔　세파를 따르자니 낯부끄러워짐을 어찌하랴
臨分惟有千行淚　이제 헤어지려니 오직 천 갈래 눈물만이 흘러내려
灑爾衣裾點點斑　네 옷자락을 적시어 점점이 얼룩지네

我馬騑騑汝馬遲　내 말은 서두르고 네 말은 느리구나
此行那忍勿追隨　이 길을 어찌 차마 따라오지 말라는고
無情最是秋天日　가장 무정한 건 가을날의 짧은 해라
不爲離人駐少時　이별하는 사람 위해 잠시도 머물러 주지 않네

〈 기장군 일광 바닷가 삼성대 앞에 서 있는 孤山 尹善道 先生 詩碑 (고산 윤선도 선생 시비) 〉

위는 7언절구로 된 한시 2수이다. '贈別少弟'라고 한 제목이 뜻하는 바와 같이, 이는 서울에서 그를 찾아 이곳 기장까지 내려온 아우와 만났다가 아우를 떠나보내는 이별의 슬픔을 노래한 일종의 별리시(別離詩)이다. 그런데 이 시에는 아우와의 이별의 슬픔 외에도 평소 고산이 지니고 있는 맑고 곧은 성품이 여실히 드러난다. 아우는 형을 찾아와 돈을 바치고 유배에서 풀려나는 이른바 납전해배(納錢解配)를 권유했던 것으로 추정된다. 아우로서는 형을 생각하는 마음에서 그렇게라도 해서 형의 고초를 들어주려한 심정을 충분히 이해할 수 있다.

그러나 고산은 이를 단호히 거절했다. 위의 시구에서 "세파를 따르자니 낯부끄러워짐을 어찌하랴"라고 한 표현이 이를 의미한다. 권력자의 부정 · 불의를 탄핵한 자신이 스스로 권력자에게 뇌물을 바치는 부정 · 불의를 범한다면 그 낯부끄러워짐을 어찌하겠는가고 한 위의 시구에서 맑고 곧은 선비로서의 고산의 성품이 여실히 드러나고 있는 것이다.[8)]

이 시는 기장의 삼성대에 이르러 아우 선양을 전송하면서 지은 것으로 위에서 보듯 고산의 대쪽 같이 곧은 성품의 일단을 엿볼 수 있지만, 시 전편을 지배하는 시적 정서는 아우와의 이별의 슬픔이다. 고산의 시에는 현실의 비극적 인식을 내포하고 있는 것이 적지 않으나, 형제간 이별의 비극을 이처럼 절절한 심정으로 담아낸 시

8) 박준규, 『고산 윤선도: 유배지에서 부르는 노래』(중앙 M&B 문예중앙팀, 1997), 79쪽.

는 달리 눈에 띠지 않는다.

지금 기장군 일광면 삼성리 바닷가에는 삼성대로 추정되는 자그마한 언덕이 있고, 그 언덕 앞에 '三聖臺'라는 표지석과 함께 그 옆에 위의 두 시 "贈別少弟二首'를 새긴 '孤山尹善道先生詩碑'와 여기다 그 시비를 세우게 된 내력을 새긴 '孤山先生詩碑記'가 서 있다.

그러나 바로 그 뒤에 삼성대로 추정되는 나지막한 바닷가 언덕은 그 땅이 개인 소유라는 이유로 그러한 역사적 사연을 간직한 장소로서는 도무지 어울리지 않게 아무렇게나 황폐한 채로 방치되어 있어 생각 있는 사람으로 하여금 안타까움을 금할 수 없게 한다. 이 삼성대가 그 삼성대가 맞는다면, 그러한 사연을 간직하고 있는 역사 문화적 유적지로서 합당한 모습을 갖추어야 하리라고 본다.

(2) 약재 고두문

약재(藥齋) 고두문(高斗文; 1614~1668)은 고산 윤선도보다 41년 뒤, 그리고 다음에 언급하고자 하는 지호 이선보다는 30년 전인 1659년(효종 10년)에 기장으로 유배를 왔던 인물이다. 그는 1614년(광해 6년) 전라도 무안(務安)에서 태어나 1636년(인조 14년) 병자호란이 일어나자 나이 불과 23세에 의병을 일으켜 창의(倡義)에 나섰을 정도로 선비로서의 충절과 의협심이 남달리 강했던 인물이었던 것 같다.

그는 1654년(효종 5년) 사마양시(司馬兩試)에 합격하여 진사가 되었으나, 벼슬에는 별로 집착하지 않았던 모양이다. 그런데 그가 유배를 가게 된 것은 그의 스승으로서 조선 중기 호남 사림의 한 봉우리를 이루었던 곤재(困齋) 정개청(鄭介淸; 1529~1590) 선생을 모신 자산서원(紫山書院)을 훼철하고자 하는 일부 유림의 주장에 강력하게 맞서다가 모함을 받았기 때문이다.

정개청은 당대에 높은 학식을 인정받아 따르는 제자가 많았으나, 조선 선조대에 정여립(鄭汝立)의 모반사건으로 벌어진 기축옥사(己丑獄社)에 연루되어 함경도 경원으로 유배를 당해 유배지에서 죽은 인물이다. 하지만 그를 따르는 제자들이 많아 제자들이 그의 신원운동(伸寃運動)을 전개하면서 전남 함평군에 지은 서원이 자산서원이었다. 그러나 이 자산서원에 대해서는 유림들 사이에 논란이 끊이지 않았고, 그것을 훼철해야 한다는 주장이 있어 약재 고두문은 이에 강력히 맞서 그 부당함에 대하여 각지에 통문을 돌리고 조정에 상소를 올렸다. 하지만 그것이 오히려 반대 세력들에게는 그를 모함할 빌미를 제공하여 그는 끝내 1659년(효종 10년) 그의 나이 46세에 기장으로 유배되어 1661년까지 햇수로는 약 3년간에 걸쳐 유배생활을 하였다.

그가 기장 유배 시에 거주했던 거소(居所)가 정확히 어디였는지는 알 수가 없지만, 그가 기장 유배지에서 남긴 글은 한시가 총 69수, 기장 유배와 관련하여 지은 서(書)가 총 26편이나 된다. 다음은 그가 기장 유배지에서 남긴 한시 중 3수를 옮겨본 것이다.

到車城	차성에 도착하여
行到車城已暮秋	귀양행이 차성에 도착하니 이미 가을은 저물고
深消殘夢古林丘	깊은 밤 남은 꿈은 옛 숲 언덕에서 잦아지네
醒來記得經遊處	잠깨어 지나온 곳의 기억을 더듬어
異域山川閱幾州	타향 산천을 몇 고을이나 지나왔는지 세어보네

悲秋二首	슬픈 가을 2수
新秋客思轉悽淸	새로 가을이 오니 나그네 생각 처량하게 맑아지고
戀君傷時酒細傾	임금을 생각하고 때를 근심하며 술잔을 기우리네
月下遊魂羈不得	달빛 아래 산만한 심사는 나그네 수심 가누지 못하게 하니
故國歸夢落殘更	고향으로 돌아가는 꿈은 새벽녘에나 꾸어볼까
逆旅光陰驚電掣	유배지의 세월이 번개처럼 빠름에 놀라고
秋聲昨夜客先聞	가을 소리 지난 밤 나그네에게서 먼저 듣는구나
北堂歸觀知何日	돌아가 고향의 어머니 뵈올 날 언제런가
箱髮搔來庚戀君	서리 내린 흰 머리 긁으며 다시 또 임금을 생각하네

위의 시들은 약재 고두문 선생이 기장 유배 시에 쓴 한시 가운데서 뽑아본 3수이다. 첫 번째 「차성에 도착하여」는 그가 유배지 기장에 도착했을 때의 심사를 시로 표현한 것이다. 차성은 기장의 별칭으로 사용되기도 하지만, 그 당시에는 기장에 실제로 '차성'이라는 오래된 고성(古城)이 있었음이 그의 「차성고적(車城古跡)」이란 시에서 확인된다.[9] 그가 기장에 도착했을 때는 가을도 이미 저물

어 가고, 꿈속에서는 고향산천을 헤매는데, 꿈을 깨고 보면 그동안 여러 고을을 거쳐 이방의 유배지에 와 있음을 확인하게 된다.

다음 두 편의 시 역시 유배지에서 가을을 맞고 보내는 비감어린 심사를 표현하고 있다. 가을날 유배지에서 떠오르는 생각은 무엇보다도 떠나온 고향산천과 가족에 대한 그리움일 테고, 그러면 그럴수록 소위 연군(戀君), 즉 임금을 생각하고 그리워하는 마음이 절실해진다. 왜냐하면 그 당시에는 유배를 가는 것도, 유배에서 풀려 고향에 돌아갈 수 있는 것도 오직 임금의 뜻에 달렸으니, 과거 왕조 시대의 유배객들이 유배 중에도 한결같이 임금에 대한 충성과 연모의 정을 노래하고 있는 이유를 짐작할 만 하다.

(3) 지호 이선

지호(芝湖) 이선(李選; 1631~1692)은 세종대왕의 다섯째 왕자인 광평대군(廣平大君)의 8대손이며, 우의정을 역임한 이후원(李厚源)의 아들로서 자는 택지(擇之), 호는 지호 또는 소백산인(小白山人)이고, 우암(尤庵) 송시열(宋時烈)의 제자이다.

그는 1664년(현종5년)에 급제하여 함경도관찰사와 삼도유수(三都留守), 경기도관찰사, 그리고 호조, 예조, 병조, 공조 등 육조(六曹)의 참판을 두루 거치고, 특히 이조참판을 여러 번 역임하였다. 참판이라고 하면 정2품 당상관으로서 오늘날의 차관급에 해당하는 높은 관직이다. 그런데 그가 관직생활을 한 시기는 조선조 18

---

9) 기장문화원, 『기장의 유배문학』(기장문화원, 2015), 83쪽 참조.

대 임금인 현종(재위 1660~1674)과 숙종(재위 1675~1720)조였다. 그런데 이 시기는 서인과 남인간의 당파싸움이 극심했던 시기이다. 지호 이선은 율곡(栗谷) 이이(李珥)와 사계(沙溪) 김장생(金長生) 그리고 우암 송시열로 이어지는 서인파로서 대의명분과 절의론에 투철한 입장이었다.

임진왜란(1592)과 병자호란(1636)을 거치고, 17세기 후반에 이르면 이 시기의 정치상황은 이른바 '예송(禮訟)'과 '환국(換局)'이라는 특수한 정치적 사건을 겪으면서 붕당정치의 절정으로 치닫게 되는데, 이로 인한 정파 간의 반목과 대립은 숙종조에 이르러 최고조에 달한다. 이러한 시기에 조정의 주요 관직에 있던 지호 이선도 이에서 자유로울 수 없어 두 번이나 귀양길에 오른다.

첫 번째는 그의 나이 49세 때인 1679년(숙종 5년)에 스승인 송시열에 영합하였다하여 평안도 구성(龜城)으로 유배된 바 있고, 두 번째는 그로부터 10년 뒤인 1689년(숙종 15년)에 일어난 이른바 기사환국(己巳換局)에 연루되어 59세의 나이에 기장으로 유배된다. 기사환국은 세자책봉 문제를 둘러싸고 인현왕후를 지지하는 서인인 노론(老論) 세력과 장희빈을 지지하는 남인 세력 간의 싸움에서 서인들이 패배하여 실각하고 남인들이 집권하는 사건인데, 이 사건에 휘말려 지호 이선은 기장으로, 서포 김만중은 남해로 귀양가게 되었고, 이보다 앞서 당시 서인의 영수격이었던 우암 송시열은 제주도로 유배되었다가, 다시 정읍(井邑)으로 이배되어 사사(賜死)되었으며, 인현왕후는 폐위되기에 이른다.

지호 이선이 한양에서 멀리 1,000리나 떨어진 이곳 기장으로 유배를 당하자 그는 몸과 마음에 병을 얻게 되어 유배 4년 후인 1692년(숙종 18년) 2월에 62세를 일기로 기장 적소(謫所)에서 생을 마감하게 된다. 그러고 나서 2년 후 갑술환국(甲戌換局)으로 남인이 몰락하고 노론이 다시 집권하자 지호 이선도 사면 복권되었고, 사후(死後) 162년만인 1854년(철종 5년)에는 '정간(正簡)'이란 시호를 받게 되었고, 그 2년 후인 1856년에는 그의 문집 『지호집(之湖集)』 13권이 간행되었다.

특히 지호 이선이 기장에서 유배생활 중에 이룩한 큰 공적으로서는 같은 서인으로서 뛰어난 문필가였던 송강 정철의 송강가사 가운데 흩어진 것을 간추리고, 잘못된 것을 바로 잡아 이른바 『송강가사 이선본』을 편집하여 후세에 남기게 된 일이다.

이선은 기장 유배 시에 당시 기장 철마에 거주하던 이 지역 유지 문세명(文世鳴)의 사랑채인 유란헌(幽蘭軒)에 기거하면서 역시 문세명이 세운 정자인 집승정(集勝亭)을 자주 이용했던 모양이다. 그러면서 그가 "이 정자에 오르면 근심 걱정이 멀리 떠나간다."고 입버릇처럼 자주 뇌임으로서 이 정자 이름이 집승정에서 수리정(愁離亭)으로 바뀌었다고 한다. 이 정자는 그 뒤 오랜 세월을 거치면서 사라졌다가 2005년 12월에 기장군에서 지호공의 적거지였던 철마면 웅천리 중리마을에 수리정(愁離亭) 정자를 다시 복원함으로서 이곳에다 옛 선비들이 누렸던 누정문화(樓亭文化)를 되살리는 표징이 되었다.

지호 이선의 문집인 『지호집』 권1은 모두 148수의 한시를 수록하고 있는데, 그중 기장 유배 시에 지은 것은 33수 정도이다. 다음은 그중에서 2수를 뽑은 것이다.

熊村偶吟	**웅촌마을에서 읊다**
寬閒洞府絶塵喧	한적한 산골마을 시끄러운 속세에서 벗어나 있고
翳日桑麻自一村	해를 가린 뽕나무 삼나무 스스로 한 마을 이루어
山外不知風雨惡	산 밖의 모진 비바람 알지 못하니
世間今有武陵源	세상에는 이곳에 무릉도원이 있다하네

訪梅	**매화를 찾다**
一樹梅花枕碧溪	매화나무 한 그루 푸른 시내에 걸치었네
幾多風雨色悽悽	얼마나 많은 비바람에 그 색이 바랬는지
今來爲剪藤蘿盡	이제 와서 등나무와 쑥을 모두 잘라내고
三嗅淸香到日西	맑은 향기 세 번 맡으니 해는 서산으로 기우네

위의 한시 2수는 지호 이선이 기사년(1689년) 기장으로 유배 와서 그 다음해인 경오년 그의 나이 60세에 지은 7언절구의 근체시(近體詩)이다. 「웅촌마을에서 읊다」에서 웅촌마을은 한양에서 천리나 멀리 떨어진 변방으로 그가 유배 온 기장의 한 산골마을로 짐작된다. 그곳은 뽕나무, 삼나무가 우거져 해를 가리고 있고, 바깥 세상과는 거의 절연되어 세속의 사정을 알지 못하니, 여기야말로 바로 무릉도원이 아니겠는가 하고 생각한다. 바깥 세상과 절연한 고난의 유배지를 오히려 유토피아로 생각하는 그의 시적 상상이 놀랍다.

다음 「매화를 찾다」 역시 같은 시기, 같은 상황에서 지은 같은 형식의 한시이다. 매화는 본래 선비들에게 사군자(四君子)의 하나로 여겨지던 꽃이다. 여기서는 심심산골 푸른 시내 위에 걸쳐져 있는 그 매화가 어쩌면 현재의 자기 자신의 모습에 비유되는 것일 수도 있겠다. 그 매화나무 주변에 얽혀 있는 등나무와 쑥을 모두 잘라내고 나니, 매화향기는 더욱 맑게 퍼지는데, 그 향기를 세 번 맡고나니 해는 벌써 서산으로 기운다는 표현이 절묘하다.

〈 愁離亭 〉

그러고 보면 그는 이들 시에서 기장 산골에서 보내는 자신의 유배생활을 꼭 비관적으로만 여기고 있는 것 같지는 않다. 오히려 조정의 당파싸움과 권력투쟁의 소용돌이에서 천리나 멀리 벗어난 이곳 기장의 적소를 무릉도원에 비유하면서, 자신이 그 속에서 맑은 매화 향기를 맡으며 보내는 그 시간을 즐기고 있는 것 같다. 그러한 시간이야 말로 세속의 근심에서 벗어난 '愁離亭'의 주인공으로서 그가 누릴 수 있는 합당한 보상이 아니었을까.

4. 맺는 말

유배는 과거 우리나라 왕조시대에 시행되었던 특수한 한 가지 형벌 형태로서 그것은 우리 문화, 특히 우리 문학의 창조 발전에 역기능보다는 순기능으로 작용한 면이 적지 않다. 유배가 그것을 당하는 개인에게는 물론 고난과 불행이었지만, 그러한 고난과 불행을 통해서 그의 삶의 지평을 확대시켜 새로운 경험에 접하고, 그것을 창조적으로 변용 승화시켜 나갈 수 있는 기회가 됨으로써 결과적으로 우리 문화, 특히 우리 문학의 창조 발전에 기여할 수 있었기 때문이다.

그리하여 과거의 우리 국문학은 유배의 체험이나, 유배가 모티브가 되어 쓰여진 작품들로써 유배문학이라는 독특한 한 가지 장르를 설정할 수 있겠는데, 이에는 한글로 쓰여진 시가와 소설은 물론, 한자로 쓰여진 한시나 산문도 적지 않는 분량을 차지하고 있다. 이러한 유배문학은 작자의 유배생활이나 유배지의 특수한 체험이나 정서를 반영하고 있지만, 그럼에도 불구하고 당시의 지배이데올르기였던 충효의식에서 벗어나지는 못하고 있다.

우리 고장 기장은 서울에서 멀리 떨어진 국토의 동남단 최 변방으로서 유배지로 곧잘 이용되었던 곳이고, 조선왕조시대 이곳으로 유배온 인물들 가운데 기록으로 남겨진 인물들만 해도 57명에 이른다. 그중에서 특히 괄목할만한 유배문학을 남긴 인물로서 자료로써 확인되는 이는 위의 3명으로서, 즉 고산 윤선도와 약재 고두문, 지호 이선이 그들이다.

그들이 남긴 유배문학은 안타깝게도 한글로 쓰여진 것은 없고,

한문으로 쓰여진 시와 산문들이 다수를 차지한다. 비록 한문으로 쓰여졌더라도 이는 우리 국문학 유산의 귀중한 일부로서 우리 기장 지역에서 생산되었다는 점에서 의의를 찾을 수 있겠다. 또한 이곳 기장에서의 그들의 유배행적과 유배문학은 그들 당시는 물론이고, 오늘날의 입장에서도 분명 이 지역의 역사와 문화에 순기능으로 작용하고 있음에 틀림없다고 하겠다.

지금 이 시대에 그 순기능을 앞서 계승하면서 그 의의와 가치를 보다 확대 심화 발전시켜 가야할 사람들이 바로 오늘날 우리 기장 문인협회 회원들이 아닐까 하고 생각해 본다. 이 글은 그러한 뜻에서 쓰여진 것임을 밝힌다.

참고문헌

기장군지 편찬위원회. 『기장군지(機張郡誌)』(上). 소문출판인쇄사, 2001.

기장문화원. 『기장(機張)의 유배문학(流配文學)』 제1집. 기장문화원, 2015.

박준규. 『고산 윤선도: 유배지에서 부르는 노래』. 중앙 M&B. 1997.

박필우. 『유배지에서 유배객을 만나다』. 남해군 남해유배문학관. 2011.

조동일. 「유배문학의 특성과 양상」. 『한국문화연구』 Vol. 9. 이화여대 한국문화연구원(2005), 7-31.

조동일, 『한국문학통사』 1(제4판), 지식산업사, 2005.

최종식. 『유배가사 연구: 만분가, 별사미인곡, 속사미인곡, 만언사, 만언사담, 북천가를 중심으로』(교육학 석사학위 논문). 전주우석대학교 교육대학원 국어교육전공. 1994.

한정호. 「유배문학의 산실, 남해도(南海島)-김구, 김만중, 류의양을 중심으로-」. 『인문논총』 31권. 경남대 인문과학연구소(2013), 335-355.

독립투사 가문의 의사 수필가 박문하

우하 **박문하**
(1918~1975)

1. 가족사와 고난의 시절

수필가 박문하(朴文夏)는 어떤 사람인가?
그는 아호가 우하(雨荷)이며, 1918년 3월 13일 부산광역시 동래구 복천동 319번지에서 아버지 박용한(朴容翰)과 어머니 김맹련(金孟蓮)의 3남 2녀중 막내로 태어났다. 그의 아버지는 당시로서는 꽤 선각자였던 모양이다. 그는 한말 동래 지역 유지들이 설립한 개양학교(현 동래고등학교 전신)와 서울의 보성전문학교(현 고려대학교 전신)를 졸업하고 대한제국의 탁지부 주사라는 직책을 맡아 있었다고 한다. 그러다가 1905년 일제의 강압에 의하여 체결된 소위 을사늑약 이후 대한제국이 일제에 의해 실제적인 식민지로 전락하는 모습을 보고 그는 망국의 한과 설움을 누를 길이 없어 한 통의 비장한 유서를 남기고 순국 자결한 애국지사였다.

그의 어머니 역시 한국 독립운동의 거목이며, 해방 후 북으로 넘어가 제1대 조선민주주의 인민공화국 정부 수반을 지낸 김두봉(金枓奉)과 역시 독립운동가이며, 대한민국 제헌의회 의원을 지냈던 김약수(金若水)의 사촌이었다.

이러한 가문과 부모에게서 태어난 3남 2녀의 박문하 형제 자매들 역시 대부분 항일독립투쟁에 참가하였던 독립투사들이었다. 맏형인 박문희(朴文熺)는 일찍이 동경 유학에서 돌아와 신간회 간사로 활약하다가 중국으로 건너가 항일독립운동에 헌신하였으나 그 뜻을 이루지 못한 채 애석하게 생애를 마쳤고, 중형 박문호(朴文昊)는 형보다 먼저 중국으로 망명하여 조선의열단(朝鮮義烈團) 단원으로 활약하다가 왜경에게 체포되어 강제 송환된 후 서대문형무소에서 옥사(獄死)하였다.

박문하에게는 두 누님이 있었다. 큰 누님 박수정(朴壽貞)은 당시의 관습에 따라 일찍 시집을 갔지만 병고(病苦) 끝에 27세로 요절하였다. 그러나 작은 누님 박차정(朴次貞)은 일찍이 민족의식과 항일운동의 산실이었던 동래 일신여학교(日新女學校)에 입학하여 항일민족의식과 남녀평등의식에 눈을 뜨게 되었고, 일신여학교 동맹휴학을 주도 하였으며, 또한 글솜씨도 뛰어나 일찍이 문학적 재능을 발휘하여 학교 교지에 소설과 시를 발표하기도 하였다. 그러나 그녀는 한가하게 문학에나 전념하고 있을 인물이 아니었다. 그녀는 일신여학교를 졸업하고 서울로 올라가 신간회와 더불어 전국적인 조직망을 갖춘 유일한 여성 독립운동 단체인 근우회(槿友會)의 선전부장을 맡아 활약하다가 1930년 1월 서울지역 11개 여학교의 시위 투쟁인 이른바 '근우회 사건'에 연루, 일경에 검거되어 서대문형무소에서 옥고를 치르기도 하였다.

1930년 중국에서 의열단원으로 활약하던 둘째 오빠 박문호의 연락을 받고 중국으로 망명하여 1931년 의열단 단장 김원봉(金元鳳)과 결혼하면서 의열단의 핵심단원이 되어 여교관을 맡는 등, 여러가지 두드러진 활약을 전개하였다. 그러다가 1939년 2월 중국 강서성 곤륜산 전투에서 일본군과 싸우다가 어깨에 큰 부상을 입었고, 그 후유증으로 1944년 5월 27일 중경에서 34세를 일기로 치열했던 삶을 마감하였다.

박문하는 이러한 독립투사 가문의 자녀 3남 2녀 중 막내로서 아버지가 순국 자결한 후에 유복자로 태어났다. 그의 어린 시절 행적에 대해서는 자세히 알려져 있지 않으나 가족들이 대부분 조국 독립을 위해 목숨을 바쳤거나 중국으로 망명한 처지이고, 집에 남은 가족이라고는 어머니와 유복자로 태어난 막내아들인 그밖에 없었다. 그러다 보니 생계마저도 어려워서 어머니가 항상 삯바느질로 겨우 생계를 꾸려가는 형편이었다. 그나마도 그들은 소위 불령선인(不逞鮮人)의 가족으로서 수시로 몰려드는 일제 관헌의 감시와 가택수색은 사람을 늘 바늘방석에 올려놓는 꼴이었다. 그러한 어려움을 견디다 못해 모자 또한 중국 망명의 길을 택했다.

1934년 어머니와 함께 중국으로 망명한 박문하는 의열단원이었던 둘째형 박문호와 함께 활동하다가 조선인 밀정의 함정에 빠져 중국에서 일본경찰에 체포되어 형 박문호는 5년형을 선고받고, 박문하는 미성년이라 하여 본국으로 이송되어 풀려났다. 그는 호구지책과 피신생활을 위하여 한때 청도 운문사에서 승려 노릇을 하기도 했고, 절에서 나와 생계를 위해 어느 병원의 조수 노릇을 하기도 했다. 그러면서 그는 의학서적과 문학서적을 탐독했다.

그러다가 그는 의사검정고시에 합격하여 동래지역에서 병의원을 차렸다. 덕분에 이제 겨우 생계문제는 해결되었으나, 그럼에도 불구하고 일제 말기라 여러 가지로 어려움은 계속되었다. 그러다가 마침내 조국이 광복을 맞았다. 이제는 어깨를 펴고 살 수 있을까? 일본인 의사들이 떠나가고 나니, 당시 우리나라에선 의사가 부족했다. 그는 동래의 중심가 수안동에 '민중외과의원'을 개원하고 밤낮으로 열심히 진료를 계속했다. 토박이 향리 의사로서 지역민의 신망도 컸다. 이제 좀 안심하고 살게 되는가 싶었다.

그런데 그게 아니었다. 해방된 조국엔 좌우익의 갈등과 대립이 격렬해졌다. 그러다 결국 남북이 분단되고 말았다. 그러다 보니 그는 누나 박차정의 남편 김원봉이 북으로 넘어간 사실로 인하여 지역 경찰의 요주의 시찰 대상 인물이 되었다. 무슨 정치적 불안상태가 있을 때마다 수사기관에서는 그를 찾아왔고, 가택수색까지 당했다. 심지어 '민중의원'이란 병원 이름마저 시비의 대상이 되었다. 신변의 불안은 해방전이나 해방후나 별반 차이가 없었다.

그러다가 1950년 6.25 전쟁이 터졌다. 신변의 불안이 더해졌다.

그는 병원문을 닫고 의무장교를 지원했다. 일선에 투입되어 야전 병원에서 부상병의 치료를 맡아 열심히 일했다. 마침내 휴전이 성립되었다. 그는 군의관 대위로 제대하고는 고향으로 돌아와 민중의원을 다시 열었다. 다시 진료실에 앉아 청진기를 들고 환자들을 돌보는 의사의 자리로 돌아왔다.

2. 의사 수필가 박문하

박문하가 글을 쓰기 시작한 것은 군의관에서 제대하고 다시 병원을 개원하여 의사생활을 하던 1950년대 말 부터였다. 처음 글을 쓰게 된 동기는 지역 신문이나 잡지에서 청탁을 받아 한 편 두 편 글을 써준 것이 의외로 독자의 호응을 받게 되어 그러한 청탁이 잦아지면서부터였다.

당시에는 우리나라 문단에서 수필을 독자적인 문학장르로 인정하여 수필가를 정식으로 배출하는 별도의 문단 시스템이 확립되기도 전이었다. 그러다 보니 시인이나 소설가 등의 작가들이 어쩌다가 여기(餘技)로 쓰는 잡문이나, 교수나 의사 같은 지식인들이 간혹 신문, 잡지 등에 청탁을 받아서 잡문을 쓰다 보면 그것이 수필이 되고, 그렇게 해서 수필가가 되었다. 우하 박문하의 수필도 처음 그렇게 해서 씌어진 잡문이고, 우하 박문하가 수필가가 된 것도 그렇게 해서 된 것이었다.

어쨌든 수필가로서의 우하 박문하의 지위는 그렇게 해서 점점 더 확대되고 공고해져 갔다. 재미 있는 글을 쓰는 의사 수필가로서의 그의 명성이 점점 더 높아짐에 따라 부산 지방뿐만 아니라 당시 전국적으로 내노라하는 종합 월간지 『사상계』, 『신동아』, 『세대』 등에서도 청탁이 왔고, 월간 문예지 『자유문학』, 『월간문학』, 『현대문학』, 『신문학』 등에서도 청탁이 왔다. 그렇게 경향 각지의 지면에 발표를 거듭함에 따라 그의 명성도 점차 높아졌다.

의사 수필가로서 그의 명성이 이렇게 점차 올라가면서 그의 사회적 활동이나 역할도 높아지게 되었다. 동래구 의사회 회장과 의협신보 논설위원을 오랫동안 맡았고, 한국수필가협회 이사, 부산 시문화위원, 한국문인협회 부산지부장 등, 문화계 일선에서도 역할과 지위가 점점 높아졌다.

그리하여 수필가로서는 처음이자 마지막으로 1973년 부산문인협회 회장직을 맡게되어 의욕을 보였다. 회원의 친목에 각별한 정성을 쏟았고, 회장 자신이 사비를 내어 『부산문학』, 『재부 작가론』, 『작고 시인론』 등의 책자를 발간하기도 했다.

그러나 그의 지위가 이렇게 점점 높아가고, 활동이 왕성해져 가는 것과는 반대로 그의 육체적 건강은 점점 더 악화되어 갔다. 그의 건강이 급속도로 악화된 주요 원인은 그의 맏아들 의언(義彦)군의 돌연한 죽음과 무관하지 않은 것 같다. 아버지의 사랑과 기대를 한 몸에 받으면서 당시 연세대 의대에 다니고 있던 의언군이 방학을 맞아 귀가했다가 1964년 7월 29일 송정바다에서 해수욕을 하다가 파도에 휩쓸려 사망했다. 당시 그의 나이 스물한 살이었다.

이로 인해서 아버지 박문하의 상심과 좌절은 이루 말할 수 없이 켰던 것 같다. 1965년에 발간된 그의 세 번째 수필집 『약손』 머리말에서 그는 "큰 아이를 잃어버린 뒤로 나는 갑자기 시력이 말 못하게 나빠진 것과 하찮은 일에도 남보기가 창피할 정도로 이렇게 찔끔찔끔 눈물이 흐르는 병이 생기었다."고 했는데, 그의 병은 거기서 그치지 않고 그후로 당뇨병과 심한 위궤양으로까지 발전했다가, 70년대 들어서는 간이 점차 나빠져서 1974년부터는 간경화증의 증세를 보이더니, 결국 그것이 간암으로 발전했다. 그는 남의 병을 다스리는 의사였지만 자기 몸과 병을 다스리는 데는 소홀했던 사람이었다. 그리하여 그도 마침내 1975년 3월 30일 58세를 일기로 이 세상을 하직하고 말았다.

이렇게 홀연히 그가 이 세상을 떠나고 나자 부산문단은 물론이고, 한국수필문단 차원에서도 애도의 분위기가 무척 고조되었던 것 같다. 그해 전국의 유명 수필가들이 고인의 수필제목을 따서 『여백의 예술』(범우사 간)이라는 제목의 추모 수필집을 상재했을 정도였다. 그 필진을 보면 김소운, 한흑구, 정국진, 전숙희, 허창언, 조경희, 김사달, 이상보, 서정범, 이일동, 이기진, 신상철, 원종성, 유병근, 김상명, 송도, 윤형두, 박연구 등, 전국의 쟁쟁한 수필가들이 망라되어 있다.

그후 우리 정치 사회가 점차 민주화되어 가면서 남북분단으로 인한 과거의 사상적 족쇄도 점차 풀려가던 1995년, 우리 정부에서 그의 누나 박차정에게 건국훈장 독립장의 서훈과 함께 '박차정

의사'라는 칭호마저 주어졌다. 그리고 2005년에는 박차정 의사의 복천동 생가가 복원되어 동래구 문화시설사업소로 지정되었다. 박차정 의사의 생가는 곧 의사 수필가 우하 박문하의 생가이기도 하다.

동래공설시장 남쪽 맞은편 네 거리 왼쪽 모서리이자 수안동 파출소 길 건너 맞은 편에 있었던 박문하의 민중의원은 그 뒤 5층의 상가 빌딩으로 바뀌어져 있다.

3. 박문하 수필집

박문하가 생전에 펴낸 수필집은 『배꼽없는 여인』(1960), 『인생 쌍화탕』(1963), 『약손』(1965), 『낙서 인생』(1972) 해서 모두 네 권이다. 그중에서 『인생 쌍화탕』은 수필집으로 보기에 부적합한 측면도 있으나, 일단 여기서는 그 네 권의 성격에 대해서 차례대로 간략히 살펴보고자 한다.

『배꼽없는 여인』

먼저 『배꼽없는 여인』은 '의창수상(醫窓隨想)'이라는 부제(副題)를 통해서도 짐작할 수 있는 바와 같이 주로 그가 의사로서 경험한 사실과 의학적 지식에 관련된 글들이다. 그가 스스로 책의 '후기(後記)'에서 밝히고 있는 바와 같이 그 당시만 하더라도 아직 우리나라 사회 현실에서 일반 시민들은 충분한 의료혜택을 누리지 못하고 있는 실정이었고, 또한 의학적 지식에도 대부분 무지했다.

그는 이러한 시민들에게 의학지식을 계몽해야할 필요성을 느꼈고, 그 계몽 역시 의사가 해야 할 책무로서 생각했다. 그러나 어렵고 딱딱한 의학지식을 일반 시민들에게 전달하는 방법으로서 그가 착안한 것이 소위 문학당의정설(文學糖衣錠說)이다. 그는 이 책의 '후기'에서 이렇게 말하고 있다.

> 어떻게 하면 어렵고 딱딱한 이 의학지식을 일반시민에게 쉽게 보급할 방법은 없을까? 옛날부터 몸에 이로운 약은 입에 쓰다는 말이 있다. 이 입에 쓴 약을 의사가 달게 해서 환자에게 주면 토하지 않고 잘 먹는다. 이와 같이 딱딱하고 어려운 의학 지식에 당의를 입혀서 일반시민에게 한번 보급해 보자. 이러한 생각으로 지난 삼 년간 진료의 여가를 틈타서 각 일간신문과 대중잡지에 글을 쓰게 된 것이 벌써 백여 편이 넘게 되었다. 그중에서 우선 50편을 추려 여기에 한 권의 의학수필집을 엮어 보았다.

문학당의정설은 일찍이 로마의 서사시인 루크레티우스(Titus Lucretius; 99~55 B.C.)가 설파한 이론으로서 고전적 문학론의 기본이 되고 있다. 그것은 문학이 독자에게 쓴 교훈적 내용을 전달하는 방식으로 표면적으로는 달콤한 시적 형식의 당의정을 입혀서 표현해야 할 필요성을 주장한 이론이다. 박문하의 이 수필집은 바로 그러한 목적을 띠고 그러한 양식으로 쓰여진 책인 셈이다.

우선 이 책은 그 제목부터 일반인의 호기심을 불러일으키기에 족할 정도로 다소 선정적이다. 그러나 같은 제목의 작품 내용을 읽어보면 의사로서 자신이 겪은 매우 이례적인 체험을 이야기하고 있다. 즉 어릴 때 배꼽에 염증이 생겨 배꼽을 도려내는 수술을 받은 한 여인이 결혼을 한 후 배꼽이 없음으로 해서 남편으로부터 "오아시스 없는 사막"이란 수모의 말까지 들으며 부부관계에서 여러 가지로 어려움을 겪다가 의사인 자신을 찾아와 하소연을 한다. 그래서 그는 개업후 처음으로 배꼽성형수술을 하게 되고, 그것이 성공적인 결과에 이르게 되어 그 여인으로부터 감사의 인사 편지를 받는다는 흐뭇한 내용이다.

의사로서 겪게 되는 여러 가지 이색적이고 흥미진진한 체험은 그 외에도 「감응유전(感應遺傳)」, 「유전(遺傳)」, 「제왕수술」, 「유방잡기(乳房雜記)」, 「이례(異例)의 인공수정(人工受精)」, 「자궁 외 임신」, 「오진(誤診)」, 「음독자살」 등, 여러 작품에서 다루어지고 있다.

그 외에 수필이라기보다 전문적인 의학적 소재와 의학적 지식을 다룬 글들도 여러 편이 있다. 「남태법(男胎法)」, 「안락사(安樂死)」, 「스트레스란 무엇인가?」 「바이러스란 무엇인가?」 「급성중독」, 「인공수태」, 「비타민 결핍과 질병」 등이 그러하다.

또한 「한국의 제너 지석영 선생」, 「세브란스의 창설자 오 알 에비슨 박사」 같은 글은 한국 현대의학의 개척자들에 대한 역사적 전기적 사실을 기술한 글이다.

이와 같은 여러 글들은 저자가 책의 '후기'에서도 밝히고 있는 바와 같이 신문이나 잡지 등을 통하여 일반 시민들에게 의학적 지식을 계몽하기 위한 필요성에서 씌어진 글들이다. 그러나 그중에서 특히 눈에 띄는 글로서 「醫家藝術人群像」과 「명작 속의 의사상」이 있다.

「醫家藝術人群像」에서는 "사람의 정신 및 육체적 질병을 다스리는 의사들은 과학자이면서 동시에 예술가적 수련과 지식이 필요할 때가 많다"고 전제하고, 의사이면서 동시에 예술가를 겸한 사람들의 예를 줄줄이 들고 있다. 그중에는 러시아의 문호 안톤 체홉과 독일의 시인 프리드리히 실러, 영국의 개업의사이며 유명한 탐정소설가 아서 코난 도일, 독일의 의사이며 소설가 한스 카로사를 포함하여 영국의 유명한 작가 윌리엄 서머세트 모음, 프랑스의 작가 포올 부우르줴, 의사이며 정신분석학자로서 너무나 유명한 프로이트 등, 서구인들의 예를 거쳐 일본인과 우리나라 사람에까지 범위를 넓히고 있다.

「명작 속의 의사상」은 글자 그대로 동서고금의 여러 명작 속의 의사상을 개괄적으로 살펴본 글이다. 이는 의사라는 직업과 인간이 갖추어여할 기본적인 덕목으로서의 휴머니티가 상실되고 있는 현실을 안타까워하면서 그것의 부활을 외쳐보는 자신의 "마음의 독백"이라고 말한다.

이 책에 실린 총 49편의 글 가운데서도 가장 눈에 띄는 것이 「첫사랑」이란 작품이다. 이 글은 작가 자신의 압축된 자서전이라고 할 수 있다. 그것은 비운의 민족사와 함께 눈물의 가족사와 관련되어 있다. 그는 이 글에서 굴욕의 을사보호조약이 발표되던 날 밤 아버지의 순국자결로 유복자로 태어난 자신과 자신을 포함한 5남매와 어머니가 겪었던 고난의 삶을 회고한다. 그리고 그 고난 가운데서도 그가 어릴 때부터 어떻게 문학작품을 읽으며 문학에 심취해 왔었던가를 얘기한다.

그러나 당시 그가 처한 너무나도 엄혹한 상황은 한가하게 문학에 심취해서 살아갈 수 있는 형편이 아니었다. 그는 온갖 파란곡절을 겪은 끝에 결국 의학을 지망하여 의사가 되었다. 의사가 된 목적에 대해서 그는 "의사라는 직업은 그래도 왜정의 녹을 먹지 않고 내 민족에 도움이 되고 학구적인 생활을 할 수 있었기 때문이었다."라고 했다. 그러나 그가 의사가 됨으로써 그의 첫사랑이었던 문학과는 결별을 하지 않을 수 없었다.

그렇게 의사로서 살아온지 20여 년, 그동안 조국은 해방이 되었지만 남북이 분단된 채 우리 정치 사회는 늘 혼탁했다. 그러던 중 어느날 그에게 20여 년 전에 잃어버렸던 첫사랑이 다시 찾아왔다. 그 첫사랑에 대한 열정이 다시 불타 올랐다. 「첫사랑」이란 제목의 이 글을 그는 이렇게 끝맺고 있다.

> 나는 앞으로 이렇게 나의 첫사랑인 문학과의 밀회를 계속할 작정이다. 의학은 나의 아내, 문학은 나의 연인으로 새삼스럽지만 한 번 늦바람을 피어볼 작정을 하고 있다.

『인생 쌍화탕』

박문하의 두 번째 책 『인생 쌍화탕』은 '행림소총(杏林笑叢)'이라는 부제를 달고 있다. '행림소총'을 요즘 말로 쉽게 풀이하면 의사나 의술에 관련된 휴머, 즉 우스개 이야기들을 모은 책이란 뜻이 되겠다. 그러니까 이 책은 수필집으로 보기는 어렵다. 저자는 이 책의 후기에서 이런 책을 내게된 목적과 의도에 대해서 다음과 같이 밝히고 있다.

> 웃음을 상실한 인간은 정신적 변비증과 마음의 영양실조에 빠져서 여러 가지 질병을 일으키며, 나아가서는 무서운 사회악까지 저지르게 되는 것이다.
>
> 가시 돋은 겨레의 병든 가슴 위에 다사로운 햇빛과 웃음의 꽃씨를 뿌리는 일은 효험 있는 인간 치료가 되리라 믿어서, 여기에 의학적인 유머를 모아 본 것이다.

그리하여 이 책에 수록된 100여 편의 의학적 휴머는 동서고금의 전래 휴머에다 당시 의료계에서 유포되고 있던 휴머들을 저자가 수집 윤색한 것들을 합친 것이다. 따라서 이 책 속의 휴머들은 일반적인 소담(笑談) 또는 소총(笑叢)과 달리 의학적 휴머라는 전문성을 띠고 있다.

휴머는 우선 웃음을 유발시키는 것이 목적이지만, 같은 휴머라 하더라도 수준이나 격조에 있어서 차이가 있다. 비록 대다수의 휴머가 섹스와 관련되긴 하지만, 그것을 어떻게 취급하고 표현하느냐에 따라서 그 수준이나 격조에는 상당한 차이가 있을 수 있는 것이다. 그런 면에서 보면, 이 책에 수록된 휴머들은 저자의 의학적 지식은 물론이고, 나아가 동서고금의 문학과 역사에 대한 해박한 지식까지 곁들여 보여주는 수준 높은 휴머라고 하겠다.

휴머는 또한 흔히 위트(wit)와 사타이어(satire)와 관련된다. 위트란 우리말로 기지 또는 재치를 의미하며, 사타이어란 우리말로 풍자(諷刺)로 번역된다. 휴머는 이러한 위트나 사타이어와 결합했을 때 보다 차원 높은 휴머가 되어 통쾌한 웃음과 함께 그 속에 감추어진 예리한 비수와 같은 비판의식으로 독자를 일깨우는 효과도 함께 지니게 된다.

예를 들면 「신경성 속맥증(神經性 速脈症)」이란 제목의 위트 넘치는 휴머를 보자.

> 간호사로부터 입원환자의 검맥(檢脈)과 검온표(檢溫表)를 받아 보면서 의사는 간호사를 나무랐다.
>
> "환자의 맥박수를 좀 정확하게 세어봐요. 항상 실제보다는 1분간에 2~30정도는 더 많으니 어찌된 셈이요?"
>
> 간호사는 생긋 웃으면서
>
> "아이, 선생님도, 남자들이란 으레 젊고 어여쁜 여자가 그 손목을 잡으면 맥박이 급히 뛰는 거예요. 그러니 젊은 간호사가 센 남자의 맥박은 으레 빠르게 될 게 아네요?"

다음 「의사 딜레마」란 제목의 글에서는 "서툰 의사일수록 절단하는 것을 당연한 것 같이 생각하지만, 능숙한 외과의는 절단하는 것을 여간 어렵게 생각하는 것이 아니다."라고 하면서, "우리 민족은 지금 서투른 외과의 같은 정치인들 때문에 끊지 않아도 될 성한

다리를 얼마나 많이 끊기었는지 모른다."라고 하면서 당시의 우리나라 정치풍토를 신랄하게 비판 풍자하고 있다.

『약손』

세번째 저서 『약손』이 출판되었을 때는 저자가 자기 인생에서 아마도 가장 큰 불행을 겪고난 시기였을 것으로 짐작된다. 저자에게는 2남 3녀의 자녀가 있었다. 그중에서도 저자는 특히 장남 의언(義彦)군에게 거는 기대와 사랑이 무척 컸던 모양이다. 의언군은 그러한 아버지의 사랑과 기대에 부응하여 연세대 의대생으로서 장차 아버지의 업을 계승할 의사의 길로 가기로 예정되어 있었다. 저자 스스로 그 책의 '머리말'에서 "큰 아이에게 의학공부를 시켜 내 나이 환갑이 되는 날 병원을 물려 맡기고 나는 그때부터 문학으로 전신을 해볼 계획을 은근히 하고 있었던 것이었다."고 속내를 털어놓고 있다.

그런데 1964년 7월 29일, 그 아들이 송정바다에서 해수욕을 하다가 파도에 휩쓸려 스물한 살이라는 아까운 나이로 다시는 이 세상에 돌아오지 못할 불귀의 객이 되고 말았다. 이로 인해서 당한 충격과 슬픔과 낙심이 어떠했으리라는 것은 미루어 짐작할 만 하다. 저자 자신의 노년의 꿈도 산산조각이 나고 말았고, 그후로는 병원 진료실에서도 항상 소주병을 보관해 두고 있었다고 한다. 그러나 그러한 불행한 사건을 겪고난 후에 출판이 된 이 세 번째 저서 『약손』이 필자가 보기로는 그의 저서 중에서 가장 우수한 작품들을 많이 담고 있다고 여겨진다.

이 책에서도 의학적 지식과 의사로서의 그의 체험이 제재나 소재로서 다루어지고 있는 작품이 다수를 차지하고 있는 것은 그의 다른 책들과 다름이 없다. 예를 들면 「어떤 왕진」, 「장기언어(臟器言語)」, 「색맹증」, 「幻想痛覺」, 「의사의 종기」, 「내장전착증(內臟轉錯症)」, 「의사의 길」 등이 그러한 작품들이다.

그러나 그 외에도 이 책에서 유독 두드러져 보이는 몇 가지 현상이 눈에 띤다. 그중 하나를 든다면 그 당시 우리나라 정치 사회적 부조리에 대한 비판과 풍자이다. 이 책에 수록된 글들이 씌어진 시기는 주로 5. 16군사쿠데타 이후 우리나라 정치가 군부세력과 그 추종자들에 의해 주도되던 시절이다. 5.16군사쿠데타는 당시 우리 사회의 혼란과 부조리를 바로 잡겠다는 명분으로 일으킨 쿠데타였지만, 그후 그 쿠데타 세력들이 정권을 잡고 나서도 우리 사회의 혼란과 부조리는 또 다른 형태로 여전히 만연했다. 이 책에서는 그러한 정치 사회 부조리에 대한 저자의 비판과 풍자가 곳곳에서 나타난다.

예를 들면 「울음을 잃은 아이들」에서 저자는 보육원의 촉탁 일을 맡아 그 곳에 수용되어 있는 고아들을 접하면서 그들은 어떤 경우에도 울음을 울지 않는다는 사실을 발견하고 그 아이들을 오랜 정치악 속에 시달리고 지쳐서 감정을 잃고 무표정한 얼굴이 되어 버린 우리 국민들에 비유하여 이렇게 쓰고 있다.

오랜 정치악 속에서 시달리고 지쳐서, 마치 울음을 잃은 이러한 고아들 모양으로 이제는 어떠한 악정에도 함구불언하고 무표정한 국민의 얼굴이 있으니, 이것을 보고 자기네들의 선정에 만족한 착한 얼굴로 착각을 하는 정치가가 있다면, 이는 현대판의 돈키호테라고 아니 부를 수가 없겠다.

그 외에도 「공 것은 없다」, 「비닐 우산」, 「세무원의 정치」, 「이식증 환자」, 「어떤 왕진」, 「색맹증」, 「무정란」, 「정치가와 누드쇼」, 「향수와 정치」, 「내장전착증(內臟轉錯症)」 등이 모두 당시 한국 정치 사회에 대한 신랄한 비판과 풍자를 담고 있는 글이다.

이 책에서 특히 눈에 띄는 또 한 가지 특징은 저자 개인과 가족에 대한 솔직한 고백과 진술을 담은 글들이다. 수필은 그 본질상 필자 자신의 개인적 사실이나 경험에 대한 진솔한 고백을 생명으로 한다. 그러나 그 고백이 진솔하지 못하고 허위나 허식이 느껴질 때 그것은 아무리 미사여구를 동원한다 하더라도 결코 독자의 마음을 사로잡을 수 없다. 그런 면에서 박문하의 수필은 오히려 너무 솔직해서 더러는 물의를 일으켰을 정도이다.

그중에서 「나의 첫 직장」이나 「자화자찬」 같은 글은 정해진 제목으로 청탁을 받아서 쓴 글이기에 제재나 분량이 극히 제한적이어서 필자 자신의 면모를 드러내는 데도 제한적일 수밖에 없었으리라고 짐작이 간다.

그러나 「外道人生」, 「십자매와 잉꼬」, 「새벽에 돌아오다-외박의 정신분석-」 같은 글들은 그러한 제한을 받지않고 자의적으로 쓴 것으로서 특히 필자 자신의 부부관계와 외도행위를 너무나 솔직하게 토로하고 있어서 무척 흥미롭다. 특히 「새벽에 돌아오다-외박의 정신분석-」는 당시에 꽤 물의를 일으켰던 모양이다. 그러한 물의는 외도를 기존의 관습과 도덕의 관점에서 바라보는 일반의 관점과 그것을 꽉 막히고 닫힌 상태의 정신과 육체를 일시적으로나마 해방하고 정화하는 일종의 카타르시스로 보는 필자 자신의 관점과의 충돌로 빚어진 물의로 여겨진다.

그 외 「나무로 살자」, 「내 속에 살아라」, 「꽃씨 문상」 은 의과대학에 다니던 장남의 불의의 사고와 죽음이라는 불행한 사건을 겪고 나서 그 아들에게 큰 기대와 사랑을 가졌던 아버지로서의 자신의 심경을 표현한 글들이다. 박문하가 불과 57세라는 나이에 간경화증으로 세상을 떠난 것은 이때 이 아들의 죽음으로 당한 충격과 좌절이 상당한 원인을 제공했을 것으로 짐작이 되어 지금도 안타까움을 금할 수 없다.

『낙서 인생』

박문하의 네 번째이자 마지막 수필집인 『낙서 인생』은 우선 제목에 내포된 함의(含意)부터 살펴볼 필요를 느낀다. 그는 이 책의 후기에서 어릴 때부터 해온 그의 낙서버릇을 얘기하면서 그에게 낙서는 일종의 정신적 배설작용이요, 카타르시스였다고 말한다.

이러한 낙서버릇 때문인지 나는 지금도 부조리한 사회의 벽과 공동변소 같은 권력의 낯짝 위에 낙서를 하지 않고서는 못 배기는 버릇이 있으며, 그것은 나에게 있어서는 일종의 배설작용과 같은 것이다. 이러한 배설이라도 하지 않고서는 나는 숨 막히는 이 답답한 현실 속에서 복폐색증(腹閉塞症)이 생겨서 죽을 것만 같다. 수필이 문학이니 아니니 하고 시비를 거는 못난 친구들이 있지마는 애당초 나에게는 이러한 것이 문제가 아니다.

여기서 우리는 그가 쓰는 수필이 그에게 어떤 의미를 갖는 것인지 짐작할 수 있다. 사실 문학, 즉 글을 쓰는 가장 기본적인 목적은 글의 문학적 또는 미학적 가치 추구보다 인간 내면의 표현 욕구와 직결된다. 그가 여기서 "낙서"라고 한 말 속에는 자신이 쓰는 글이 곧 자신의 이 표현 욕구를 표출하는 수단임을 암시한다. 그리하여 그의 이 『낙서 인생』도 그가 부조리한 사회와 부패한 권력에 대해서 뿐만 아니라 그의 시대와 삶 자체에 대해서 그가 표현하고 싶고, 표현하지 않고는 못배길 그러한 내면의 욕구들을 표현한 인생의 낙서로 보는 것이 적절할 것 같다.

우선 이 책에서 유독 눈에 띠는 글은 비록 몇 편 안되긴 하지만 그의 수필론이다. 수필가들 스스로가 수필 형식으로 쓴 수필론은 우리나라에서도 일찍이 피천득, 김진섭, 이양하 등과 더불어 시작되어 왔고, 오늘날에 와서도 더욱 다양한 형태로 발전해 가고 있는 것 같다. 이 책에는 「수필잡감(隨筆雜感)」, 「수필이란 무엇인가?」

같은 글이 이에 해당하겠고, 앞의 『약손』에 포함되어 있는 「수필은 문학의 부록이 아니다」 역시 같은 범주에 포함되겠다.

먼저 「수필잡감」은 1963년에 부산에서 창간호가 나온 우리나라 최초의 수필동인지로 알려져 있는 『隨筆』 10호(1969. 3)에 수록된 글로서 수필에 대한 동서양의 개괄적인 역사를 다루면서 동인지 『隨筆』을 간략하게 소개하고 있다.

다음 「수필이란 무엇인가」 라는 제목의 글에서 우하의 수필관이 단적으로 드러나 있다. 여기서 그는 소설은 소설가가 쓰고, 시는 시인이 쓰지만 수필은 일정한 형식이 없는 글이기 때문에 누구나 쓸 수 있는 글이라고 생각한다. 그래서 "문학은 천재의 것이나 수필은 만인의 문학이다."라고 말한다. 즉 그는 "수필은 모든 사람이 문학에 접근할 수 있는 징검다리 같은 것"이라고 생각한다. 그리고 그러한 수필은 인생과 생활의 바탕 위에서 쓰여지는 것이기에 "생활의 바탕이 없는 수필문학은 공허한 기교에 불과하다."고 말한다. 그는 의사로서의 그의 생활을 수필로서 표현하는 수필가이다. 그는 또 "글은 참된 데서 피어나고 만드는 데서 시든다."고 하면서 "이러한 점에서 수필은 기교의 문학이 아니고 나이의 문학"이며, "현대의 사막 속에서 생활의 정서인 오아시스를 찾아 헤매는 것이 곧 현대 수필문학의 정신"이라고 말한다.

「수필은 문학의 부록이 아니다」는 이 글이 쓰여진 시기가 1964년임에도 불구하고, 요즘에도 흔히 논의되고 있는 바와 마찬가지로 수필이 문학의 주변부에서 중심부로 진입하고 있는 현상과 그 필요성을 논하고 있다는 점에서 그의 선구적인 안목을 확인할 수 있다. "이제부터는 시나 소설의 시대는 지나가고 바야흐로 수필문학의 황금시대가 막을 올리려 하고 있다. 수필이 문학의 부록에서 벗어나서 한국문학사에서 넓은 영지를 차지할 날도 멀지 않을 것 같다."라고 한 그의 진단은 정확한 것으로서 지금도 여전히 유효성을 갖고 되풀이 되고 있다는 점에서 수필론에 있어서 그의 선구적 안목을 확인할 수 있다.

이 책은 수필집으로서는 상당히 많은 분량에 해당하는 무려 94편이나 되는 글이 실려 있어서 그 내용이나 성격을 진단하거나 분류하는 것이 결코 쉬운 일이 아니다. 그러나 그 외 몇 가지 눈에 띠는 특징을 살펴보면 우선 그의 장기로서 이것 때문에 그의 수필이 널리 일반 독자 대중을 사로잡았던 요인의 하나였던 섹스 또는 에로티즘과 관련되는 글을 들 수 있다. 「비둘기의 외도」, 「손가락이 닮았다」, 「바람의 처방」, 「건전한 섹스시대」, 「우하(雨荷)식 정력측정법」, 「한국의 아르바이트홀」, 「당뇨병 미망인」, 「性의 헌장인 4條5知」, 「무드 속에 사는 여인」, 「여름과 한국적 에로티즘」 등 다수가 이런 범주에 속한다고 볼 수 있다. 그러나 이러한 범주의 글이라고 해서 무조건 외면하거나 백안시해서는 안된다고 생각한다. 그에게 있어서 섹스나 에로티즘에 관련된 글은 그가 의사로서 인간의 육체와 인간성에 대한 관찰과 탐구의 결과물이었던 셈이다.

이 책에 수록된 글 가운데서 또 한 가지 눈을 끄는 것은 그의 가족과 혈육에 대한 이야기이다. 그중에서 「열두개의 보석반지」, 「양처(良妻)와 악처(惡妻)」, 「실험적 이혼생활」 이 우하 자신의 부부관계, 부부생활의 이면을 엿보게 하는 글이라면, 「못난 애비 세 번 절한다」와 「사위를 구한다」는 각각 죽은 큰 아들과 너무나 대조되는 둘째 아들에 대한 실망감, 그리고 이대 메이퀸 후보에 오른 큰딸에 관한 기대감을 담은 글이다. 그리고 「누님 朴次貞」에서는 앞에서도 말한 바 있는 그의 누님인 독립투사 박차정 의사의 일대기에 대한 보다 상세한 내용을 담고 있다.

이 책은 그 외에도 여러 가지 특징 있는 내용을 담고 있지만 끝으로 한 가지만 더 언급하고자 한다. 사람은 흔히 자신이 죽을 때가 가까워 오면 그것을 어느 정도 미리 예감하고 그 예감을 암암리에 어떤 표징으로서 나타낸다고 한다. 우하는 1972년 3월 이 책을 발간한지 불과 2년 후인 1975년 3월 30일 세상을 떠난다. 이 책에는 그가 은연중에 자신의 죽음을 예감하고 준비하고 그것을 표현한 듯한 글이 여러 편 발견된다. 「바로 이것이다」, 「나의 병상일기」에서 자신의 몸에 병이 생겼음을 알리고 있다면, 「죽음의 의학」, 「낙엽귀근(落葉歸根)」 같은 글에서는 인간의 피할 수 없는 숙명으로서의 죽음의 문제를 철학적으로 사색한 글이라고 할 수 있다. 그에 비해 「유택(幽宅)」과 「묘지풍경」에서는 자신이 죽고난 후 흙으로 돌아가 묻힐 유택으로서 부모님이 묻혀 있는 땅에 자기 부부의 유택을 함께 마련한 사연을 쓰고 있다. 이런 일련의 글들을 보면 이 책에서 우하는 이미 자신의 죽음을 예감하고, 그것에 대한 현실적인 대처까지 실행하고 있었다는 느낌을 준다.

그는 「사람의 수명」에서 “인간으로 태어나서 누구나 오래 살기를 바라지 않는 사람이 없겠지마는 그보다도 더 중요한 것은 욕된 삶으로 오래 사는 것보다도 짧은 수명이나마 인간을 위한 인간다운 삶을 가지는 것이 진실한 의미에서 장수의 비결이 아닌가 생각한다.”고 했다.

여기서 그가 밝힌 바 그대로 그는 비록 오래 살지는 못했지만 그 누구보다도 “인간을 위한 인간다운 삶을” 살다간 인물이라고 할 수 있을 것 같다. 아래에 수록한 그의 「잃어버린 동화」 속에 나타나는 바와 같이 그는 누구보다도 불행한 유년기와 청소년기를 보냈다. 그럼에도 불구하고 그가 타고난 자질은 누구보다도 뛰어났던 것 같다. 그는 외관상으로도 훤칠한 키에 당당한 체구와 준수한 용모의 미남자였고, 정상적인 제도교육을 제대로 받지도 못했지만 독학으로 의사검정고시에 합격하여 의사가 되었을 정도로 우수한 두뇌의 소유자였다. 거기다가 동서고금 방대한 고전의 독서를 통하여 습득한 다방면에 걸친 해박한 지식에다 특히 문학에 대해서는 특별한 애정과 소양을 갖추고 있는 인물이었다. 그 결과 그는 본업인 의업 뿐만 아니라 문학, 특히 수필로서 당대에 이름을 떨친 수필가가 되었으니, 그야말로 그를 “인간을 위한 인간다운 삶을” 살다간 인물로 간주하는 데 필자는 조금도 주저하지 않는다.

4. 박문하 수필의 특징과 한계

우하 박문하가 세상을 떠난지도 벌써 41년이 지났다.
그의 당대 그는 의사로서 보다도 문필가 또는 수필가로서 오히려 더 이름을 떨쳤고, 수필가로서는 지금까지 유일하게 부산문인협회 회장의 지위까지 올랐던 인물이다. 하지만, 너무나 일찍 찾아온 죽음과 함께 그에게도 예외 없이 밀어닥친 망각이란 세월의 강물엔 그도 예외일 수 없었다.

그나마 다행스러운 것은 2008년 11월 부산문인협회에 의해 『우하 박문하 전집』 I, II 권이 간행되어 나온 것과 아울러 이번에 또 부산문인협회가 시민문예강좌를 통해 박문하를 포함한 여러 작고 문인들에 대한 재조명의 기회를 마련한 일이다. 그의 사후 41년이 지난 오늘날의 시점에서 수필가 우하 박문하와 그의 수필의 특징을 몇 가지로 진단해 보고자 한다.

첫째, 박문하의 수필은 우리 부산지역을 대표하는 한 독립투사 가문과 그 가족에 대한 미시사적 의미를 지니고 있다는 점을 우선 지적하지 않을 수 없다. 우리 지역에도 여러 독립유공자 가문과 가족이 있을 것이다. 그러나 조국독립에 대한 그들의 공로와 희생에 비해서 그에 대한 합당한 예우와 보상이 제대로 이루어졌는지는 의문이다. 그러기 위해서는 국가적 공적 차원의 할 일도 있겠지만, 개인적 사적 차원의 할 일도 있을 것이다. 그런 의미에서 박문하의 수필이 우리 지역을 대표하는 한 독립투사 가문과 그 가족에 대한 미시사적 기록으로서의 의미와 가치는 그것이 지닌 문학성의 의미와 가치를 오히려 능가한다고도 볼 수 있을 것이다.

둘째, 박문하의 수필은 작가가 의사라는 점에서 의학과 문학의 상호 융합이라는 특징을 보여준다. 사실 그의 수필 다수가 그의 의학적 지식과 의사로서의 경험을 제재와 소재로서 다루고 있다. 이는 수필의 영역을 확대하는 것은 물론이고, 오늘날 일반적으로 사용되는 용어를 빌리면 의학과 문학을 융합한 퓨전수필로서의 가능성을 선도하고 있다고도 할 수 있을 것이다.

셋째, 박문하의 수필은 의학 외에도 다방면에 걸친 그의 박학다식을 보여준다. 그의 수필을 읽다보면 다방면에 걸친 그의 해박한 지식과 소양에 놀라게 된다. 더구나 그가 유복하고 정상적인 성장과정과 교육과정을 거친 인물이 아니고, 그의 지식이나 소양이 대부분 독학과 독서를 통해서 습득한 것임을 감안한다면 더욱 놀라움을 금할 수 없다.

넷째, 그의 예리한 비판과 풍자의식이다. 이러한 비판과 풍자의식은 당대의 현실 정치사회는 물론이고, 자신이 몸담고 있는 의료계의 부조리를 포함해서 인간성 그 자체로까지 확대되고 있음을 보면, 비판과 풍자가 문학의 본령 가운데 하나임을 그는 일찍부터 터득하고 실천하고 있는 듯 하다.

다섯째, 그의 수필의 주요 속성 중의 하나로서 나타나는 휴머와 위트이다. 수필 속의 휴머와 위트는 수필을 보다 맛깔스럽게 하는 양념에 해당한다. 박문하의 수필이 당대 독자 대중들에게 매우 어필했던 일차적인 요인이 바로 이 점에 있었다고 생각된다. 그것은 흔히 섹스나 에로티즘이 재료로 사용되기도 하지만, 그렇다고 그것이 반드시 저속한 것으로 외면할 성질의 것만은 아니다. 섹스나 에로티즘은 인간이 결코 외면할 수도, 초월할 수도 없는 인간성의 본질이다. 그런데 대부분의 경우 그것이 은폐되거나, 위장되어 있는 가운데 더욱 왜곡되는 경향이 있다. 그 은폐되고 위장된 인간성의 본질을 들추어서 그것을 휴머와 위트로써 표현할 때 사람들은 오히려 웃음과 함께 카타르시스를 느끼는 것이다.

우하 박문하 수필의 이러한 긍정적인 여러 특징에도 불구하고, 그것에도 역시 한계는 있다. 그와 거의 한 세대나 가까운 시대적 격차를 두고 있는 후생(後生)으로서 필자는 앞서 가신 대선배의 한계를 지적한다는 데에 일면 상당한 부담을 느끼면서도, 그러나 그것 또한 지금 이 시점에서 그를 재조명하는 작업의 의의요, 책무에 속한다고 생각되어 그 일을 생략하거나 회피해서도 안될 것 같다. 그래서 후생으로서 무례를 무릅쓰고 감히 그 책무를 수행하기로 한다.

우선 첫째, 그의 대다수의 글들이 그 당시 지역 신문이나 잡지에서 청탁을 받아서 쓴 것이기 때문에 글들의 길이나 속성 자체가 자발적인 문학작품으로서 쓰여진 수필이기보다 저널리즘의 요구에 부응하여 쓰여진 잡문으로서의 한계를 벗어나지 못하고 있다는 점을 지적하지 않을 수 없다.

둘째, 그가 문학 공부를 전문적으로 했거나, 또는 문인으로서 등단이라는 공식 절차를 거친 사람이 아닌데다, 의사로서 글을 쓴 사람이기 때문에 말하자면 문학에 있어서 그의 아마츄어리즘을 지적하지 않을 수 없다. 그러기 때문에 그는 문학작품의 기본 요건이 되는 문장규범이나 작품으로서의 형상화 문제를 별로 의식하지 않고 글을 썼던 게 아닌가 하는 의구심이 느껴진다.

끝으로 지적할 것은 앞에서도 잠시 언급한 바이지만, 그의 수필에 대한 관점과 의식, 곧 수필론이 대단히 소박한 수준에 머물고 있다는 점이다. 그는 "수필이란 일정한 형식이 없는 글이기 때문에 소설을 소설가가 쓰고, 시인이 시를 쓴 것 같은 일가(一家)의 자격을 요구하지 않으며.... 다만 자기를 말하는 문장이면 그것이 곧 수필이고, 사람에게는 각자의 감상이라는 것이 있는 이상 누구나 써서 되는 것이 또 수필"이라고 말하고 있는데, 이러한 그의 수필론은 아무리 그의 시대적 상황을 고려한다 하더라도 그야말로 너무나 소박한 아마츄어리즘의 수필론에 머물고 있다고 여겨진다.

한계가 없는 사람이 어디 있겠는가? 우하 박문하 역시 이러한 그의 한계에도 불구하고 그는 한국, 특히 우리 부산지역 문단사와 수필사에 있어서 결코 잊혀질 수 없는. 또 잊어서는 안될 인물임이 분명하다.

참고 문헌

부산광역시문인협회 편. 『우하 박문하 전집』 I. 세종출판사(2008).

__________________. 『우하 박문하 전집』 II. 세종출판사(2008).

부산평단의 선구자 평론가 김종출

평론가 **김종출**
(1920~1973)

1. 생애

영문학자이며, 문학평론가였던 고(故) 김종출(金鍾出) 교수는 1920년 12월 22일 경남 김해군 김해읍 부원동 789번지에서 태어났다. 당시는 우리나라가 일제 치하에서 억압과 고난의 세월을 보내고 있던 때였다. 그는 고향에서 소학교와 지금의 중고교 과정인 김해공립농업학교를 졸업하고, 일본 유학의 길에 올랐다. 1941년 동경 청산학원 문학부 영어과에 입학하여 1943년 동 학교를 졸업하고, 1943년 10월 와세다대학 문학부 영문학과에 입학하였으나, 수학 도중 태평양전쟁으로 인한 학병지원 강요 등, 험난한 시국사정으로 학업을 중단하게 되었고, 곧 이어서 8.15해방을 맞았다.

해방후 1946~49년간 그는 당시 미군정 치하의 경상남도 내무국 운수과에서 과장직을 맡아 공무원으로 일했으나, 공무원 생활이 아무래도 그의 체질에 맞지 않았던 모양이다. 그리하여 1949년 4월부터 교직으로 전향하여 1954년 5월까지 부산중학교, 부산고등학교에서 교사로 봉직하며 학생들에게 영어를 가르치다가, 1954년 5월 31일 부산대학교 문리과대학 전임강사로 부임하여, 그후 조교수, 부교수, 교수에 이르기까지 20년 가까이 부산대학교 교수로 봉직하였다.

그는 부산대학교 교수가 되고난 뒤에도 안주하지 않고 1956년 8월에 도미(渡美) 유학의 길에 올랐다. 미국 캔저스 주립대학교(Kansas State University) 대학원에서 영어영문학을 전공하여 1957년 8월 불과 1년 만에 석사학위를 받았고, 이어서 미주리 대학교(Missouri University)로 옮겨 같은 전공으로 1년간을 더 수학하였다. 미국에서의 이러한 수학과정에서 그는 건강을 돌보지 않고 무리를 하였던 것 같다. 그리하여 1958년 귀국후 1개월 후에 받은 건강진단의 결과 심한 당뇨병 증세가 나타났다.

그후로 건강에 주의하여 다소 호전되긴 하였으나, 항상 그칠 줄 모르는 그의 학구열과 교수로서의 남다른 책임감과 성실성은 그를 편안하게 내버려두지 않았다. 대학강의를 마치고 야간에는 당시 미군 하야리야 부대 안에 부속되어 있던 메릴랜드 대학에 출강하여 동양사를 강의하는 한편, 부산대학 내에서도 부대신문사 주간, 언어연구소장, 시청각교육관장 등의 보직을 맡아서 수고하였고, 한국영어영문학회 이사, 한국영어영문학회 부산지부장, 경상남도 영어과 장학위원 등을 맡아 대외활동에도 열성을 기우렸다.

그는 영어영문학과 교수로서 일반전공은 영문학이지만, 그의 주전공은 세익스피어(Shakespeare)였다. 영어영문학과에서 세익스피어를 주전공으로 강의한다는 것은 가장 어려운 일이었다. 하지만 당시 그는 세익스피어 외에도 학과에서 개설되는 거의 대부분의 과목, 예컨대 문학개론, 미국소설, 영문학특강, 심지어 영어학특강 같은 과목의 강의까지 맡아 학생들을 가르쳤고, 거기다 언어연구소장의 보직까지 수행했다. 그렇다는 것은 당시 그가 속한 영어영문학과에서 교수수가 부족해서 그런 점도 있었지만, 학과 교수 중에서 그만큼 영어를 잘하고 박학다식하고 능력 있는 이가 없었기 때문이기도 했다.

그는 또 강의뿐 아니라 틈틈이 영문학 작품번역에도 손을 대어 세익스피어의 희극작품 『베니스의 상인(*The Merchant of Venice*)』, 『사랑의 헛수고(*Lover's Labor's Lost*)』, 『끝이 좋으면 모두 좋아(*All's Well That Ends Well*)』 등을 번역하였고, 당시 인기 있던 미국 소설가 어네스트 헤밍웨이(Ernest Hemingway)의 소설 『해는 또다시 떠오른다(*The Sun Also Rises*)』를 번역하기도 했으며, 『베니스의 상인』의 주석서를 내기도 했다.

이상이 그가 교수와 학자로서의 능력과 성실성을 입증하는 것이라면, 그는 그 당시 아무도 생각지도 못했고, 생각했다 하더라도 감히 실천할 수 없었던 또 한 가지 일에 도전했다. 바로 문학평론이었다. 1964년 그는 동아일보 신춘문예에 「엑자일의 문학」이란 제목으로 문학평론에 응모하여 당선되었고, 그리하여 뒤늦게 문학평론가로 등단하였다. 일반적으로 신춘문예는 20대나 30대 젊은 문학도들이 선망하는 꿈의 무대이다. 그런데 그때 그의 나이는 만 44세가 되던 해였다.

교수와 학자로서 자신의 책임과 역할을 성실히 수행하면서, 또한 문학평론가로서, 그것도 늦은 나이에 활동한다는 것은 쉬운 일이 아니며, 결코 아무나 할 수 있는 일이 아니다. 그런데 그는 문학평론가로 당선이 되고 난 뒤에 당시 한국 현역문단에서 평론 활동을 열심히 했다. 그가 평론을 발표했던 지면은 당시 한국의 대표적인 문학월간지 『현대문학』, 『월간문학』을 비롯하여 『문학시대』, 『신동아』 등이었고, 그가 대학에서 주간을 맡고 있던 『부대신문』과 부산의 두 일간지 『부산일보』와 『국제신문』 에도 자주 월평이나 칼럼 등을 발표했다.

그의 이러한 왕성한 활동과는 정반대로 그의 건강상태는 말이 아니었다. 1960년대 후반에 이르러 본래부터 갖고 있던 지병인 당뇨병에다가 결핵증세가 병발하였고, 뒤이어 신경통에다가 시력까지 나빠졌다. 그러나 그는 도수 높은 안경에다 지팡이에 몸을 의지한 채로 강의를 계속했다. 그러한 상태에서 그는 또 하나의 힘든 과제에 도전했다. 바로 문학박사 학위논문이었다.

그 당시는 대학교수 중에서 박사학위를 가진 사람이 거의 없었고, 교수로 있으면서 박사학위 논문을 제출하여 엄정한 심사를 거쳐 박사학위를 받는 경우가 간혹 있었다. 그런데 그는 건강상태가 말이 아닌데도 불구하고 이번에는 또 박사학위 논문에 도전했다. 몇 차례에 걸친 엄정한 심사과정을 거쳐 당시 부산대학교 영어영문학과에서는 또 다른 한 분의 교수와 함께 두 분이 최초로 박사학위를 받게 되었다. 때는 1972년 8월 31일이었고, 논문제목은 『세익스피어 코미디(Shakespearean Comedy)의 희극성』이었다.

그러나 그가 박사학위를 받고난 후 그동안 쌓였던 긴장이 풀리자 병세는 급속도로 악화되었다. 학위를 받고 불과 1년 가량 병마와 힘든 싸움을 계속하다가 1973년 10월 13일 새벽, 그는 아직도 그의 인생에서 다하지 못한 일에 대한 많은 미련을 남겨둔 채 이 세상을 하직하고 말았다.

2. 평론가 김종출

김종출이라는 이름 앞에 붙는 '평론가'라는 타이틀이 차지하는 비중은 사실 그리 크지 않다. 그보다는 교수요, 영문학자라는 타이틀이 그에게는 훨씬 더 큰 비중을 차지한다. 우선 기간으로 보더라도 그가 교수요, 영문학자로서 보낸 기간은 19년 정도인데 비해, 평론가로서 활동한 기간은 9년 정도에 불과하다. 그 9년 정도 기간 중에도 그가 평론활동에 바친 시간과 에너지는 교수와 영문학자로서 바친 그것에 비교가 되지 않으리라고 여겨진다. 그럼에도 불구하고 그는 그 짧은 기간에, 특히 부산지역에서 평론가로서 뚜렷한 족적을 남기고 있다.

우선 무엇보다도 그 당시 부산지역에서는 문단의 공인절차를 거친 평론가가 극소수에 불과했다. 다음은 김종출이 「60년대 부산문화-문단-」이란 제목으로 국제신보(1969. 12. 2.)에 썼던 글의 일부이다.

> 60년대 부산문단을 회고 반성함에 앞서 지난 10년동안 문단활동을 한 분들의 명단부터 분야별로 살펴보는 것이 좋을 줄로 생각한다.
>
> 첫째, 소설분야에 있어서 요산 김정한씨, 향파 이주홍씨, 소장으로서는 윤정규씨, 최해군씨 등을 들 수 있다. 시 부문에서는 시집 출판, 시화전을 연 시인들을 포함시키면 상당한 수효에 달하나 여기선 문학 전문지에 작품을 실은 시인만을 취급하겠다. 그러고 보면 김규태씨, 최계락씨, 이동섭씨, 김태홍씨, 지금은 부산에 살고 있지 않지만 군인시인으로 특이한 존재인 장호강씨, 그리고 시조시인 고두동씨 등이다. 평론 부문에는 이유식씨 그리고 필자를 넣어서 두 사람이다. 이렇게 따지고 보면 인구 백육십만을 헤아린다는 대항도 부산의 문단 치고선 그 문단 인구의 숫자가 너무나 미미하다.

이 글은 1960년대 부산문단의 상황을 살펴볼 수 있는 흥미 있는 단서라 할 수 있을 것 같다. 위의 글에서 언급한 평론 부문의 이유식씨는 당시 부산대학교 영어영문학과 학생시절이었던 1961년에 월간 『현대문학』 추천을 거쳐 평론가로 데뷔한 소장 평론가였다. 그러고 보면 당시 부산문단에는 공인된 평론가가 단 두 명 뿐이었고, 김종출은 부산대학교 영어영문학과 제자였던 이유식보다 3년

늦게 동아일보 신춘문예 당선으로 늦깍이 평론가로 등단을 했던 것이다.

그가 짧은 기간동안에 했던 평론활동은 다음 몇 가지로 요약할 수 있을 것 같다.

먼저 그의 동아일보 신춘문예 등단작인 「엑자일의 문학」을 살펴보자. 이는 우리 문학사에서 특별한 위치를 차지하고 있는 천재작가 이상(李箱)에 대한 새로운 해석이라고 할 수 있다. 즉, 그는 그때까지 이상에 대해서 붙여지던 일반적인 호칭, 예컨대 심리주의 작가, 예술지상주의 작가, 또는 데카당, 슈르리얼리즘 작가, 다다이즘 작가, 그리고 총체적으로 한국의 모더니스트 등, 이런 여러가지 호칭을 전적으로 부정하지는 않지만, 그보다는 그의 문학을 '엑자일의 문학'으로 새롭게 규정하고자 한다.

엑자일의 문학이란 그가 일본의 소설가이자 평론가인 이토세이(伊藤整)에게서 차용해 온 용어이다. 이토세이는 영어 엑자일(exile)을 "사회를 버리고 도망한 자"란 뜻으로 사용하고 있다고 말한다. 즉 일본의 명치유신 이래 급격한 사회변화에 따라가지 못한 일단의 젊은 작가들이 사회인습과 도덕을 무시하고 사회에서 도피하여 자기 혼자만의 세계에 빠져들었고, 그러한 그들의 반사회적 행태를 그린 자전적 소설을 그들 간에는 순수소설, 순문학으로 간주하게 되었으며, 이것이 일본 문단에서 소설의 주류를 형성하게 되었다는 것이다.

당시 이상을 포함한 식민지 한국 문인들은 일본문학 또는 일어를 통한 서구 번역문학의 깊은 영향 아래서 자랐고, 그리하여 이상의 문학은 결국 이러한 외부로부터의 영향과 그 당시 식민지 지식인으로서의 자신의 처지에 대한 비관으로 인해 결과적으로 일반 사회의 인습과 관례를 벗어난 생활에 탐닉하게 되고, 그러한 자아의 반영이 결과적으로 "사회를 버린 사회생활의 요건을 단절한" 엑자일의 문학을 낳았다는 것이 요지이다.

다음 그가 등단을 하고 난 후에 발표하였던 평론 「한국 현대소설의 반성」, 「한국 현대문학에 있어서의 순수의 문제」, 「우리 현대소설은 어디로 가고 있는가」, 「한국소설은 왜 재미가 없는가」 등에서 줄곧 나타내었던 비평적 관심사는 한국 현대소설의 새로운 방향성 찾기였다. 그는 그의 당대(주로 1960년대) 한국소설에서 순수소설이니, 대중소설이니 하는 구별에 대해서도 은연중 불만을 표명하고 있다. 그리고 순수소설로서의 당시 한국소설이 우선 재미가 없어서 일부 소수의 문단 주변 사람들이나, 문학 지망생들을 제외하면 일반 대중독자들에게 잘 읽히지 않는다는 점을 강조하고 있다. 그리하여 이에 대한 대안으로서 그가 제시하는 방향이 곧 역사소설과 대중소설이다.

그가 국제신보에 발표한 시평 「역사소설과 대중소설의 가능성」과 뒤에 이를 보완하여 1967년 『신동아』 12월호에 발표한 평론 「역사소설 =대중소설로서의 가능성: 『임진왜란』, 『李成桂』를 중심으로」에서 그는 일반 대중독자들에게 읽힐 수 있는 가능성의 방향을 역사소설에서 찾고 있다. 그는 그 예로서 월탄 박종화의 대하

역사소설 『임진왜란』과 김성한의 『李成桂』, 유주현의 『大院君』을 들고 있다. 그리고 이러한 역사소설이 대중 독자들의 마음을 사로잡을 수 있었던 것은 "누구에게나 재미가 있다는 점에 그 원인이 있다고 생각한다"고 말한다. 그러면서 그는 자칫 '재미'라는 말에 대한 오해를 불식시키기 위하여 "이 재미란 말은 자칫하면 오해를 받기 쉬운 위험한 낱말이니까 우선 여기서는 대중의 저속한 취미나 호기심에 영합하는 통속적인 의미의 재미가 아님을 분명히 해두고 싶다"고 미리 방패막이를 치고, 또 그가 말하는 '대중'이란 말도 "문학을 전문으로 하지 않는 일반 교양인"을 포함한 보다 "광범위한 뜻의 독자층"을 의미한다고 밝히고 있다.

그가 이렇게 그 당시 대중독자들에게 외면 받는 소위 한국문단의 꽉 막힌 순수소설의 장벽에 대하여 비판적인 태도를 취하면서 그 활로를 뚫을 수 있는 가능성을 역사소설에서 찾았다는 것은 그 당시로선 일견 선견지명이었다고 아니 할 수 없다. 왜냐하면 그 뒤 1970년대부터 박경리, 조정래, 황석영, 이문열 등 비중 있는 작가들에 의해서 한국문단에 봇물처럼 터져나온 대하역사소설의 붐이 이를 증명해 주고 있는 것이다.

평론가 김종출의 또 한 가지 업적으로 지적할 수 있는 것은 당시 부산지역 작가들에 대한 그의 따뜻한 눈길과 관심이었다. 그는 등단 이후 1960년대에 여러 문예지와 신문의 지면을 통해서 많은 평론과 월평들을 발표한다. 그중에서 그가 특히 따뜻한 관심을 가지고 살펴본 작가들 중에는 당시 몇 명 되지 않던 부산지역 소설가들이 있다. 우선 그는 부산의 두 원로작가 향파 이주홍과 요산 김정한에 주목하면서, 특히 그 즈음 오랜 절필기간을 끝내고 「모래톱 이야기」(1966), 「축생도」(1968), 「유채」(1969) 등의 작품을 발표하면서 새롭게 왕성한 의욕을 보이며 부상하고 있는 김정한의 작품을 비중 있게 다루고 있다. 그리고 그 당시 소장 작가로서 활동하고 있던 최해군, 윤정규를 언급하고 있으며, 한때 부산에 거주했었지만 그 당시는 이미 부산을 떠나 있었던 이병주가 작가로서 새롭게 부상하고 있는데 대하여 특별히 주목하고 있다.

평론가 김종출에 대하여 마지막으로 언급하고 싶은 점은 국제적 지식인으로서의 그의 감각과 안목이다. 앞에서 그의 생애를 통하여 살펴본 바와 같이 그는 3.1운동이 일어난 다음 해인 1920년에 태어나 일제시대의 교육을 받았고, 일본 유학을 통하여 일본대학에서 영어영문학을 공부했다. 그리고 해방 후 1950년대에 다시 미국유학을 가서 미국대학에서 영문학을 수학하였고, 귀국해서는 대학교수로서 대학에서 영문학을 강의하였다. 이러한 그의 경력으로 보아 그는 그 시대의 지식인 중에서도 드물게 일어와 영어 그리고 일본문학과 영문학에 두루 정통했던 국제적 지식인이었다. 그리하여 그의 평론에는 국제적 지식인으로서의 그의 감각과 안목이 상당한 영향을 미치고 있는 게 사실이다.

우선 그의 데뷔작 「엑자일의 문학」 자체가 일본인 이토세이(伊藤整)의 이론에 기초해 있으며, 얼마간은 서구 이론가의 영향도 엿보인다. 그 후에 발표한 그의 평론을 보면, 곳곳에 영문학 교수로서의 그의 면모가 느껴지며, 특히 극작가로서 세익스피어, 시인으로서 W. B. 예츠(Yeats), 소설가로서 W. 서머셋 모옴(Somerset Maugham) 등과 현대영미문학비평의 경향에 주목하면서 이들에 대해서 직접적인 논의를 펼치고 있다. 당시 우리 문단, 특히 부산문단에는 일어에 능통하고 일본문학에 대해서는 어느 정도 수준의 이해를 하고 있는 이들이 있었겠지만, 그에 더하여 영어와 영문학에 대해서까지 높은 수준의 이해에 도달해 있는 인물은 김종출 외에는 거의 없었으리라고 짐작된다.

3. 미발표 유작 소설

김종출이 영문학을 전공하는 실력 있는 대학교수요, 문학평론가였다는 사실은 그와 동시대를 살았던 문인이나 지식인들에게는 대개 잘 알려진 사실이다. 그러나 그가 소설을 썼다는 사실은 그의 가족 외에는 아무도 몰랐던 사실일 것이다. 대학시절 그에게서 여러 과목 강의를 들었고, 또 소설을 썼던 문학청년으로서 이래저래 비교적 그와 가까운 사제관계를 유지했다고 생각하는 필자조차도 그것은 까맣게 몰랐던 사실이다.

그런데 그 사실이 세상에 알려지게 된 것은 그가 세상을 떠난지 28년이 지난 2001년에 3권에 달하는 그의 유고집이 출판되어 나오면서였다. 이 유고집은 그의 장남 김현씨의 간곡한 부탁을 받아들여 당시 부산대학교 국어국문학과 교수에다 시조시인이었던 임종찬 교수와 임교수의 제자 정찬영 박사가 공동 노력으로 원고를 수집 정리하고 분류하여 3권의 책으로 간행함으로써 발간이 되어 나온 것이다. 필자는 지금 이 글을 쓰면서 새삼 이 두 분의 공로를 높이 치하하면서 감사를 드린다. 두 분의 헌신적인 노력이 아니었으면, 우리 학계와 문학계에 상당한 의미를 갖는 중요한 문학적 유산이 영영 유실되고 말 뻔한 것이다.

김종출의 3권의 유저는 먼저 교수와 영문학자로서의 전공에 관련된 글을 모은 『셰익스피어 문학연구』와 그가 평론가로 데뷔하고 난 뒤에 발표한 평론들과 신문지상에 발표한 일반 칼럼들을 함께 엮은 『우리소설의 방향찾기』, 그리고 그의 미발표 유작으로 남아 있던 14편의 단편소설을 모은 『화염의 수레바퀴』이다. 이 3권의 유저는 앞서 언급한 두 분 편자에 의해서 2001년 10월 25일자로 세종출판사에서 출판되어 세상에 나왔다. 여기서는 위의 『화염의 수레바퀴』에 대하여 그 책의 말미에 실린 정찬영의 「김종출의 소설세계와 문학적 진정성」을 토대로 삼아 논의를 전개하고자 한다. 정찬영은 김종출의 소설세계에 대해서 다음과 같이 말한다.

> 소박하게 말해 소설이 작가의식을 바탕으로 한 현실 반영이라 할 때 이런 그의 이력은 그의 작품에 고스란히 드러나고 있는 것이다. 이는 곧 그의 작품이 식민지 체험과 한국전쟁 전후의 혼란한 상황, 그리고 4.19 혁명과 5.16 쿠데타 등의 일련의 정치 사회사적 변동과 상관성을 갖고 있다는 것을 의미한다. 일제 말기의 소설적 형상화는 당대를 체험한 이의 기록이라는 의미와 함께 당대 젊은이들의 의식구조까지를 엿볼 수 있게

하며, 해방과 한국전쟁을 전후한 시기는 혼란기의 부산의 상황과 당대를 살아남기 위한 인물들의 삶을 추체험할 수 있게 되는 것이다. 그리고 이 시기의 대학에서 벌어질 수 있는 갖은 모순과 부조리에 대한 접근은 단순한 반영적 측면을 넘어서 지식인 사회의 허위의식을 고발하는 효과까지 거둘 수 있게 되는 것이다. 그러므로 그의 작품은 한마디로 동시대의 삶의 세계를 지향하고 있는 것이다.

그러면서 정찬영은 김종출의 14편의 소설작품을 세 갈래로 나누어 살펴보고 있다. 먼저 일제 식민지 시대와 한국전쟁을 전후한 시기의 혼란상을 다룬 작품들로서 「유치장 술 취하는가」, 「여씨의 죽음」, 「구두-왜곡된 자화상」, 「화염의 수레바퀴」, 「달도 하나 해도 하나」를, 다음으로는 4.19와 5.16을 전후한 혼란의 시기에 대학을 중심으로 한 소위 지식인 사회의 허위의식을 다루면서 그 내부적 모순을 고발하는 작품들로서 「망자와의 대화」, 「사자와 생자의 대화」, 「독일어 강사」를, 마지막으로 개인적 삶과 가족적 삶, 그리고 사회적 삶의 상관관계를 보여주면서 가족애의 소중함을 부각시키고 있는 신변소설과 가족소설로서 「허진 씨의 정신분석학」, 「한 세대 가다」, 「미제」, 「유서」, 「아버지가 그리신 어머님의 상」을 포함시키고 있다.

이와 같이 김종출은 대학의 영문학 교수로서 강의와 연구, 문학평론가로서의 저술활동 외에도 틈틈이 남몰래 소설을 써왔다는 사실에 놀라움을 금할 수 없다. 그럼에도 불구하고, 그는 생전에 그것을 발표하지 않은 채 숨겨두고 있었음이 그의 사후 뒤늦게 밝혀졌다. 그는 왜 공들여 쓴 소설들을 발표하지 않고 숨겨두고 있었을까? 이에 대해서는 본인 이외에는 확실하게 대답할 수 있는 사람이 아무도 없다. 필자 역시 섯부른 추측으로 이에 대한 가정적 답변을 하기보다 그의 사후 오랜 세월이 지난 후에나마 그 사실이 세상에 알려지게 된 것을 천만 다행으로 생각할 뿐이다.

4. 부산 평단의 선구자로서 김종출의 자리매김

김종출이 문학평론가로서 활동한 시기는 1960년대이다. 앞에서 살펴본 바와 같이 이 시기는 부산문단으로서는 아직 초창기에 해당한다. 더구나 평론 부문에서는 더욱 그러하다. 이 시기에 부산 평단에서는 공인된 평론가가 단 두 명 뿐이었다. 즉 이유식과 김종출이다. 이유식은 아직 부산대학교 영문과 학생시절이었던 1961년에 『현대문학』 추천으로 평론가로 데뷔하여 평론활동을 하고 있었는데, 그러나 그는 그후 1969년에 서울로 올라가고 말았기 때문에 그가 부산 평단에 실질적으로 기여한 바는 별로 언급할만한 것이 없다. 그러고 보면 그 시절 비록 짧은 기간이긴 했지만, 시종일관 부산평단을 지키고 일군 평론가는 김종출 뿐이었다. 그런 면에서도 그는 부산평단의 선구자요, 개척자임이 분명하다. 그러나 그의 이러한 위상이 그의 돌연한 죽음과 그후의 오랜 단절로 인해서 거의가 지워지고 묻혀버린 점 안타깝기 짝이 없는 일이다.

다음은 그와 한 세대 이상의 세월의 격차가 있을 것으로 짐작되는 부산지역 현역 문학평론가 남송우가 그에 대하여 내린 평가이다.

> 김종출 교수는 1960년대 비평가로서 현장 비평에 누구보다 열을 올렸던 비평가다. 그가 자신의 건강 때문에 현장비평을 1970년대로 이어오지 못해 그의 비평적 흔적이 쉽게 묻혀진 면이 있다. 그러나 그가 남긴 비평적 관심사들은 60년대 문예비평사를 정리하는데 있어서는 중요한 대상으로 인식되어야 하리라고 본다. 짧은 몇 년간이기는 하지만, 그가 당시에 남긴 월평을 통한 현장비평은 당시 한국소설의 지형을 밝히고, 소설이 가야할 방향성을 설정하는데 직간접적으로 작용한 영향력을 무시할 수 없기 때문이다. 특히 부산 지역의 비평사로 본다면 60년대에 유일한 비평가로서 지역문단의 방향성 설정에 많은 역할을 감당할 수밖에 없었다. 당시 활동을 하던 요산 김정한, 향파 이주홍, 최해군, 윤정규 등의 작품들을 적극적으로 비평대상으로 삼아 논의함으로써 부산지역 문학의 터를 든든히 세우는데 기여한 바가 크다. 그런데 그의 건강이 갈수록 악화되어 현장비평을 계속할 수 없었다는 것이 부산지역 문학으로나 한국비평사로 보아서는 크나큰 손실이 아닐 수 없다.

이후 부산 평단에 등장한 김준오, 김중하, 김천혜 그리고 그들의 뒤를 이어 새롭게 등장한 여러 젊은 세대의 평론가들로 해서 부산평단은 한결 더 풍성해지고 활기를 띠게 되었다. 그러나 오늘날 우리가 부산평단의 역사를 뒤돌아 보면 1960년대에 거의 불모지나 다름 없었던 부산평단을 외롭게 홀로 개척하고 가꾸어 온 한 선구자요, 개척자가 있었다는 사실, 그리고 그가 자신의 생명을 단축해 가면서 흘렸던 땀방울이 그 역사 속에 알알이 배어 있었다는 사실을 우리는 결코 잊어서는 안될 것이다. 만약 부산문단사가 쓰여진다면 김종출은 부산평단의 선구자요, 개척자로서 올바로 자리매김되어야 할 것이다.

참고 문헌

부산문인협회 편. 『부산문학선집』(제8권 · 평론). 세종출판사, 1999.

임종찬 · 정찬영 엮음. 『셰익스피어 문학연구』(김종출 문학전집 1/연구서). 세종출판사, 2001.

임종찬 · 정찬영 엮음. 『우리소설의 방향찾기』(김종출 문학전집 2/평론집). 세종출판사, 2001.

임종찬 · 정찬영 엮음. 『화염의 수레바퀴』(김종출 문학전집 3/창작집). 세종출판사, 2001.

최화수와 <간선>과 <우리들의 산> 그리고...

언론인, 소설가 **최 화 수**
(1947~2017)

지난 2017년 2월 4일 저녁, 우리는 지하철 1호선 동래역 부근 한려수도란 이름의 횟집에서 함께 만났다. 김일천, 김창근, 김태호, 최화수와 그리고 나. 1960년대 부산대학교 재학생 문학서클(그때는 '동아리'란 말보다 '서클'이란 말이 주로 쓰였다) 〈간선〉 출신의 친구들이었다.

〈간선문학동인회〉는 그때 부산대학교 유일의 문학서클로서 그때의 회원들은 그 후 대학을 졸업한 후로 오늘에 이르기까지도 문학과 젊음으로 맺었던 옛 우정과 인연의 끈을 끊지 못하고 1년에 몇 차례씩 만남을 이어오며 어울리고 있다. 그동안 이런저런 사정으로 이 모임에서 이탈한 친구들도 여럿 생겼다. 그중에는 이미 이 세상을 떠나간 이들도 있고, 타 지역으로 생활무대를 옮겨간 이들도 있다.

항상 그렇듯이 우리의 이 모임에서는 현재의 이야기보다는 주로 과거의 이야기로 꽃을 피운다. 그러다 보면 우리는 현재의 현실을 잊어버리고 과거 그때 우리들 청춘시절로 되돌아간다. 우리는 아직도 20대 문학청년들이 되어 술과 문학과 인생과 사랑의 화제에 취하게 된다. 그날 저녁도 그렇게 우리는 적당히 취한 채 헤어졌다.

그러고 한 달 정도나 지났을까. 난데없는 비보가 날아들었다. 최화수가 급성 백혈병으로 동아대병원에 입원한지 1주일째라 한다. 더구나 기가 막힌 것은 입원실이 격리된 독방이라 일체의 면회조차 허용되지 않는단다. 원 세상에, 이럴 수가 있담. 남의 일 같으면 그저 그러려니 하겠지만, 그 당사자가 남이 아닌 우리의 가장 가까운 친구 최화수이고 보니, 우리는 그러려니 하고 그냥 있을 수가 없었다. 며칠 후 우리 몇 명은 일단 동아대병원으로 찾아가 그의 부인 오여사에게 연락을 취했다. 잠시 후 오여사가 어두운 얼굴로 나타났다. 그러나 이미 듣던바 그대로 본인 면회는 할 수 없고 잠시 오여사를 만나 위로를 전하고 돌아올 수밖에 없었다. 돌아오는 우리들의 마음도 발길도 전에 없이 무거워서 서로 별 말이 없었다.

그러고 나서 한 달하고 일주일 쯤 지났던가. 지난 4월 22일 이른 아침, 오여사에게서 울먹이는 목소리로 전화가 걸려왔다. 결국 최화수 그 친구가 저 세상으로 떠났다는 비보였다. 순간 울컥하는 울음이 속에서 북받쳐 올랐다. 70년을 넘게 인생을 살아오면서 그동안 나도 내 주변의 사람들을 적지 않게 저 세상으로 떠나보냈었다. 그러나 그들의 부음을 접하고 이렇게 울음이 북받쳐 오르는 경우는 그리 흔하지 않았다.

그러고 나서는 의례적인 절차가 이어졌다. 그날 저녁 〈간선〉의 몇몇 옛 친구들이 그의 시신이 안치되어 있는 동아대병원 영안실에 모여 침울한 분위기에서 문상을 했다. 그리고 4월 24일 오전 10시, 괴정성당에서 거행된 그의 영결미사에 참석했다. 그도 나처럼 뒤늦게 천주교 교인으로 세례를 받았다고 들었다. 영결미사를 마치면 영락공원으로 가서 화장을 하고, 유골은 부산추모공원에 안치한다고 했다. 그렇게 해서 이 세상에서 오랫동안 맺어왔던 또 하나 나의 소중한 인연의 끈이 영영 끊겨져 나갔다. 그야말로 영결이었다.

그러고 보니, 그동안 그와 내가 맺어온 인연의 세월이 무려 57년, 결코 짧지 않은 세월이다. 그와 나의 인연은 1960년 부산공업고등학교에 함께 입학하면서부터 시작된다. 그는 밀양 촌놈, 나는 양산 촌놈으로 우리는 함께 부산공고 동기 동창이 되었고, 그때부터 교내 문예반 동아리 활동을 같이 하며 인연을 맺어왔다. 학교 교지 등에 같이 문예작품을 발표하면서 문명(文名)을 떨쳤다. 그도, 나도 함께 주로 소설을 썼다.

그와 나의 인연이 더 끈끈하게 맺어진 것은 부산공고를 졸업하고 나서 또 같은 부산대학교에 지원을 해서 입학을 하면서이다. 그러나 전공 학과는 달랐다. 그는 상대 경영학과를, 나는 문리대 영문학과를 지원했다. 둘 다 공고 체질이 아니어서 공고 계통을 이탈해서 전혀 다른 분야를 지원한 것이다.

그때는 합격통지를 대학에 직접 찾아가서 벽에 써붙여놓은 큰 벽보를 보고 확인하는 것이 가장 빠르고 확실한 방법이었다. 그 벽보 앞에서 그를 만났다. 나는 내 혼자였는데, 그는 그의 친형이 함께 따라왔었다. 우리 둘의 합격을 함께 확인하고 나서 그의 친형이 우리를 온천장의 어떤 중국집으로 데리고 가서 자장면을 사주며 축하해 주었는데, 그때 그 자장면만큼 맛있는 자장면을 나는 그 전에도, 후에도 별로 먹어본 적이 없었다.

대학에 입학하고 나서도 우리들의 문학활동은 계속되었다. 그때 부산대학교에는 〈간선문학동인회〉란 이름의 유일한 문학서클이 있었다. 그와 나는 다 그 서클에 엄격한 심사를 거쳐 회원으로 가입했다. 그때는 대학 문학활동이 활발했고, 학생들의 문학작품이 대학신문이나 학예지를 통해서 수시로 발표되었고, 또 직접 청중들을 모아놓고 하는 문학발표회나 시화전 같은 행사도 자주 열려서 문학활동이 꽤 인기가 있던 때였다. 그중에서도 특히 인기를 끈 것은 당시 부대신문사(釜大新聞社) 주최의 부대문학상이었는데, 그 문학상 공모에서 내가 1963년 제1회, 그가 다음 해 제2회로 소설부문 당선자가 되었으니, 그 때의 우리들의 기세와 인기가 어떠했을지는 상상에 맡긴다.

그러나 우리는 언제까지나 문청 대학생으로 머물고 있을 수는 없었다. 졸업을 하고 직업을 선택해야 했다. 그 선택에서 우리는 방향이 바뀌었다. 그는 언론계로 진출하여 지역신문의 문화부 기자가 되었고, 나는 대학원에 진학하여 문학창작보다 학문연구를 통해서 학위를 받고, 대학교수가 되었다. 그러다 보니 그도 나도 현실적으로 직업활동과 관련이 없는 문학작품 창작보다 직업활동과 관련된 글을 주로 쓸 수밖에 없었다. 그는 신문사의 문화부 기자로서 문화관련 기사를 주로 썼고, 나는 대학의 영문과 교수로서 영문학에 관한 논문을 쓰고, 저술을 하고, 학생들에게 강의를 했다.

그러나 그는 신문사 문화부 기자로서 문화관련 기사만 쓰고 있기에는 너무나 재주와 에너지가 넘쳤다. 그는 〈우리들의 산〉이라는 산악회를 조직하여 전국의 명산을 두루 누비며, 열정적으로 산에 대한 글을 썼다. 그렇게 해서 나온 책이 전 4권으로 된 대하 르포 『지리산 365일』과 그 외에도 지리산 관련 책으로 『지리산』, 『지리산 1994』, 『지리산 반세기』 등이었고, 그 외에도 산 에세이집 『나의 지리산 사랑과 고뇌』, 그리고 컬러기행문 『설악산』과 르포 『금정산의 재발견』 등이었다. 그때 나도 산을 좋아해서 그가 이끄는 산행단체 〈우리들의 산〉 산행에 가끔 동행하기도 했다.

그러면서 그도 나도 나이를 먹어갔다. 그는 국제신문 논설위원과 논설실장을 거쳐 정년퇴직을 했다. 퇴직 후에는 동아대학교 문창과에서 문학 관련 강의를 한다고 했다. 그러면서 그동안 직업활동 때문에 본격적으로 손을 대지 못하고 있던 소설을 이제는 본격적으로 쓰는 것 같았다. 사실 그는 대학시절에 이미 『오후가 길어지는 계절』이라는 장편소설을 출판한 적도 있었고, 언론계 현직에 몸담고 있으면서도 틈틈이 소설을 써서 꽁트집 『우아한 그대』, 『사랑의 랍소디』, 창작집 『아버지의 목소리』, 『7080 화첩』 등을 발표해 왔다.

그러다 이제는 봉생문화재단 부이사장이라는 명예직 이외는 특별한 구속을 받지 않고, 오로지 부산문화 이면사 탐구와 소설창작에만 전념하는 것 같았다. 이제 기자로서의 경험과 감각을 살려 본격적인 부산문화 탐구를 하고, 또한 원래부터 타고난 문학적 재능으로 소설작품 창작에 알차고 풍부한 결실을 맺고 거둘 단계에 이르러 이 무슨 변고란 말인가. 너무나 뜻밖에 찾아온 그의 갑작스러운 죽음은 우리에게 너무나 큰 슬픔과 충격일 뿐만 아니라 부산 문화계와 문단 전체에 크나큰 손실이 아닐 수 없다.

무엇보다도 그는 나에게 오랜 인연을 맺어온 가장 가까운 한 친구를 잃은 상실감과 공허감을 그 무엇으로도 채울 수 없게 만들어 놓고 다시는 돌아오지 않을 길을 떠나고 말았다. 그러고 보니, 그는 참 무정한 친구다.

21세기 한국 수필의 전망

1. 21세기의 특성

우리가 21세기를 처음 맞이하면서 '새 천년'이니, '뉴 밀레니엄(new millennium)'이니 하면서 떠들썩했던 때가 엊그제 같은데, 그로부터 벌써 20년이란 세월이 흘렀다. 그때만 해도 '지식정보사회', 'IT시대', '디지털시대', '글로벌시대' 그리고 '뉴 패러다임' 등의 용어가 당시의 주요 키워드가 아니었던가 싶다. 그런데 그로부터 20년이 지난 지금 세계와 우리 사회의 핵심 키워드가 어떻게 변화해 가고 있는가?

일시적이고 국지적인 그리고 금방 나타났다 사라지는 포말적인 정치 사회적 이슈가 아니고, 보다 지속적이면서 전 세계적으로 인간생활과 사회현상의 새로운 변화를 의미하는 용어로 요즘 새롭게 떠오른 말이 바로 '4차산업혁명'이다. 4차산업혁명이란 말은 2016년 1월 스위스 다보스에서 열린 세계경제포럼(World Economic

Forum)의 주제로서 클라우스 슈밥(Klaus Schwab) 회장이 제시한 말이다.

주지하다시피 1차산업혁명은 18세기 후반 증기기관으로 대변되는 초기 기계설비공장과 노동의 분업을 통해서 시작되었고, 2차산업혁명은 20세기 초반의 전기와 컨베이어 벨트를 통해 이룩되었으며, 3차산업혁명은 1970년대에 컴퓨터와 로봇이 개발됨으로서 이루어졌고, 4차산업혁명은 3차산업혁명을 기반으로 한 디지털과 나노 또는 바이오산업, 물리 화학이나 예술 문화 등, 여러 학문 예술 분야가 경계를 넘고 상호 융합하는 새로운 기술혁명으로 정의한다. 즉 4차산업혁명에서는 사물인터넷(IoT), 로봇, 인공지능(AI), 빅데이터 등의 기술이 나노기술(NT), 바이오기술(BT), 정보기술(IT), 인지과학(CS) 등의 융합기술로 발전하고, 이로 인한 지능형 사이버 물리 시스템(Cyber Physical System)이 생산을 주도하는 새로운 사회구조로의 변화를 말한다.

이러한 4차산업혁명으로 촉발된 기술은 종전의 산업혁명과는 비교할 수 없을 정도로 빠르고 광범위할 것이라고 주장한다. 왜냐하면 4차산업혁명의 본질 자체가 '융합과 연결'을 통해서 어느 특정 분야에 국한되지 않고 끊임없이 새로운 가치를 창출해 내는 것이기 때문이다. 특히 4차산업혁명으로 각국 산업은 파괴적 기술에 의하여 대대적인 재편을 맞을 것이라고 한다. 인공지능, 자율주행자동차, 유전공학 등, 각 분야에서 기존의 시스템을 붕괴시키고 새로운 시스템을 만들어낼 정도의 위력을 가진 혁신이 우리 앞에 다가오고 있다.

그런데 이러한 4차산업혁명의 물결 속에서 우리나라는 정처 없이 표류하고 있다고 한다. 우리나라는 세계 최고 수준의 제조업과 정보통신 인프라가 갖추어져 있음에도 불구하고, 다가오는 4차산업혁명에서는 도태되고 있다고 한다. 여건은 마련돼 있지만, 이들을 융합하고 연결시키는 능력에서 뒤쳐지고 있다는 것이다. 4차산업혁명에 필수불가결한 사물인터넷, 빅데이트, 센서 등 핵심기술과 기획설계 등 소프트파워에서 선진국 대비 취약한 수준을 면치 못할뿐 아니라 한국 정치 사회의 불안정성과 비창의적인 교육방식 등이 발목을 잡는다. 스위스 금융그룹(UBS)에 따르면 4차산업혁명 적응 순위에서 한국은 세계 25위 수준에 머물고 있다고 한다. 여기다 최근 벌어지고 있는 정치, 사회, 경제적 혼란의 변수까지 더해지면 그 순위는 더 곤두박질칠 지도 모른다.

2016년에 접어들어 또 한 가지 전 세계 인류에게 큰 충격을 준 사건은 지난 3월 9일에서 15일에 걸쳐 서울에서 펼쳐진 이세돌 9단과 구글의 인공지능(AI) 컴퓨터 알파고(AlphaGo) 간에 벌어진 세기의 바둑대결이 아닐까 한다. 이 대결에서 인간으로서 최고의 바둑기사로 인정받는 이세돌 9단은 5전 3선승제에서 한번을 간신히 이긴데 불과했다. 인간의 창조물인 알파고라는 기계가 하느님의 창조물인 인간의 능력을 훨씬 능가하는 것을 직접 목격하고 세계의 많은 사람들이 충격과 전율에 빠졌다. 기계인 인공지능이 물리적 능력에서 뿐만 아니라 인간의 전유물로 여겨져 왔던 사고의 영역에서 마저도 인간을 능가한다면 앞으로 인간의 위상은 어떻게 될 것인가?

그런데 우리는 이번 인간과 인공지능 간의 바둑대결에서 소위 포스트휴먼의 존재를 실감하게 되었다. 포스트휴먼은 현재 인류의 생물학적, 정신적 한계를 뛰어넘는 능력을 갖춘 새로운 인간 존재, 즉 인간 이후의 인간 존재를 의미하는데, 인공지능을 가진 컴퓨터와 로봇, 인간의 육체에 컴퓨터 혹은 기계장치를 이식한 사이보그(Cyborg), 복제인간 등이 이에 해당할 것이다.

신인류로 불리는 이러한 포스트휴먼은 궁극적으로 인지과학, 로봇공학, 신경공학, 유전공학과 같은 과학기술의 힘을 빌려 인간의 능력을 확장, 강화함으로써 인간의 한계를 넘어서는 인간을 의미한다. 따라서 포스트휴먼 사회는 정신을 가진 기계, 혹은 인공지능이 인간과 똑 같은 가치를 갖는 동등한 존재로 인식될 수 있다. 그리고 인간이 컴퓨터와 인공지능과 같은 기계론적 존재로 전락할 수도 있는 것이다.

과거에는 공상과학영화나 공상소설에 등장하던 이러한 포스트휴먼이 21세기에는 점차 현실로 다가오고 있다. 한국에서도 이미 2015년 9월에 다가오는 포스트휴먼 시대에 대비하여 인문학, 법학, 사회과학, 경영학 그리고 인공지능 및 정보통신기술(ICT), 생명공학과 뇌과학 등의 전문가들이 최근의 학술정보를 공유하면서 필요한 사회적 규범을 마련할 목적으로 한국포스트휴먼연구소를 창립하고, 2016년 9월에는 한국포스트모던학회를 설립하였다.

지금 벌어지고 있는 이러한 시대 변화를 감안하면서 우리가 당면하고 있는 21세기 사회의 특성과 문제점을 보다 개괄적으로 정리해 보기로 한다.

(1) 정보, 기술, 지식이 힘과 부(富)의 원천이 되는 정보화사회이다. 다니엘 벨(Daniel Bell)은 이미 후기산업사회에서 고도정보화사회로의 전환을 예고했고, 앨빈 토플러(Alvin Toffler)는 그의 저서 『권력 이동(*Power Shift*)』에서 세계가 산업사회에서 정보화사회로 옮겨가면서 사회를 지배하는 힘의 원천이 과거의 물리적인 힘과 돈의 힘에서 컴퓨터로 상징되는 지식과 정보의 힘으로 바뀌는 소위 권력 원천의 이동이 급속히 진행되고 있다고 분석하고 있다. 이 정보화사회는 "정보가 모든 자산 중에서 가장 중요한 가치를 지니는 사회이며, 정보라는 자산을 중심으로 부가가치가 창출되므로, 누구든지 정보를 중시하게 되고, 정보의 재산을 늘리기 위해 노력하는 사회"라고 할 수 있다. 그리고 정보화사회의 특징은 인터넷으로 모든 정보가 연결되고 개방되는 개방사회로서 불확실성이 증대되는 사회이고, 스피디한 사회이다. 오늘날 이 같은 정보화사회의 도래는 여러 면에서 실감할 수 있다.

(2) 심각한 환경문제로 인하여 인류의 생존이 위협받는 시대가 될 것이다. 환경문제를 유발하는 주된 원인은 환경에 충격을 줄만큼

급속하게 발전하고 있는 과학과 기술혁명의 소용돌이에다 세계 전체적으로 보면 아직도 여전히 증가하고 있는 인구증가와 그 인구를 먹여살려야하는 식량자원의 증산에다 생활 향상에 대한 욕구의 끝없는 증가가 지구 자원의 고갈로 이어지는 것이다.

(3) 신산업 혁명의 시대가 될 것이다. 지금도 우리는 21세기를 맞이하여 혁신을 계속하고 있다. 낡은 개념이나 제도를 과감하게 혁파하고, 기존의 가치관이나 시각과 관점을 혁신하고 있다. 그리하여 정치혁신, 사회개혁, 생활개혁, 경영혁신, 가치관 혁신, 패러다임의 혁신 등, 혁신과 관련된 표현들이 많아지고 있다. 그러나 그러한 제도나 첨단 시스템도 결국은 인간이 만들고 운영하는 것이기 때문에, 우리 사회의 최대 과제는 '교육의 혁신'에 의한 '인재혁신'에 있다. 새로운 기술과 인재들이 주도할 통신혁명, 금융혁명, 생물공학혁명, 로봇 및 자동차 확산으로 대변되는 이 같은 혁신들이 인류의 생존전략이 되는 신산업 혁명시대가 될 것이다.

(4) 글로벌 시대의 특징으로서 나타나는 무국경의 세계, 새로운 블록화 경향의 시대가 될 것이다. 세계는 개방되고 좁아져서 국경과 민족의 개념이 약화되고, 정치, 경제, 기술, 문화, 정보에 민족이나 국가 중심의 국경이 없어지는 대신에, 필요에 따라 정치. 경제, 군사 면에 있어서 새로운 블록화 현상이 증가할 것이다.

2. 한국 수필문학의 현황과 실제

세계문학사를 보면 낭만주의, 즉 로맨티시즘이 풍미했던 19세기가 시의 전성시대였다면, 리얼리즘과 모더니즘, 포스트모더니즘으로 이어지는 20세기는 소설의 시대였다고 할 수 있을 것이다. 그렇다면 21세기는 어떤 문학장르의 시대가 될 것인가?

21세기는 수필의 시대가 될 것이라고 주장하는 사람들이 있다. 이러한 주장은 외국에서보다 우리나라 수필가나 수필평론가들 가운데서 주로 들려오는 말이라 다소 아전인수격인 면이 없지 않는 것 같기도 하지만, 일견 귀를 기우려 볼만한 면이 전혀 없지는 않다. 우리나라에서 이러한 주장을 펴는 사람들로서는 대표적으로 원로 수필가 윤재천씨, 최홍식씨 등이 있고, 문학평론가로서 김봉군, 박양근, 신재기씨 등이 있다. 이어령씨 역시 어느 모임에서 이러한 주장을 한 적이 있다고 한다.

이들이 이러한 주장을 펴는 데는 나름대로 이유가 있다. 그 이유를 들어보면, 수필이라는 문학장르의 성격이 21세기라는 새로운 시대 환경과 적절히 맞아 떨어진다는 것이다. 즉 수필 장르의 형식적 내재적 성격이 21세기의 디지털 시대가 갖는 독특한 시대 환경, 시대 특성에 가장 부합한다는 것이다.

우선 수필은 21세기 디지털 시대의 사이버 공간 속에서 다양한 다른 매체와 결합하기가 용이하다. 이미 인터넷 블로그나 미니 홈피 등에서는 수필이 그 분위기에 적합한 사진, 배경음악, 영상과 자연스럽게 접목하여 입체적인 재미와 감동을 동시에 창조해 내고 있다. 이러한 특성은 다른 문학 장르에서는 결코 쉽게 취할 수 없는 수필의 특성이다. 수필은 그 길이가 짧고 이해하기 쉬울 뿐만 아니라 시나 소설 못지않게 문학적 감동을 줄 수 있는 힘이 있기 때문이다.

수필이 21세기 독자들에게 쉽게 다가갈 수 있는 특성으로서 그 길이의 짧음과 신축성을 주장하기도 한다. 보통 200자 원고지 14~5매 또는 12~3매 정도 되는 수필의 길이는 운문으로서 고도의 은유나 상징으로 표현되는 시나 시조보다는 길다고 하겠으나, 산문으로서는 결코 길다고 할 수 없다. 오늘날 각종 디지털 기기에 익숙해진 현대인들은 변화와 속도에 아주 민감하며, 점점 짧은 분량의 글을 선호하고 있다. 이러한 독자의 기호를 만족시키기 위하여 수필은 그 길이에 더욱 신축성과 융통성을 발휘할 수 있다. 경우에 따라 수필은 5~10매, 또는 2~3매 정도의 단수필이나, 아포리즘수필도 가능한 상황이다.

수필이 21세기에 적합한 문학장르로서의 또 한 가지 특징은 그것이 예술이나 문학 안에서도 다른 여러 장르와 쉽게 융합할 수 있다는 점이다. 21세기에 들어 와서 퓨전이니, 하이브리드니 하는 말이 크게 유행하고 있다. 이는 기존의 것에 새로운 것을 접목하고 융합시켜 창조적으로 재구성하거나 제3의 혼종을 만들어 낸다는 의미이다. 앞에서 본 4차산업혁명의 특성 역시 이와 마찬가지이다.

수필은 문학의 다른 장르와는 물론, 예술의 여러 다른 영역과도 쉽게 접목할 수 있고 융합할 수 있다. 수필은 시적 서정성과 소설의 서사성 뿐만 아니라 희곡의 대화성이나 비평이나 평론의 논리성을 도입할 수 있음은 물론이고, 다른 예술 분야, 예컨대 음악과 미술, 연극과 영화, 또는 사진 같은 분야와도 쉽게 접목이 가능한 장르로서 21세기 디지털 시대의 특징인 소위 퓨전이나 하이브리드, 그리고 4차산업혁명의 속성에 가장 부합한다고 할 수 있다.

수필이 갖는 이러한 속성과 매력으로 보아 21세기는 수필의 시대라는 주장은 전혀 근거가 없거나 허황된 말은 아닌 것 같다. 이러한 주장을 뒷받침하는 또 한 가지 증좌로서 근래 와서 우리나라에서 급격히 불어난 수필인구의 증가 현상을 들 수 있을 것이다.

한국문인협회가 2015년 『월간문학(月刊文學)』 1월호를 통하여 발표한 문학의 각 장르별 소속 문인수를 살펴보면 시분과가 총 6,601명이고, 그 다음으로 많은 수를 차지하는 분야가 수필분과로서 총 3,217명이다. 다음으로 소설분과가 843명, 희곡분과가 119명, 평론분과가 166명이다.

부산권역에서도 이러한 현상은 거의 비슷하게 나타난다. 부산문인협회에서 발간한 2017년 회원수첩을 보면, 시분과와 시조분과를 합쳐서 시인이 총 770명이고, 그 다음으로 수필분과 회원이 433명이다. 이에 비해 소설분과는 고작 37명, 기타 평론 및 외국문학분과는 25명으로 저조한 편이며, 희곡작가는 아예 1명도 없다.

문학의 장르별 중요성을 반드시 등록된 문인의 수로서만 가늠할 수는 없다 하더라도, 어쨌든 근래에 와서 우리나라에서 수필가 또는 수필 인구의 수가 이렇게 급증하는 추세를 보이고 있는 현상은 수필이란 문학장르의 특성이 이 시대의 시대적 요구에 부합하고 있음을 증명하는 또 한 가지 현상임에는 분명한 것 같다. 그러나 수필가의 이러한 수적 증가추세가 반드시 수필의 질적 수준향상을 담보하지는 못할뿐 아니라, 어쩌면 오히려 그 반대일 수도 있다는 점에 문제의 심각성이 있다.

3. 21세기 한국 수필문학의 바람직한 전망

그렇다면 이제 우리는 21세기에 한국수필이 나아가야할 바람직한 방향을 어떻게 전망해 볼 수 있을 것인가? 이에 대한 대답을 몇 가지 항목으로 나누어 정리해 보고자 한다.

우선 첫째로, 가장 시급하고 중요한 과제가 새 시대에 부합하는 새로운 수필 이론의 정립이다. 국어사전을 위시하여 지금까지 우리나라에서 발간된 대부분의 수필 이론서에서 수필은 일정한 형식이 없이 붓 가는대로 그냥 자유롭게 쓴 글이라는 식으로 기술되어 왔다. 그러기 때문에 수필은 누구나 쓸 수 있고, 아무렇게나 써도 되는 글로 인식되어온 경향이 없지 않다. 그 결과 수필을 본격적인 문학장르로 간주하는 데에도 인색하여, 대부분의 유력 일간지 신춘문예에서는 수필이 배제되고 있는 실정이다. 그러므로 이제 새 시대 수필문학의 올바른 자리매김을 위하여 우선적으로 요청되는 것이 새로운 수필 이론의 정립이다.

둘째로, 수필가의 질적 관리의 엄정성이다. 다른 문학장르와 마찬가지로 수필가도 문학가로서 정식 추천절차를 거쳐 문단에 등장하기 시작한 것이 1970년대 중반 이후 부터이다. 한국문단에서 수필가로 최초로 공인된 추천절차를 거친 인물이 정목일(鄭木日)씨로서 그는 1975년에 『월간문학』지에, 1976년에 『현대문학』지에 각각 수필부문 최초로 당선과 추천을 완료하였다고 한다. 그렇다면 그 이전의 한국수필은 수필가로서 공식 인정 절차를 거치지 않은 인사들, 예를 들면 시인이나 소설가 등 다른 문학 장르의 문인들이나, 교수나 언론인 등 사회 저명인사들 가운데서 다소 글솜씨가 있고, 글쓰기에 관심이 있는 사람들에 의해서 쓰였다고 보아야 할 것이다. 그러다 보니 수필은 누구나 쓸 수 있는 글이며, 수필가는 누구나 쉽게 될 수 있는 것이라는 인식이 은연중에 깔려 있어 그 이후에도 수필가의 질적 관리가 다소 미흡하고 부실하게 이루어져 온 것이 사실이다. 근년에 와서 나타난 수필가의 갑작스러운 수적 증가의 이면에는 이러한 이유가 은연중 잠복하고 있었던 게 아닌가 짐작된다. 수필도 엄연한 하나의 독자적인 문학장르로 인정받기 위해서는 수필가의 질적 관리가 시급하고도 중요한 과제가 아닐 수 없다.

셋째로 수필의 장르 개척과 확장이 요청된다. 지금까지 우리나라에서 쓰여진 수필은 주로 경수필(輕隨筆), 또는 서정수필이 대종을 이루고 있다고 보아야 할 것이다. 그리하여 이러한 범주를 벗어나는 경우 수필로 간주하지 않는 경향마저도 없지 않았다. 이제는 수필의 개념과 영역을 보다 확장할 필요가 있음은 물론 수필의 장르 개척이 보다 확장될 필요가 있을 것 같다. 길이에 있어 단형 수필 뿐 아니라 장형 수필도 시도해볼만 하고, 퓨전수필로서 수필장르 내의 퓨전(예컨대 경수필과 중수필의 퓨전), 타 문학장르와의 퓨전, 타 예술장르와의 퓨전도 시도해볼만 하다.

넷째로 전문테마 수필의 개척이 요청된다. 오늘날의 한국수필은 대개가 개인의 일상적 체험이나 느낌에서 소재를 얻는다. 그러다 보니, 소재가 대동소이하여 그 나물에 그 밥인 경우가 많다. 그러다 보니, 식상하지 않을 수 없다. 수필이 보다 전문테마를 심도 있게 다루는 수필이 되면, 적어도 그 테마에 관심을 갖는 독자들에게는 환영 받는 수필이 될 수 있을 것이다. 예를 들면 음악수필, 미술수필, 영화수필, 여행수필, 의학수필, 경제수필, 역사수필, 환경생태수필, 공상과학수필, 미래수필 등이 있을 수 있을 것이다.

다섯째로 수필에 있어서 새로운 표현양식의 시도, 즉 표현양식에 있어서 '낯설게하기'이다. '낯설게하기(defamiliarization)'란 원래 1920년대 러시아형식주의 문학이론에서 나온 용어로서 문학작품에서 어떤 대상이나 사물을 인식하거나 표현하고자 할 때 일상적이고 관습적인 방식이 아닌 특수하고 참신한(즉 낯선) 방식을 사용해야 한다는 주장인데, 이를 수필에다 적용시킨다면 우리가 일상적으로 접하는 대상을 일상적 언어의 표현방식이 아닌 낯선(참신한) 표현방식을 찾고자하는 고민과 노력이 요구된다. 그리하여 문학언어는 일상적 언어를 거부하며, "일상적 언어에 가해진 조직적 폭력"으로서 비록 일상적 대상을 표현할지라도 그것을 새롭게, 즉 낯설게 표현함으로써 일상성에 매몰된 독자들의 의식이나 지각을 일깨우는 역할을 할 수 있어야 한다는 것이다. 요즘 발표되고 있는 젊은 수필가들 가운데서 간혹 이러한 낯설게 하기의 시도가 나타나고 있음은 반가운 일이나, 아직은 그것이 빙산의 일각에 머물고 있는 것 같다.

21세기 한국수필이 스스로 하나의 독자적인 문학장르로서 자신의 위상을 올바르게 정립해 가기 위해서는 개인 수필가나 수필단체, 그리고 수필 전문지와 그것을 발간하거나 편집하는 사람들이 수필에 대해 이러한 보다 새로운 인식과 각성과 함께 그에 따르는 실천적 노력 없이는 '21세기가 수필의 시대'라는 것은 또 한 번 헛된 구호나 공염불로 그칠 우려가 다분하다. 부디 그런 우려가 불식되고 21세기 한국수필이 글자 그대로 수필의 새로운 시대를 열어갈 수 있기를 바라는 희망적 전망을 담아 이 글을 쓴다.